『香濠观涛』时评丛书

主编 邹平学

香港“一国两制”演变的法治节奏

田飞龙◎著

深圳大学港澳基本法研究中心

时事出版社
北京

图书在版编目（CIP）数据

香港“一国两制”演变的法治节奏/田飞龙著．—北京：时事出版社，2020.12

ISBN 978-7-5195-0383-3

Ⅰ．①香…　Ⅱ．①田…　Ⅲ．①一国两制—研究—香港②特别行政区基本法—研究—香港　Ⅳ．①D618②D921.94

中国版本图书馆 CIP 数据核字（2020）第 207709 号

出版发行：时事出版社
地　　址：北京市海淀区万寿寺甲 2 号
邮　　编：100081
发行热线：（010）88547590　88547591
读者服务部：（010）88547595
传　　真：（010）88547592
电子邮箱：shishichubanshe@sina.com
网　　址：www.shishishe.com
印　　刷：北京朝阳印刷厂有限责任公司

开本：787×1092　1/16　印张：19　字数：350 千字
2020 年 12 月第 1 版　2020 年 12 月第 1 次印刷
定价：118.00 元
（如有印装质量问题，请与本社发行部联系调换）

《香濠观涛》时评丛书
编委会

-总　序-

邹平学*

岁月不居，时光飞逝，港澳回归祖国都已经步入了“五十年不变”的中期阶段。在时事出版社的大力支持下，深圳大学港澳基本法研究中心决定编选出版一套关于港澳问题的时评丛书。经反复斟酌，决定丛书定名《香濠观涛》。

望文生义，“香”即香江，指的是香港，“濠”即濠江，指的是澳门。香濠观涛，意指临“江”而立，观涛听风，实指港澳时评，也即港澳新近发生的重大事件、新闻热点的评论。这里时评的“时”，是“时事”的“时”，是“时代”的“时”。时评的“评”，是“新闻评论”的“评”。港澳时评，因时而发，有感而生，对事对人，快速反应。她虽形似“豆腐块”，短小精悍，但河海之沛源自滴水之力，时评其小无内，其大无外，力量不可小觑。

编选和出版《香濠观涛》时评丛书，基于四点考量：

一是适应港澳治理面临的崭新形势和重大任务的需要。众所周知，港澳回归，乃中华民族一洗百年耻辱的世纪盛事。“一国两制”，更是和平统一与大国治理前所未有的制度创新。港澳回归，使“一国两制”伟大构想从理论变为现实，从制度走向实践。回归以来，港澳走上了同祖国内地优势互补、共同发展的宽广道路，“一国两制”实践取得举世公认的成功。但随着实践的深入，港澳社会经济发展中的一些深层次矛盾逐渐显现，港澳进入“经济发展的关键期、社会矛盾的突发期、政治

---

* 邹平学：深圳大学港澳基本法研究中心主任，法学院教授，博士生导师。

发展的高危期”，例如香港陆续发生的一系列影响重大的事件即是明证，如金融风波和经济急剧滑坡、禽流感频发和“非典”爆发、居港权系列案件、公务员的减薪与反减薪、基本法第23条立法风波、2003年“七一”事态、领汇事件、特首补选争论、2007/2008年双普选论争、五区总辞与公投事件、国民教育风波、政制发展争拗、冲击解放军军营、“占领中环”、旺角暴乱、“港独”蔓延、“反修例”风波等。澳门近些年来，经济社会发展过程中也出现了不少问题，博彩业一业独大一直是其经济结构的隐患，经济适度多元尚未有根本改观。一些消解政府管治权威、威胁社会和谐稳定的社运事件不时发生，其中某些游行事件规模渐增，诉求日益复杂化、政治化，有从单纯的民生议题向提出政治性议题的取向，特别是2014年5月发生的反离补大游行，是澳门回归以来最多澳门人参与的反政府示威游行活动，引起了较大的政治震荡。港澳正面临国家认同、政制发展、经济转型、民生改善、外部势力干预等重大问题，港澳与内地的和谐关系面临严峻考验。港澳回归的实践表明，贯彻落实“一国两制”基本方针政策是一项前所未有的探索伟业，严格实施基本法也不断面临攻坚克难的重大挑战和任务，其中如何全力维护中央对港澳的全面管治权及促进人心回归是最为突出的两大任务。2015年年底，国家主席习近平会见来京述职的香港特区行政长官梁振英时强调，近年来，香港“一国两制”实践出现了一些新情况，中央贯彻“一国两制”方针坚持两点：一要坚定不移，不会变、不动摇；二要全面准确，确保“一国两制”在香港的实践不走样、不变形，始终沿着正确方向前进。要实现两大任务，保证“一国两制”实践不会变、不走样、不变形，都离不开话语权建设，离不开通过舆论引导和媒体发声所建构的舆论环境。因此，推出《香濠观涛》时评丛书，正是恰逢其时，恰应其需。

二是应对港澳治理面临的舆论环境的严峻挑战，发挥港澳时评在港澳治理话语权建构中的重要作用。众所周知，在港澳治理面临的各种挑战中，香港传媒的政治生态环境不理想，以苹果报系为代表的一些不良媒体滥用言论自由，罔顾传媒的社会责任，践踏客观、公正、平衡的新闻准则，以恶意攻击中央政府和特区政府为能事，以破坏“一国两制”

落实和基本法实施为目标，逢中必反，逢共必反，肆意歪曲特别行政区制度，误导社会民意，挑拨两地人民关系，激化内港矛盾，使得香港多数主流媒体成为攻击国家主体制度、攻击特区政府的宣传纸，造成整个香港媒体生态的恶化，媒体生态的恶化又导致整个香港政治生态和社会环境的恶化。在此严峻情况下，中央政府虽然明白抓住话语权的重要性，但有时基于减少政治争拗和策略上的考虑，较长时期以来话语权行使不够果断、不够理直气壮，行使权力时缺乏有力的舆论护航造势。在一些重大举措、重大原则问题上，比如普选原则问题、第23条立法、国民教育、立法会功能界别制度存废等问题上，主动发声、发力不够，理论宣传、法理阐释不足，有时甚至不表态，以至于在第23条立法、国民教育、功能界别等议题被特区反对派和不良媒体妖魔化时，不能及时拨乱反正。此外，在特区爱国爱港人士发表正确言论遭到反对派肆意攻击时，内地学者、媒体也很少出来声援撑腰。可以说，在港澳治理尤其是香港治理的舆论争夺战中，我们长期处于被动“挨骂”的不利境地，几近丧失话语权。2014年《“一国两制”在香港特别行政区的实践》白皮书发表，话语权建构有了起色。今天，港澳治理进入深水区后，话语权建构已经刻不容缓，在涉及“一国两制”的大是大非原则问题、基本法实施的重大问题上，如果我们不敢于亮剑，媒体不积极迎战，学者不主动发声，基本法实施不可能有一个良好的舆论环境和社会基础，“一国两制”的前途与命运势必蒙上阴影。港澳时评在宣传全面正确的“一国两制”观念，解读基本法的准确内容和科学实质，营造良好的港澳治理舆论环境，为中央全面管治权和特区高度自治权保驾护航方面，有着独特的重要作用。她因其内容的思想性、理论的启迪性、观点的交锋性和鲜活的文风，业已成为主流媒体舆论引导的重要抓手。因此，推出《香濠观涛》时评丛书，对于国家港澳治理的话语权建构具有重要意义。

三是顺应港澳问题研究语态发展的新动向。过往较长时间的港澳研究，内地专家学者重视发表论著，且鸿篇大论居多，短平快见长的港澳时评却不多，甚至一些人认为这算不上港澳问题的学术研究而不屑为之。与此同时，人们发现，港澳地区特别是香港媒体发表的时评文论却很多，坊间也出版不少专栏作者的时评结集，风行书林。作者不乏学者教授、专栏作家、记者编辑、政商名流，这些集子风格各领风骚，立场分野鲜明，笔触旨意迥异，深度分析者有之，严肃冷静者有之，生动活泼、撒娇卖萌者亦有之，或冷峻尖刻，或言辞犀利，或肆意乖张，不时可窥平和的歧见、立场的迥异、激烈的争拗和意识形态的对立。这类集子似乎构成港澳“一国两制”实践和基本法实施舆论场域的突出特点之一。这些时评集因其快速反应和接地气的鲜活内容也引起内地港澳研究学者的高度关注，成为港澳研究必不可少的参考资讯。与此同时，在中央越来越重视对港澳舆论引导工作的大背景下，内地港澳智库及港澳研究专家也开始发现和注意到时评在构建舆论引导新格局中的独特功能，不少同志开始重视撰写时评，有的一发不可收，笔耕不辍，力作迭出。这些时评针对重大事件、重大问题，正面阐释“一国两制”和基本法的科学内涵，积极宣传中央政府治理港澳的基本立场和政策原则，坚定维护中央行使全面管治权，维护特区繁荣和稳定，发挥了积极作用，也丰富了港澳研究的理论成果。推出《香濠观涛》时评丛书，就是为了推动港澳问题研究语态新发展。

四是鼓励支持更多的港澳研究专家学者发表更多更好的时评。近些年，尽管不少专家学者重视撰写港澳时评文章，一定程度上改善了以往话语权掌握不够、行使不力、法理阐释不够的窘境。但毋庸讳言，现有作品在数量及社会显示度、影响力方面还远远不够，特别是一直存在即时性评论滞后、文风不够快准狠、议题设置能力弱、舆论大V不足、说理能力欠缺、对中间人士影响力小等不足，在港澳本地的舆论话语体系中缺乏主导力、核心竞争力。结集出版优秀的个人时评集，纳入《香濠观涛》时评丛书，就是为了向公众推介时评力作，培育造就更多优秀的舆论大V和时评家。

推出《香濠观涛》时评集，我们秉持的选稿辑书的理念是：指点江山，聚焦港澳热点；激扬文字，说好特区故事；权威解读，体现专业精神；敢于直言，不惧观点交锋；理性述评，表现敏锐视角；交流对话，引领塑造共识；激浊扬清，凸显理论高度；正本清源，展示思想深度。

港澳时评应聚焦基本法实施的法政焦点、民生热点和社会脉动。港澳时评虽聚焦港澳，视野则应高远，立足全国，放眼世界。港澳时评虽关注当下，旨意应着眼未来，做到如黄仁宇先生告诫我们的那样：“‘一国两制’的精神需要彼此将眼光看远，在长久的历史中，找到合作的逻辑，而且今后也只有使两方更为接近，不致越来越远。”港澳时评应在众声喧哗中保持清醒，彰显学术和专业精神；在纷繁复杂中恪守格调，秉持大局观念；在眼花缭乱中坚守底线，坚持国家立场。港澳时评的文风，应言必有据，论从实出，客观公允，行文活泼不失平实，既接地气，又高屋建瓴。

本丛书作者既有享誉学界的老将，也有崭露头角的新兵；既有内地学者，也有港澳人士。他们的时评集，均是每个创作者精心辑录的他们对“一国两制”在港澳实践的所见所闻、所思所想、所议所论。

“百舸争流千帆竞，敢立潮头唱大风。”我们诚挚地期待有更多的港澳研究工作者对“一国两制”不忘初心、保持耐心、坚定信心，不负舆论引导的时评家使命，奉献更多更好的港澳时评，共襄构建“一国两制”话语权的伟业。

是为序。

目录

contents

一、政制改革与法理论辩

二、国家权力与香港法治

三、“两制”互动与融合发展

四、社会变迁与认同重构

引　言

－“一国两制”进入有序融合新时代－

在西方主导的全球化长周期里，港台一度是内地（大陆）现代化与国际化的对标范本，港台资本家与学者也每每在内地（大陆）人眼中成为“人生成功”的典范，而这一切的背后，最根本的因素被追溯到对西方模式的“精致尾随”。当全球经济体系和意义话语完全掌握在西方一边时，港台地区就成为西方对中国的“示范窗口”以及中国现代化的“准入关卡”。台湾海峡与深圳河因而负载了特定的文明冲突与文化竞争的世界历史内涵。正是在这样的宏大历史背景下，“一国两制”逐步成为内地（大陆）处理与港台地区及中国与西方关系的基准思维，而港台地区亦得以安享这种“文明代理权”所带来的经济、文化与政治红利，具体而言就是香港基本法和“九二共识”分别维系的状态。

港台之“一国两制”现实秩序根源于全球化过程，也受到这一过程变迁的直接影响。“一国两制”背后包含着某种观念上的实用主义和实力上的均衡主义，中国的决策者并未严格遵循主权国家原理来建构一种规范主义的国家宪制，而是承认现状并予以合法化，将规范性的国家统合目标后置，即对香港是“五十年不变”，对台湾是“和平发展”。但是，现状合理性受到全球化秩序的持续严格塑造，这种“维持现状”式的“一国两制”安排便日益不符合整体国家利益，也不符合港台地区的发展利益，而需要加以适当调整了。这种国家立场的调整取向是推动“一国两制”从原初的松散协作型向紧密融合型转变。在这一转变过程中，香港基本法仍然可以“五十年不变”，“九二共识”下的台湾仍然可以“和平发展”，但“两制”不再模糊分立，而是突出宪制性的“融合”主题。

一叶落而知天下秋。内地（大陆）崛起及其对全球化秩序的再造，尤其是“一带一路”系统规划的有效推展，使得港台的“亚洲四小龙”优势被对冲，其自治体系日益受到国家资本与政治力量的渗透和整合。对新全球化及国家整合的过敏反应，以及对自治空间完整性的未来主义焦虑，共同作用于港台相对狭小和脆弱的“岛民心理”之上，刺激并加速了其寻求外部援助及“本土分离”的政治论述和行动。“港独”追随“台独”应运而生，已然破坏了“一国两制”的旧有默契和底线，反向使国家加速了对港台的宪制性整合，比如国家适时提出了以“融合发展”取代“和平发展”的战略构想并逐步付诸实践。这就造成了一种关于“一国两制”未来发展的新趋势，“一国两制”进入有序融合时代。

一、“一国两制”“分立”模式的式微

“一国两制”的最初构想是因应台湾问题而起。台湾问题是国共内战的遗留问题，对大陆而言是“将革命进行到底”，遵奉一种严格的“解放法理”，但由于朝鲜战争干扰及美国的直接介入，导致大陆采取理性务实的态度，逐步转向一种和平主义的战略思考。“一国两制”就是这种“和平法理”之下的战略产物。毛泽东时代的两岸和平建立在两岸执政者共同的民族主义情结与共识基础之上，甚至出现过国家利益受侵犯时的默契合作，彼时的国共两党都不可能容忍“台独”。当时的双方事实上已经在“一国”的宽泛共识之下各自立宪及构建自身的主权/治权叙事，而且仍然存在着对完整的中国主权的政治竞争。彼时两地皆心向“一中”，分别筹谋，长期角力。“一国两制”对台湾未来地位与秩序的构想超乎寻常，甚至可以保留军队。共产党人善于从历史中发掘智慧，其陕甘宁边区的宪制模式必然对“一国两制”的“台湾模式”有着重要的启发。当然，共产党人也一定深知这种“边区模式”在国家统合上的过渡性和政治脆弱性，深知这只是现状合法化的一种特殊安排，不是一种常态化的国家宪制结构。即便如此，“一国两制”对台设计也仍然是划时代的宪制创新，意味着“和平法理”对“解放法理”或“阶级斗争法理”的某种规范性超越，意味着共产党在治国理政顶层设计上的政治成熟。

对台的“一国两制”酝酿于毛泽东时代，成形于邓小平时代。如

果说“一国两制”的法理基础在毛泽东时代更多是具有统战性与策略性的内涵，那么在邓小平时代则具有了更多的规范性与宪制性意义。邓小平时代以“经济建设”取代“阶级斗争”，国际秩序思维上以和平与发展取代既往的国际主义解放观，更加弱化了严格意识形态对两岸互动的限定。“九二共识”在此基础上产生，这不仅是“两会”模式下的政治协议性共识，还是两岸关系的宪制根本法。马英九八年执政，大体在这一共识范畴内推行和平发展路线，是对邓小平治理哲学的呼应。马英九在2012年胜选连任时提出两岸“‘主权’互不承认，治权互不否认”，试图在宪制层面梳理清楚两岸关系。但是，2014年3月18日台湾爆发“太阳花运动”，青年“本土分离派”登上政治舞台，所冲击的绝非仅仅是直接指向的“服贸协议”，而是整个对台“一国两制”的政治基础。随着国民党的政治崩盘和民进党的完全执政，“分立”模式下的和平发展已丧失最根本的政治合意基础。民进党的“转型正义”和“文化台独”正在全面清理“中华民国宪法”的规范根基，使之渐成待拆的“政治危楼”，而国民党在岛内政治中的过度本土化及延续日久的“割据生存”思维，更使得其既无力对抗制衡民进党的“台独政治”，又无力延续与大陆的和平发展路线。对台的“一国两制”“分立模式”已经式微。

与台湾相比，香港的“一国两制”有着相对完备的宪制基础，但也存在着潜藏的宪制危机，而“分立”模式则不断加剧着这样的结构性危机，如校园“港独”事件就是一个示警信号。香港“一国两制”的“分立”模式存在如下危机性因素：其一，主权未治权化的宪制漏洞，这与基本法的原初设计有关，基本没有考虑中央在香港的落地性权力，也未审慎设计和行使对香港自治权的监督权，久而久之塑造了一种“两制”对“一国”的疏离习惯；其二，基本法起草与实施初期不甚严谨的政策性话语导致了对基本法秩序的规范性消解，比如“井水不犯河水”之类的解释，以及中央对香港普选完全不干预的表态，这些政策行话并不严格符合“一国两制”与基本法，在香港社运中常被贴出来为反对派张目；其三，对现代法治原理及其权威性的相对疏忽，比如放弃了终审权，相对轻视司法权，而紧抓“行政主导”，与香港自治宪制的长期发展趋势（“普选”与“司法至上”）之间出现冲突和张力；其四，畸形的“建制—泛民”二元政治，这导致香港基本法无法有效吸纳泛民主派，中央则不断被动地加大对香港本地政治的资源投入和管治影响负担；其五，青年国民教育的失败与“本土分离主义”的兴起，这是由于“两制”长期相互隔离以及对教育主权的轻忽所致；其六，基本法秩序内部保护香港资本主义的保守性与香港社会之大众民主、福利社会发展需求之间出现规范性张力，既有体制难以有效回应社会公平正义需求。香港“一国两制”“分立”模式亦呈现式微态势。

当然，港台的“一国两制”仍然是一个有意义的战略性、宪制性框架，只是其1.0版本深植于20世纪后半期的“改革中国”政治经济秩序之中，尤其是具体成形于邓小平时代的“和平发展”治理哲学之中。这有着彼时迫切希望融入西方现代化体系以及将港台作为对标对象与准入关卡的理性意识，而不可能超前预见到港台地区“本土分离主义”对“一国两制”底线的严重突破，也不可能超前预见到2017年中国成为新全球化的主导性力量。根据辩证唯物主义的认识论，世界的变化必然带来世界观的变化，“一国两制”属于中国人当代世界观的一部分，需要相应做出调整。

二、新全球化提供融合契机

实际上，国家融合是现代宪法秩序的规范语义，任何宪法就其本身都应当包含政治统一体的根本决断及维护共同体存在及融合的宪制保障。现代国家的一个基本特征就是在规范意义上克服了古典国家的“离散型秩序”，而立足于以公民合意建构一个整体化、紧密型的宪制秩序。“一国两制”提供了高度“分立”的宪制安排，但“分立”不是终极宪制目的，而只是承认现实并合理促进现实演变的技术性手段。“五十年不变”本身是一种关于“变”的历史哲学，是历史变化的周期论，而不是关于“不变”的历史哲学。这里的“变”是“两制”面向“一国”的融合性宪制建构。那么，到底是什么原因导致了“一国两制”的1.0版不凸显“融合”主题呢？理由有两个，其一是当初提融合既无资本，亦无契机，甚至回归谈判及过渡期安排都很难顺利完成；其二，维持“两制”相对“分立”有助于国家整体上的现代化与国际化。因此，“一国两制”在具体化为宪制秩序时并未循着“主权治权化”的常规国内法秩序向下走，而是基本停留在了高度自治权的门槛边。这种宪制建构只要求恢复行使主权或一中确认，不要求国家权力对自治体的具体穿透与管治，甚至也不建立针对性的监督权体系。

这种特别宪制安排有着很强的国家理性内涵。“一国两制”的1.0版本是国家理性偏离国家理论的典型体现，带有古典“离散型秩序”的遗痕，以及“帝国宪制”安排的二元化逻辑。之所以如此，除了在国家理性上的谋划计算之外，还有着当时全球化秩序的严格限制。“一国两制”的现实是：港台是全球化与现代化的“优等生”，而内地（大陆）是“落后的存在”。而港台之所以大体能够接受宽泛的“一国两制”框架，乃是对西方文明与全球化的深刻自信，是对自身“文明代理权”的现实肯定与愿景期待，更有着带动内地（大陆）文明化的“文化中国”情怀。港台“新儒家”、香港泛民主派、台湾国民党皆有类似取向，“民主回归论”“儒家中国论”等论述与立场皆出于此。

但是，1500—2000年的西方全球化长周期正在走向终结，新全球化正以中国崛起为最主要动力而迅速展开：其一，西方经济全球化的动力衰竭与逆全球化的政治保守主义兴起，具体体现在英国“脱欧”与特朗普当选，以及美国对TPP与《巴黎气候协定》的废弃；其二，西方民主全球化及其“第四波民主化”造成更多“失败国家”，以及催生“伊斯兰国”和中东、北非难民危机，反向侵蚀欧洲民主与福利体系；其三，中国以高铁与互联网为战略抓手逆转了西方全球化的“海权优越论”，在空间革命与大地法的意义上复兴“陆权”，统筹海陆平衡，显示出带动欧亚新秩序建构及超越西方“海洋文明”的世界历史范式变迁趋势；其四，“一带一路”倡议成为中国立足21世纪新语境的最高顶层倡议，和平与发展成为中国主导性的价值输出，“发展优先论”已经在理论和实践两个层面挑战着西方模式输出的“民主优先论”，综合性的治理主义体系及其哲学也在修正西方的形式主义法治；其五，港台地区的“亚洲四小龙”时代基本终结，而中国对地缘政治经济秩序的重构则形成了对港台经济体巨大的转型与融合机遇及压力。

新全球化提供了中国重新思考港台与国家、国家与世界关系模式的新契机，“一国两制”在1.0版阶段高度亏欠的“融合赤字”正在引起国家及港台社会的理性反思和补偿努力。中国已经不是现代化教室里的“卑微学生”，而是“一带一路”全球化进程中的“教练”，不断将自身的发展资本、模式与治理经验与人类社会分享。这种角色与身份规范的历史变迁，是“一国两制”实践遭遇的最大变数，也因此“五十年”之经验判断在实际的历史进程中可能被大大压缩，自然时间被历史时间改写，转变的契机翩翩而至。

三、有序融合的规范解释

“融合发展”取代“和平发展”成为对台治理新思维与新方略，以及在对港治理中依法治港与经济融合的齐头并进，既是底线性的反“台独”与反“港独”的应急性产物，也是新全球化的自然而然的转折发展。有序融合因此成为港台治理共同方略，也是“一国两制”在2.0版时代的基本实践方向。以往无论是对港还是对台，“融合”甚至一度成为一种政治禁忌，那是因为“一国两制”1.0时代奉行的是两制相对隔离的“分立”模式，“分立有利”而“融合无力”成为彼时“一国两制”实践理性的内核。这种与改革开放初期相伴随的港台治理思维与实践是具有历史合理性的，是对内地（大陆）及港台产生“双赢”结果的最优化安排，但却与今日之新全球化事业以及港台地区产生的“本土分离”挑战不相适应。

有序融合不是“一制化”，不是简单粗暴地忽视内地（大陆）与港台之间仍然且将长期存在的巨大文化与制度差异，而是立足港台繁荣稳定及国家发展的全新战略定位进行的一种宪制性的、针对“融合赤字”的纠偏行动。有序融合的实体方向是融合，是“两制”面向“一国”的互动整合，但其程序正当性原则是“有序”。这个“有序”将大体遵循如下的若干实践性原则。

第一，宪制根本法上的“一国”底线原则。对港是实行“港独”“零容忍”，这在习近平主席香港“七一讲话”中表达特别清晰。对台则是牢固守住“九二共识”，警示“基础不牢，地动山摇”。但中央对港台的治理绝不限于底线盘旋，而包含着与时俱进的“发展利益”与国家整合期待。

第二，高度自治的法治保障原则。港台高度自治将长期成为“一国两制”的基础性原则，其是高度的，但不是完全的。国家宪制将对此提供具体化的制度保障，对港主要是完善中央对特区自治权的全面监督权，对台则是谋求在“九二共识”基础上更进一步，通过内外协力阻却“台独”逆流，推动和平统一，加速两岸政治协商与宪制整合。

第三，人员管理上的公民平等原则。根据中国宪法，香港居民与台湾居民属于中国公民，不宜再按照“准外国人”进行管理和对待，人为造成心理隔离，而需要朝着“公民身份平权化”方向不断改革和突破，不仅仅是开放一般性的公民经济待遇，还包括开放国家的公权力服务岗位和体系，以国家体制平等吸纳港台居民。直接将港台居民当作真正的中国公民管理、教育与吸纳，是中国式宪法爱国主义的重要进步。

第四，和平与发展的治理现代化原则。在核心价值观上，中国国内秩序的价值基础是“社会主义核心价值观”，这是一个具有巨大包容性但也充满张力及有待规范整合的价值序列，而国际秩序的核心价值则是和平与发展，但其内涵有所更新，由原初融入西方的现代化发展转变为与西方具有竞争意义的自主性发展。港台地区处于中西秩序与体系的断层线及结合部，在中国主权体系内但又与主体中国存在一定的规范差异及意义体系的对峙，需要以和平与发展来统筹“一国两制”在港台的宪制性事务。和平在香港体现为反社运暴力，在台湾则经受着“台独”“战争化”的挑战。和平并不意味着两岸统一不可以考虑其他方式，2005 年《反分裂国家法》即订立非和平方式完成统一的制度条款，对其触发条件与实施方案中国大陆本身有自主判断和处置权。

第五，新全球化的兼容性原则。新全球化是一种超越西方模式的全球化，是在既有全球化规则和体系基础上的、具有世界历史哲学意义的综合与扬弃。这将意味着港台既往继受自西方的生活方式、价值观与制度体系将得到包容，更有国家主场效应下的改良、修正式的增量发展。可向现有全球化体系中输入中国因素与中国模式，以促进现有全球化体系的公正性、民主性与发展性。

第六，“一国两制”对“一带一路”的从属性原则。在没有“一带一路”倡议的改革开放初期，“一国两制”是中国改革开放走出去的出海口，是融入西方和世界的通道，当时的“一国两制”在国家战略中具有某种主导性与核心性地位。但随着全球化发展变迁与国家提出“一带一路”构想，“一国两制”的宏观战略地位有所调整。参与“一带一路”，对港台居民个人而言是机遇和命运，对港台社会整体而言则是一种适应国家战略的宪制义务。

总之，“一国两制”已经出现了从“分立”模式的1.0版本向“融合”模式的2.0版本的转型，这种变化比原初设想来得要早一些，但并未超出“一国两制”的宪制框架及其根植的国家理性范畴。进入有序融合时代的“一国两制”，已经不是简单地重构“一国”与“两制”关系，而是这种重构将严格服从和服务于作为国家顶层战略的“一带一路”。港台地区现代化的存量优势可以在新全球化进程中得到更大的发挥与释放，其收益空间与反馈形式将可结构性改变港台既有的产业格局及经济困境，为港台社会与青年世代的成长和发展带来远超其他地区的机遇和红利。当然，这种从“背向国家”转为“面向国家”的精神大转型，对港台社会而言并非易事，其意识形态局限、泡沫化的旧时光记忆以及在中西体系竞争中的“双重边缘化”阵痛将继续煎熬着敏感冲动的青年世代与本土精英。“港独”与“台独”逐步呈现出反“一国两制”、反全球化、反规范法治的面向与本质，日益走向其曾经标榜之“普适价值”的反面，对港台社会的生活方式、价值观与发展利益造成了日益严重的结构性破坏。这些阵痛是剧烈转型过程无法避免的，但也需要国家和港台社会共同理性而负责任地面对和解决。“融合”之路已经开启，“分离”之痛不时呻吟，考验着执政理性与人民智慧，一个多元一体、生机勃勃、紧致聚合、与世界和谐共生的“文明中国”将成就于其中。

四、本书的结构与说明

本书是笔者从事“一国两制”与香港基本法研究的重要成果和结晶。2014年3月，受香港大学法律学院陈弘毅教授邀请，笔者赴港从事为期一年的学术研究。从那时起的4年多时间里，笔者在不同光谱的报纸、杂志及学术期刊发表涉及香港政改、基本法及央港关系的一系列文章，在港澳台、海外、内地诸多层次引起了较大的关注与反响。本书从这些文章中精选若干篇章组成，侧重于时事评论和制度分析。本书所选文章曾以不同的删节形式发表于《大公报》、《明报》、《经济日报》、《南华早报》、《多维CN》、“思考HK”、FT中文网、《法治日报》、《法治周末》、《人民日报海外版》、《中国评论》等报刊、网站，在此对相关编辑及友人致以诚挚的谢意。在选入本书时，笔者对每一篇文章均进行了适当的调整与改写，确保文章的可读性、知识含量及相互间的逻辑联系。

本书从结构上分为引言、正文四编和结语。全书紧紧围绕香港“一国两制”的演变主题，侧重以“法治”为主线，考察香港在基本法秩序下的政制发展、法治进步、两制融合及社会变迁。引言是对“一国两制”在香港发展20多年来从“分立”到“融合”之宏观制度背景与全球化条件的分析，给出了理解香港复杂问题的长时段历史框架。香港2014年发生的非法“占中”结构性地改变了香港政治生态、政治语法及对“一国两制”的法理理解，在政制发展中出现了复杂、多层次的法理论辩及“公民抗命”的社会运动实验。本书第一编聚焦于香港“一国两制”内部出现的这一次“巨变”，通过对主要法理论辩议题及社会运动内在政治逻辑的分析，展现了中央坚持“一国两制”底线及运用法治思维与法治方式反“占中”的坚定立场和卓有成效的政治法律成果。但“占中”遗留下一系列棘手的政治和解、社会重建及法治巩固等难题。本书第二编即聚焦于基本法秩序下香港法治对这些社会运动挑战与相关法理争议的回应。我们看到，香港法治作为一个严密的普通法体系，以其法治专业性对“公民抗命”的合法性说不，但却对社会运动的道德动机及权利伦理“让步”较多，摇摆于“抗争者权利”和“公共秩序”之间，在人大释法等相关的国家权力规训机制下逐步形成一种兼顾国家“主权、安全与发展利益”的平衡法理学。这是香港普通法的适度“国家化”进程，也是香港“制度性回归”的重要议题，尚有较大的法理与制度空间需要拓展与填充。第三编将聚焦点落实于“两制”互动和融合发展，认识到香港在国家“一带一路”与“粤港澳大湾区”新式战略下不能抱残守缺，不能“苏州过后无艇搭”，而需要回溯“一国两制”初衷初心，激活香港的商业理性与爱国情怀，在转化自身优势贡献国家的同时完成自身的“二次飞跃”。新特首对这一互动融合进程着力颇多，对内和解，对国家融合。“一地两检”的三步走方案及其本地立法的如期完成，标志着香港经济体整合入国家的“高铁经济网”，香港人与香港社会完成在基础设施上与国家的对接及连通。第四编将视角适度内卷，观察和评估香港人及香港社会在近些年剧烈的社会与文化变迁中的适应和调整。“占中”之后出现了“本土分离”甚至“港独”，对“一国两制”和基本法秩序构成严峻挑战，香港青年的国家认同与成长发展受到全社会关注及焦虑，香港校园民主的异化令诸多有识之士痛心疾首，但这些不过是“一国两制”历史性矛盾及回归以来多重冲突张力的选择性爆发与病理性发作现象，是客观、可观察、可理解也可治疗的。2014 年白皮书、2017 年“七一讲话”及十九大报告港澳专章构成了中央治理香港的法理与政策的全新框架，完成了对“一国两制”初衷初心的系统而科学的诠释，因此，“一国两制”香港模式伴随国家发展进程而进入新时代。本书结语部分对“一国两制”政策与冲突表层背后的“国家理性”进行历史与哲学上的解析，并对未来发展的根本制度原则与方向感加以理性确认和明晰。

由于是时评合集，本书不可能构成一种关于香港“一国两制”演变的系统学理论证，而毋宁是对这一演变过程主要线索、素材、观点、判断及趋势的素描和加工。笔者侧重从法学与政治学相结合的“政治法学”路径对纷繁复杂的香港“一国两制”模式进行抽丝剥茧式的解读与分析，相信可以对有关政府部门、智库、学者及一般公众了解和理解作为中国现代化与国际化重要战略的“一国两制”及其多重经验面向起到适当的引导作用。本书就像一幅大致可靠的探险地图一样，对“一国两制”的爱好者和研究者提供了基本的指引，并期待有缘之同仁共同参与勘测及绘就更加精确的导引图。

最后，也是最有必要的是，特别感谢深圳大学港澳基本法研究中心尤其是邹平学主任对本书出版的支持和推动。深圳与香港是中国现代化的“孪生子”，是“一国两制”的微妙缩影。今日的深圳虽然在 GDP 及创新潜能上超过香港，但城市竞争力是一个综合的体系，包含价值、制度、文化及社会资本，因此，以深圳为代表的内地开放城市仍有学习香港的较大空间。深圳大学港澳基本法研究中心因此承担着“两制交流”的学术重任。笔者在 2014—2015 年香港访学期间曾多次往返深港两地参加该中心的学术活动，受益匪浅。2015 年 5 月，笔者非常荣幸地受聘为深圳大学港澳基本法研究中心兼职研究员，开始了与该中心更加紧密的学术互动及合作。本书很荣幸纳入该中心主持的“《香濠观涛》时评丛书”，这既是作为该中心兼职研究员身份的一种职责贡献形式，也是对深港交流乃至于两制交流的一种学术贡献形式。“小河弯弯向南流，流到香江去看一看”，“东方之珠”的典雅与忧伤，催生出笔者更深理解与更切实保护的绅士般冲动，是笔者持续从事“一国两制”研究的重要精神动力。香江，濠江，所谓“一国两制”在港澳之间，花开两朵，各自妖娆。未来更有“台湾模式”争相斗艳，共同谱写民族伟大复兴的宪制传奇。

笔者相信，在国家主导的“一带一路”与粤港澳大湾区的新时代，尤其是十九大报告确定的民族复兴与人类命运共同体建构的新时代，“一国两制”的制度创造力及香港对国家的持续贡献力一定能够得到更大的结构性发挥。而法治，作为香港社会的第一核心价值及国家治理现代化的核心原则，必将为“一国两制”的行稳致远提供稳定、可预期、可信赖的规范性保障。

一

政制改革与法理论辩

- 香港普选：民主对法治的僭越 -

对于香港普选之路而言，基本法的政治决断和香港本土的政党政治与民主文化几乎具有同等重要的地位。没有基本法决断，普选根本不可能成为一项合法的政治目标。没有香港本土的政党政治和民主文化，普选之争就不会成为有意义的政治民主运动，普选过程也不会产生具有“华人民主”试验价值的成套经验。无论如何，普选是载明于基本法的政治目标，是基本法秩序变迁的法内轨道，是回归史上最重大的香港政治议题。

今日香港普选之争，我们可以大体概括为“基本法模式”与“普适民主模式”之争。按照基本法框架，特首普选需依照一个权威而排他的提名委员会机制进行提名，之后再交由全民普选。按照普适民主框架，提名委员会的垄断不符合民主原理，因此需要引入符合国际标准的“公民提名”和“政党提名”。反对派组织的三次“商讨日”，其结果也是产生了皆含有“公民提名”要素的政改方案。基本法规定提名委员会“可以”参照原“选举委员会”组成，中央和建制派将之理解为“应当”，理解为不放弃四大功能界别的基本结构，但可以进行适当的民主化改造。但反对派在根本立场上即不认同这种基于“功能代表制”的界别组合模式，废除“功能组别”是其一贯的政治主张。普选本来应该是在法治框架内展开的选举模式之争，但在香港政改的特殊语境下却移位为提名模式之争。具有更强的本土基础的“公民”和“政党”是否能够直接提名，被反对派建构为普选的真假标准，建构为对抗提名委员会筛选机制的核心机制。无论是在商讨、公投、游行还是“占中”过程中，“公民提名”几乎与“真普选”划了等号，而具体的选举模式则甚少分歧，没有成为争论焦点。

普选之争的程序前移以及“公民抗命”的强势出鞘，表明了反对派对基本法秩序和中央意图的极不信任。这种不信任与香港特殊的民主文化有着深刻联系。香港的民主文化并不来自于长期连续的民主实践，因为在殖民统治时期很难落实严格的自治民主，但这不妨碍该种民主文化的现代属性和国际性特质。

香港民主文化大体具有如下特质：第一，普通法的民主观。尽管普通法不可能建构完备的政治体系，但却提供了法律平等观念和自由权利文化，具有高度的普遍主义和现代主义形式特征，香港民主对“普适性”的迷恋与此有关。第二，民主国际主义思维。即《公民权利与政治权利国际公约》与香港的国际主义身份认同相结合，在精神上超越了基本法的成文法具体制约。第三，香港人的历史优越感。这主要建立在作为内地一定历史时期“庇护所”和发展时期“国际窗口”的特定历史经验以及回归前后相对于内地的长期经济文化优势上。第四，对内地政治文化与体制的陌生与抵触。由于长期接受西方价值观熏陶，香港人尤其是法律和政治精英在认同上无法与内地政治文化和体制趋同，回归以来呈现出日益分离的倾向，这是导致此次普选之争互不信任及冲突升级的重要心理动因。第五，香港成为内地政治负资产的储备和发酵中心，成为中西政治对抗的前哨，这成为中央严守“爱国者治港”底线和提出香港政改必须维护“主权、安全和国家利益”的基本背景。

然而，面对内地的强势崛起，香港和台湾一样感受到了一种“生存事实”对“价值规范”的渗透与整合压力。台湾不缺乏相对健全的民主法治框架，但反服贸的“太阳花运动”依然强劲发生，表明台湾的“生存性精神危机”超越了具体法制和利益理性。香港对内地的反感与反弹与此有关，散见于对“双非”的限制、奶粉限购、地铁进食事件、街头童便事件。这些两地居民的民间性冲突，如果放在民国时代甚至“大逃港”时代，是完全无法想象的。内地的整合压力加重了香港的本土意识、乡愁情怀和自治冲动，而相对削弱了民间层面的同胞之爱和政治层面的认同互信。香港人如何走出日益虚幻的历史优越感和日益严峻的现实生存焦虑造成的过于浓厚的“乡愁”式的集体无意识，以开放心态面向内地崛起及其整合趋势，是其精神解困与突围的正道，如果一味求助遥远的西方，悲情、幽怨之外裹挟着价值自负，则双方互动互信将更为困难。乡愁是一柄双刃剑，是自我记忆的存在标识，也是自我封闭的精神逃路。在此背景下，港台艺人屡有“反中言论”出现，香港甚至出现了具有“港独”倾向的“本土自治”理论——“香港城邦论”。以“公民提名”为核心的“真普选”运动，就是建构强固的“本土自治”架构的一个主要方向。

对此，主权一方的疑虑是难以避免的，就像曾经的英国议会对爱尔兰、北美的自治民主要求怀有疑虑一样，“一国两制”在制度安排上具有二元宪制特征。《“一国两制”在香港特别行政区的实践》白皮书的“共同基础论”就是为了弥合这一宪制二元性的严重政治后果。宪制二元性并非不能见容于现代政治，联邦制就是典型的二元宪制，但联邦制具有严格的纵向分权框架，具有为一国政治统一所必要的联邦权力，且随着国内市场一体化发展，联邦权力的扩展和联邦制的“国家化”是必然趋势，宪法认同与政治统一更有保障。这正是美国联邦制的故事。

“一国两制”在中国宪制体系中处于非常特殊的地位，所建立的是一种高度非均衡的制度框架，不仅特区自治权超越一般的联邦单位，而且加重了中国宪法建构整体“同质性”和认同框架的制度负担。具体到基本法秩序，由于放弃了中央对香港地方司法权的制度化监督，将终审权配置给香港终审法院，导致中央缺乏有力的制度内法治手段来调控香港事务。这一设计体现了基本法立法者对司法与法治的某种“忽视”，强调中央调控地方的行政机制，甚至立法机制中的中央调控也相对薄弱。这种所谓的“行政主导制”造成了中央调控香港特区在制度上对行政分支（特首）的过度依赖，从而倒逼中央对特首普选设置各种实质性条件——爱国爱港、实质提名权、实质任命权，等等。试想，英国殖民旧制为何不放弃本土枢密院的司法终审权？美国宪法与联邦最高法院为何不放弃对各州的司法终审权，而是通过纵向司法审查和“州际贸易条款”不断地限制州权，促进联邦统一？因为宪法的根本技艺不是多元化和各自为政，而是自由和秩序的辩证统一，在自由过多的地方需要强化宪法认同和中央控制。在“双普选”压力下，中央面临着香港立法与行政分支“实质本地化”的压力，特首本为中央与香港制度性沟通的枢纽，在普选压力下可能成为对抗中央的代表性机关，而中央在基本法框架下又缺乏同等有效的替代性机制来弥补普选造成的政治不确定性，由此造成中央在普选立场上的强硬，白皮书就是这一立场的直接体现。因此，普选的冲突升级与基本法结构设计上“重行政、轻司法”有着直接关系。放弃“司法终审权”造成了回归之初司法精英对“一国”主权原则的法理与程序挑战，也造成了此次白皮书事件中大律师公会关于法官不是“治港者”且“无需爱国”之类的普通法偏见和严重的政治疏离感。白皮书提出“三轨制”的基本法解释模式，意图打破终审法院在程序上对基本法解释的垄断，化解基本法第158条关于终审法院提请解释程序的死结——这本是一种高度尊重香港法院解释权的合作性程序，但由于互不信任以及法院的普通法自信，导致该程序在规定时几近死亡。大律师公会对白皮书提出的全国人大常委会“主动解释”模式无法在宪政法理上否认，但却表现出极大忧虑，希望后者“绝少且谨慎”地行使。法律人为主体的“黑衣人”静默游行更是对这种“重建中央司法监督权”之意图的警惕和反弹。其实，如果能够创制某种针对香港司法权的中央司法监督机制，将之常规化、程序化甚至获得某种“准管辖权”地位，倒是中央权力控制性焦虑的一种合理转移，对特首之政治实质性条件的要求就可能适当放松，提名之争与普选抗命亦可有效缓解，更可实现央港关系从“行政控制”模式向“司法控制”模式的法治化转变，回归现代民主国家调控央地关系的正常模式。如此，则中央就可适当免除其对普选结果的精神负担，从容于以严格的基本法框架和司法监督体制重建央港政治互信和法治协调。香港方面亦需洞明中央关于“主权、安全与国家利益”的核心关切之合理性，认清特区之地方政权属性，在相互谅解、彼此让步与妥协中共同推进基本法秩序的结构性优化。

尽管白皮书以充分数据说明了香港回归以来的繁荣稳定，但“繁荣稳定”并非香港的全部价值，也不是基本法的全部追求，香港民主化同样是回归史的核心主题。基本法制定于改革开放初期，立法者的宪法心智和制定时的具体情势具有一定的局限性，“五十年不变”正好构成一个合理的制度变迁周期，即“不变”不是固化和僵死，不是“井水不犯河水”，而是为良性的“变”储备充足的制度经验和价值共识。普选之争使央港关系阵痛连连，关于“外国势力”的各种猜测也是影影绰绰，而近来香港民主发生的立法会恶意“拉布”和街头民主运动不断升级的现象，也使得不仅香港的“繁荣稳定”之忧没有因为白皮书的强势背书而有缓解，甚至白皮书关于“全面管治权”的主权式表达（全面、直接、最高）频频引发了关于香港民主前途的忧虑，导致双方阵营内的温和派日益边缘化，政改面临崩盘危险。这并非危言耸听，而是香港民主化的实际处境，其风险需要充分提示，也需要双方理性认知与合理管控。关于提名之争的具体解套术，笔者在2014年4月24日的一篇评论《“小政改”定位与“公民推荐”改进》中曾建议对“18学者方案”中的“公民推荐”机制予以改造，将之吸纳入提名委员会的民主开放程序之中，以适当反映“公民”在普选提名环节的参与权，避免“公民提名”成为一种逸出法治与体制的抽象民主诉求，成为“公民抗命”式的“占领中环”运动的政治聚焦点。2014年4月28日，香港大律师公会在提交给特区政府的政改意见书中，在从法律专业解释的角度否定“公民提名”之后，亦提出“公民推荐”应当在提名委员会的民主提名程序中占据特别份额，但具体机制可再设计。此类建议属于理性的法律技术性建议，如果操作得当，可适当回避激烈的政治对决风险，但法律的进场需要把握时机，如今白皮书亮明态度，反对派一意孤行，法律解决的前景不甚乐观。

总之，香港普选之路已不可逆转，但普选之争经过“公投”和“七一游行”已逐步进入白热化的“占领中环”阶段，提名之争依然看不到立场性或技术性的和解前景。如此胶着，原定的政改“五步曲”恐难顺利走完，2017年普选前景存在严峻挑战。

（本文原载于香港《中国评论》2014年10月号）

- "小政改"定位与"公民推荐"改进 -

特首普选成为近年来香港政治生活的中心事件，成为官民之间、政党之间、中央与特区之间频繁互动与博弈的中心议题。2013 年 12 月，特区政府正式启动"政改咨询"，为期 5 个月，如今已近尾声，共识仍未达成。泛民派超越基本法的"公民提名"诉求依然强劲，而中央定调的"机构提名"亦无松动迹象，双方之立场僵持及其"占领中环"的行动想象，已然导致香港政治社会的结构性分裂，2017 年普选可能生变。

民主需要底线共识才可健康发展，在此分裂趋势下香港各界有识之士忧心忡忡，中间性的妥协方案渐露端倪。近期，张达明等 18 名学者提出具有妥协与中间化性质的"学者方案"，将政改讨论收缩到基本法框架内，充分动用制度内资源和政改创制空间来弥合双方立场分歧，推动政改共识形成。学者方案的最大亮点是"公民推荐"，以弱形式的"推荐"置换强形式的"提名"。学者方案的出现是香港社会政改辩论回归理性的体现，但由于其方案设计的缺陷，尚不能充分弥合双方差距，也存在对基本法的某种误读。

一、被人为放大的政改

此轮政改在一开始就被赋予了过度沉重的"民主负担"，被泛民派视为香港民主化的要害，被定位为"大政改"。然而，如果我们仔细阅读基本法，会发现此轮政改实际上只是"小政改"，即根据第 45 条第 2 款之普选目标而对附件一进行再修改，涉及的只是行政长官产生办法的改变，而不涉及基本法确定的政治体制的结构性改变。许多人并没有搞清楚此轮政改真正的法律属性。对这一法律属性的认知必须回归基本法的体系解释。

基本法建立了两轨制的修改程序：一是针对"正文"的修改，按照第59条进行；二是针对三个附件的修改，按照附件各自给定的程序进行，“五步曲”来源于此。此轮关于特首普选的政改在法律上属于附件一的修改，其与正文的关系是通过修改附件落实基本法第45条确定的普选目标。在法律功能上，“正文”确定的是政治体制及其原则，“附件”确定的是对原则的补充与细化方案，二者之间存在主次关系。这一主次关系的法理基础在于“绝对宪法”和“相对宪法”的区分（施米特），前者涉及香港根本政治体制，后者涉及程序和技术安排。这样我们便可理解政改咨询文件直接从“提名委员会”切入，而排除“公民提名”“政党提名”的法律基础了。

进一步，由于基本法在第45条已经确定了普选的原则框架：“由一个有广泛代表性的提名委员会按民主程序提名后普选产生”，这就决定了此轮政改的“小政改”定位，即只解决两个主要问题：第一，提名委员会如何“参照选举委员会”而具有适合普选提名的“广泛代表性”以及“民主程序”；第二，350万名合格选民如何“一人一票”选举出特首。其中，提委会提名只是特首普选的功能性、辅助性程序，选民“一人一票”的直接选举才是普选的重心与关键。

然而，经过泛民派的充分发酵，此轮政改被以偏离基本法的形式进行了双重放大：第一，将作为普选辅助环节的“提名”放大为普选的重心，提出了基本法之外的“公民提名”，导致政改咨询与讨论严重“失重”；第二，将有无“公民提名”和泛民派代表是否“入闸”作为普选“真假”的唯一标准。这种放大的法理基础不在于基本法，而在于所谓的“国际标准”，比如人权公约的宽泛界定以及国际专家的权威意见，然而这些均不足为凭，因为根据基本法第39条，人权公约必须通过特区法律予以实施，而国际专家意见只能作为不具任何法律权威性的参考。

这种人为的放大尽管可以理解为政治派别的博弈策略，但也必须见好就收，寻求妥协与共识，将讨论框架从国际移回国内，将讨论重点从“提名”移向“选举”，将“大政改”想象回拨到“小政改”定位。

二、机构提名的开放性

若以上述“小政改”定位评估中央立场和学者方案，我们可得出两点结论：第一，中央立场是严格的基本法解释性立场，以提名委员会为中心展开普选设计，"广泛代表性"是机构的代表性，"民主程序"是机构的民主程序，这在法律和法理上均站得住脚；第二，学者方案尽管回避了"公民提名"，但由于将"公民推荐"与"机构提名"分离且对"机构提名"做出了非机构化的安排，细节设计不够，在立场上依然偏向"泛民"，并预伏下推荐人选不被"提名"的危机对抗。

目前的"公民推荐"方案还不能称为真正中间性的方案，需要按照"小政改"定位重新调整：取消"公民推荐"与"机构提名"的分离安排，将前者作为后者的一个程序环节。这就涉及对"公民推荐"法律属性的认知。"公民提名"直接与机构提名权相冲突，但"公民推荐"并不与之冲突，而是可以吸纳整合入机构提名之中。如何在法律上纳入呢？第45条要求提委会按照"民主程序"提名，何谓"民主程序"？目前的理解集中于一种"选举式提名"，即提委会委员"一人一票"选出候选人才是"民主"，这可简称为"1/2入闸"模式，确实体现了提委会的机构法人意志，但却是必要而不充分的。这里的"民主程序"显然应具有充分的开放性和进阶性，在制度逻辑上应包含"公民推荐"和"比例预提名"（如1/8）。因为提委会无论如何具有"广泛代表性"，选民或委任团体在其组成过程中只是发出了抽象的"提名"赋权，并未发出具体的"人选"赋权，因此在提名何人为正式候选人问题上仍然需要"问政于民"，需要委员们的"比例预提名"。如果直接由1200名委员投票选人，在程序上甚至无法操作，因为在逻辑上必然需要由其他"主体"提出非正式名单。

由此，机构提名的民主性便体现为其充分的程序开放性，可以容纳"公民推荐"和"比例预提名"，这样就将形成一个"三阶段"的机构提名模式：第一，由"公民推荐"程序产生较为宽泛的"民意参选人"，可以设定2%—3%的选民推荐门槛，产生一个30人名单作为提委会"预提名"的参考，但不具有强制性和排他性；第二，提委会委员"比例预提名"程序，可维持选委会1/8的预提名门槛，合比例委员参考但不限于公民推荐结果进行预提名，产生一个6—8人的"预备候选人"，具有强制性和排他性；第三，提委会全体委员"选举式提名"程序，每名委员限选3人，以过半数为标准，体现机构整体法人意志，最终产生一个不超过3人的"正式候选人"。至此，提名程序终结，普选启动。

总之，在基本法的“小政改”定位下，通过扩展机构提名“民主程序”的开放性，可以有效吸纳“公民推荐”的合理因素，且通过“三阶段”层层设限，民意、委员、机构之间实现了一定程度的合作与制衡，体现了共和主义的审慎美德。循此，则被人为放大的“提名”之争或可化解，香港民主化可期进入法治理性轨道。

（本文原载于香港《大公报》2014 年 4 月 24 日）

-“占中”低龄化突破政治道德底线-

政改咨询结束后，建制派和泛民激进派围绕“占中”展开了激烈的动员与反动员博弈。针对泛民激进派“学民思潮”对全港中学生的普泛动员，建制派团体“帮港出声”近期发信各中学，指明“占中”违法，可能损及学生安全和前途利益，希望校方与教师恪尽监护之职。马恩国律师更指出，如学校与教师监护不力，家长可依法追偿。泛民激进派则号称中学生参与“占中”是“民主学习”，是为香港“争未来”。一方申明法治言之凿凿，另一方标榜“民主”义正辞严，“占中”议题竟然凝聚起了香港社会关于道德与法律、民主与法治的大辩论。

事实上，以“公民抗命”自诩的“占中”运动在香港这样一个民主化的法治社会一直受到各种非议，但批评者所依据的形式主义法治观却不足以击中“公民抗命”的真正要害。“公民抗命”素以道德正当性回击违法性指责，申明其所追求者为一种高于实证法律的共同体正义观及其制度愿景。但正因为“公民抗命”的全部合法性在于其标榜的共同体道德，因此“占中”动员中的“低龄化”恰恰突破了这一属于根本目标的道德底线，突破了民主游戏的成人边界，撕裂了共同体的价值基础和对未成年人的保护承诺，值得泛民激进派严肃检讨。

一、违法性指责未击中“占中”要害

“占中”运动源于香港的普选议题，双方争议的焦点不在于普选投票，而在于提名机制。设若基本法未规定“提名委员会”，则争议将失去法律焦点。作为“公民抗命”，在逻辑上一定要存在一个命令，也就是一个被运动领导者认为不符合共同体正义观的“恶法”。在泛民派的政治意识中，这个“恶法”就是基本法中的提委会条款，具体而言是中央和特区政府咨询文件中对提委会实质性、唯一性、权威性的官方解释。吊诡的是，这一“恶法”尚未成为具有法律效力的实证法，基本法中的这一条款只是一个关于特首普选安排的目标。因此，如果一定需要法律焦点的话，由于提委会要“参照选委会”组成，按照纯粹民主原理，他们一定认为之前的“推委会”“选委会”同样是“恶法”。正因为所“参照”的对象在本质上反民主，他们才提出了超越基本法、超越“参照”要求的公民提名和政党提名诉求。

在泛民派的激进理解中，如果2017年普选不能容纳严格的“公民提名”，就是“假普选”，就是政治筛选，“爱国爱港”标准的提出更加深了这一忧虑。为此，泛民激进派不惜对在“公民提名”上出现妥协趋势的泛民温和派进行攻击和要挟，并激进地深入中学生群体进行非常规动员。普选被简单化为公民提名，而手段就是“占中”。

面对汹涌而至的“占中”动员，中央、特区政府以及建制派异口同声进行违法性指责，并诉诸法律追惩。“公民抗命”作为一种古老传统，可远溯至苏格拉底。苏格拉底被雅典法律判处死刑，这是西方政治文化的重大象征性事件。20世纪60年代，美国民权运动风起云涌，美国学者比多（Bedau）编选了一本“公民抗命”文选，指出这一传统最有影响力的三个源头是苏格拉底、梭罗和马丁·路德·金。整体来看，“公民抗命”具有守法和违法的双重性：违法者，公民指称违反共同体正义观的是具体的法律或政策，主要是其中引导性和限制性的“行为条款”，公民因不认同和追求改变而违法；守法者，公民服从有关法律规范中的“责任条款”，承认行为的形式违法性并愿意承担法律责任。因此，苏格拉底就是“公民抗命”的典型，他在良心和行为上违反雅典法律关于信神和教育的规定，但又服从雅典法律的责任条款和司法判决。

“公民抗命”在法律形式上接近“违法”，在道义高度上接近“革命”，既被严肃的政治家和思想家视为社会与秩序进步的良性机制，又常常由于无法严守道德边界和有限动员原则而遭到政治压制和民意抛弃。被民意抛弃的“公民抗命”，犹如无源之水、无本之木。而“占中”作为一种“公民抗命”，本身无法摆脱这一传统内含的困境，严格而言是在政治冒险和民意赌博。当然，作为政治行为，这在逻辑上可以理解。不过，无论是“占中”领导者的个人前途，还是“占中”本身对香港社会长远利益的道德维护，都需要“占中”动员保持高度的政治智慧和行为尺度，滥用“占中”的道德正当性资源，比如将未成年中学生动员进来，只能适得其反。如果警务部门、教务部门和家长群体多数反对，“占中”很可能在超限动员中自我折损。

二、低龄化参与有悖民主社会政治道德

建制派此次正是抓住了泛民激进派超限动员的道德弱点，在中学生参与议题上予以集中反击，有利于获得执法部门与社会公众的理解、同情与支持。但建制派在理由上仍然主要援引民事监护条款、安全、前途利益等常规论据，未充分揭示“占中”动员低龄化对政治道德底线的突破。

对手段正当性的评价有两种模式：一种是马基雅维里式的“目的论”，即为了某个正当目的，可不择手段追求；另一种是现代法治的“比例论”，即手段选择必须与目标相称。社会运动中的动员作为一种政治手段，其正当性评价在原理上依赖于比例分析。马基雅维里的“目的论”支持一种超限动员，但只有在紧急状态下才可证立，比如革命动员或者战争动员。民主法治社会的常规动员应严守民主法治的道德边界，比例分析同样依赖于对这一道德边界的确认。这一道德边界，简单说来就是“民主是成年人的有限的政治游戏”。“占中”发生的环境是一个典范的法治社会和一个民主化社会，普选是在既有民主基础上的优化，而不是民主与专制的生死战。“占中”动员既不是革命动员，也不是战争动员，没有正当的超限动员理由。

“占中”派所称的“民主学习论”也不成立。胡适也说过通过民主学习民主，但限于成年人之间。未成年人（中学生）在法律上属于家庭、学校和社会的教育和监护对象，在知识心智和政治心智上均不够成熟，需要共同体予以特别保护，这一保护显然包括不卷入争议极大的政治运动。香港具有完备的现代教育体系和渐然巩固的民主法治体系，中学生有充分的资讯自由和学习机会对民主原理加以了解，也有充分的机会在成年后投身政治。但如果早早将其抛入“民主”街头，其后果很可能是：第一，只看到街头民主，未看到议会民主，养成一种将民主例外当作常规的畸形民主观；第二，过早浸染“公民抗命”的违法性教育，但又无法透彻理解形式违法所根植的共同体道德以及理性节制伦理，可能严重削弱青年一代的守法意识和法治信仰根基；第三，过早地

在中学生与监护人（家长、学校、教师、社会）之间制造价值纷争与政治分歧，撕裂监护关系的信任根基，更可能危及后续教育的有效实施，甚至诱导中学生模仿街头运动恶化中学校园治理环境。

总之，政府和建制派的违法性指责并未击中"占中"要害，"公民抗命"的道德教义早已为公民违法进行了"道德祝祷"，而法治在严格的现代宪法理论上也并非最高价值，需要与民主、自由、共同体道德等进行沟通调适，法律变迁正是这一调适过程的产物。但变法需建立在正当程序和理性商谈基础上，"公民抗命"如运用得当，可以改进这一商谈环境，提升共同体道德认知与法律评价的水准，但如毫无共识和节制，超限动员，一味对抗，就与"公民抗命"的道德前提及理性目标背道而驰了。

（本文原载于香港《大公报》2014 年 5 月 21 日）

-港台艺人言论折射地方性“尊严焦虑”-

2014年5月初，台湾地区歌手陈升抛出反服贸、反陆客言论，为当时港台共同的“反中”氛围再添砝码。与之呼应的前期事件是香港演员杜汶泽对内地网民的侮辱言论，以及香港街头内地童便风波。杜汶泽亦有支持台湾反服贸言论。这些艺人的此番言行在平时只是一个孤立的娱乐事件，至多通过常规娱乐公关手段即可平息，然而此次两人同时发声，其背景却颇为敏感：一为台湾反服贸的“占领立法院”运动，一为香港激进“民主派”关于特首普选的“占领中环”动员。

艺人“反中”已不是孤立和个性化的娱乐事件，也难以确定他们是在借机“炒作”。我们应当认真对待港台艺人群体的这种声音，即为何不问政治的他们会加入“议员、教授、学运领袖、社运领袖、普通市民”等组成的反对阵营呢？对内地（大陆）频频展现的“经济关怀”和“家国宏大叙事”为何越发不敏感？

笔者从中看到了港台部分精英群体的“尊严焦虑”，在此焦虑之下，他们不惜“小事化大”，偏离常识，罔顾文化情感，为政治抗议简单站队。富裕并活跃起来的内地民众对此符号化与集体化“侮辱”言论自然也绝不退让，言语攻伐日近底线。这里的背景与原因极其复杂，但有一点可以确定：如果不对这一情绪进行有效化解与管控，则两岸互动、央港互动数十年积累之默契、谅解、机制与成果恐不断耗竭，结果只能是两败俱伤。

一、“反中”的本质是地方性“尊严焦虑”

歌手陈升明确表示对两岸交流“经济优先”的反感，并对比了两种台湾边缘化后果：第一，顺签服贸协议，经济或有提升，政治与生活方式恐遭边缘化；第二，坚决反对服贸，则经济或许边缘化，政治与生活方式则得以保留。情急之下，陈升表示谈统一的前提是“大陆人先学会上厕所关门”。从其言语逻辑来看，并无明显“台独”倾向。再看杜汶泽的具体言论，主要涉及对内地网民言论的某种反感，其中提及了“非法下载”等侵权现象，激烈言辞大多是艺人个性使然，但无明显“港独”倾向。因此，尽管有“反中”嫌疑，但达不到“对抗”内地程度。

艺人生活无忧，自然是有资格思考“尊严”问题的，仓廪实而知礼节。港台艺人“反中”言论的真实焦点是一种地方性的“尊严焦虑”，一种对地方性生活方式变迁的恐惧。复杂的历史文化牵连和地缘政治互动加深了这种焦虑。

对于这种尊严焦虑，我们应当认识到：第一，这是一种现代属性的正当焦虑，所谓越精致的东西越脆弱，如果双方互动中不对此种敏感而脆弱的社会心理予以充分理解、安抚和转化，则心理对抗与认同危机永难消除；第二，尽管有正当的出发点，但港台部分人对自身力量与优越性的“实质空虚感”又会产生一种逆反心理，产生一味自保的文化与政治诉求。

这种地方性“尊严焦虑”和“大陆客”的种种不太规范的在地表现往往冲撞合流为一种港台“本土化”意识，“太阳花运动”与“占领中环”诉求大体可归入此类。这种意识的高级版本表现为政党的激进纲领以及文化学者的学理建构（“台独学理”“香港城邦论”等），中低级版本表现为艺人群体的侮辱言论和普通市民的街头责难。这种意识未必一定等同于独立，但“独立”在逻辑上也是选项。在“独立”无望时，用尽制度性资源也会成为港台精英的理性选择：第一，台湾通过“占领立法院”瘫痪国民党执政管治能力，实现两岸交往正式程序的强制性变迁，建立刚性的两岸协议监管机制，注入“解严一代”的政治审美观与生活方式想象，实质终结“两会”机制代表的和平交往传统；第二，香港通过围绕特首普选展开的“占中”行动，其本质在于通过争取最有利的选举框架实现“泛民派治港”的政治目标，以“两制”凌驾“一国”，对政治主权加以法律化解和本地化区隔。需要区分的是，港台内部反对力量基于地方性“尊严焦虑”的最高目标是民主自治和文化自保，未必有激烈对抗中央的政治“雄心”，从而使“反中”的远景预期在港台“民主派”与国际支持力量之间不可避免存在分歧。

我们确需看到港台学运、社运、“民主反对派”、艺人侮辱言论、市民街头责难背后深藏着的地方性“尊严焦虑”以及其政治与文化反弹动作对这一焦虑的回应性质与后果。

二、“大陆客”的“公民成熟”

“土豪”在内地成了网络热词，但内地的审美重心在“豪”而不在“土”。港台则不同，对于同样的内地土豪做派，它们的审美重心在“土”而不在“豪”。港台对“大陆客”的旅游购物开放是引发“尊严焦虑”的重要原因。以往的港台人心理优势在于：我有钱，我有文化，我有民主，我有人权，我有法治——我有一切。现在的情形是：财富的比较优势已然消退，但政治与文化优势依然存在。所以，各种“反中”群体的聚焦点便集中于“大陆客”粗放的土豪气质和匮乏的公民素养上。

“土豪”气质的批评是切中要害的。尽管中国内地经济体量已是世界第二，各种豪富层出不穷，国家资本输出规模化增长，“富强”已初成事实，但“文雅”却不见踪迹。20世纪，古典中国的道德存量与西方主流世界的公民德性都很薄弱，而官本位、拜金主义等恶习反而在“效率优先”的改革时代日益浓厚。因此，在港台人眼中，改革开放带来“大陆客”的变化似乎只是由“穷亲戚”变成了“富家爷”，在文明与文雅上并无长进，在民主与法治上也进展甚微。如果内地（大陆）朝向现代化的实际进步是80分，港台人肯定只愿意给出50分。由于转型时期法律与道德规范处于复杂变动之中，内地未能展示出一个强经济体的道德与文化优势，未能通过每一个公民来传播文明的规范与力量。

对于公民素养匮乏的批评需要具体分析：第一，港台人一直强调的文明生活规范实际上主要是一种城市工商社会的市民规范，这一规范本身并无特别优越性，而是以特定的社会文化与城市生活场景为条件，是内地（大陆）人完全可以渐然学习、理解与践行的；第二，港台人基于此种市民规范对不大符合这些规范的内地（大陆）人的责难，在形式上具有现代文明的外观，但在实质上夹带着怨恨与排斥，从而不自觉丧失了对同胞的宽容、帮扶与引导美德；第三，由于内地民主法治建设相对滞后于经济进步，政治与文化的公共空间没有充分开放，导致大部分富裕起来的人没有同步完成道德与政治素养上的现代化，这是内地今日的严峻主题。

具体到之前的香港街头童便事件，内地人固然有对城市生活规范的偏离，但港人行为中对同胞的围观、冷漠、揭丑、麻木也处处透露出人性深处的幽暗。如果某种文明规范生产出的只是冷漠，其道德质地是可疑的。内地（大陆）人需要在大转型时代完成“公民成熟”，港台人也需要在中国梦时代展现富有宽容和同情质地的文明形象，防止在地方性“尊严焦虑”下倒退回“小市民”状态和锁闭心理，否则恐优势再失。政治阶段不同，但大中华一体，各守其分，亦应其合，才是中国族群长远共存之道。

（本文原载于香港《大公报》2014 年 5 月 17 日）

- 功能界别对“港式民主”的意义 -

政改咨询刚结束，政府方面收到数万份意见书，但主要分歧依旧。泛民派中的“社民连”“人民力量”等“真普联”重要团体仍然坚持“公民提名”并继续与“占中”联结，建制派中的民建联、工联会等则严守“机构提名”和“1/2 入闸”门槛。一个值得关注的现象是，在上述两极化的政治光谱中间区域出现了越来越多理性与妥协的声音，尤以大律师公会意见书和“18 学者方案”为代表，政改共识有望从中产生。

大律师公会意见书较为充分地反映了香港法律精英的政治成熟，在放弃对抗性的“公民提名”之外坚持“公民推荐”的制度空间以及提委会民主基础的扩展与提名程序的开放。目前来看，对于“机构提名”的法定性、唯一性、权威性，精英群体和主流民意似已趋于共识，但这一共识的巩固是有条件的，即公民在普选全流程中作用的更大发挥和提委会的广泛代表性与程序民主性。

但大律师公会提出的关于 2017 年特首提委会选举和 2016 年立法会选举中对公司票、团体票以及对基本法附件二所载“分组点票”机制的废除建议，则触及了香港民主政制中一个根本性的问题：“功能界别”在现代政治中还有何意义？在香港民主中还有何意义？因为功能团体的普选化和立法会的实质“一院化”将标志着“功能界别”这一概念重新被从政治领域排除，即使继续存在，也只是还原其经济社会阶层意义而已。

作为商业社会和商人精英领导下的香港，其民主政制安排应为资本创造力和社会领导力保留适当空间，应通过制度构造与合理化设计容纳多元价值，使功能界别在未来香港政制中继续保留并发挥其合理作用。

一、政治行会主义与政治个人主义

功能界别的理论基础是政治行会主义。“行会”本是欧洲封建制下的一个特定概念，多元的行会体系反映了商业社会的阶层结构与生产管理方式。由于技术因素的引入，行会自产生时即存在着“师傅—学徒”的对应关系，二者在政治和经济地位上并不平等。在行会内部，对于代表资格和发言权的界定不是按照现代民主的“一人一票”模式进行的，而是由“行业领导者”说了算，而且基于行业自治的要求，不同行会的内部组织机制也不尽相同。在欧洲中世纪，政治学方面的个人主义尚未从基督教共同体以及世俗行会体制的多重束缚中挣脱出来。由于行会在封建政治与经济中的主导地位，以行会为基础的“职业代表制”进入近代政治学和政治制度体系。

现代民主的发展就是政治行会主义向政治个人主义的变迁，但这一变迁过程不是一种直线进化，而是缓慢且不断调整的。资产阶级民主革命的基本内涵是新兴资产阶级领导平民阶层反对封建王权、宗教特权与土地贵族的斗争，将更加多元的社会阶层带入政治领域。由于资产阶级诉诸的是普遍主义的启蒙个人主义话语，按照《法律与资本主义的兴起》的作者泰格教授的说法，这一“造反法理学”直接推翻了封建体制，但也为被领导的无产者提供了要求政治平权的法律意识形态。法国著名学者罗桑瓦龙在《公民的加冕礼——法国普选史》一书中便全景式展现了法国的“个人”是如何一步步进入现代政治史的。法国大革命的暴烈和法国民主政治的长期动荡与法国启蒙哲学中彻底的个人主义倾向有关。

今天，香港政改咨询中对“功能界别”一边倒式的恶感与排斥，在意识形态上来源于同样的政治个人主义。“一人一票”成了民主的名片，成了政治制度安排的第一原则。超越基本法的“公民提名”方案在学理上同样来源于此。借用罗桑瓦龙的说法，香港泛民派似乎也在追求一种“公民的加冕礼”。

然而，吊诡的是，优质的民主并不产生于在理念上彻底与高亢的法国，而是产生于具有保守和妥协特征的英美。“世界公民”潘恩曾游走于英、美、法之间，鼓吹一种激进彻底的民主主义和世俗理性化的自然神论，但美国的联邦党人最终与之决裂，而英国的柏克及议会主流派别干脆对他进行了缺席审判。

英美政治不是完全的“政治个人主义”，而是在保守主义、理性主义以及贵族美德共同支撑下的混合政制，是对行会代表制与公民代表制的制度综合，其表现为：第一，两院制，分别吸纳行会代表（广义）和平民代表，相互制衡；第二，总统选举中的“选举院”制，尽管已被政党政治虚化，但代表了一种折中原则；第三，参议院对法官任命的听证批准权。更关键的是，这些制度的设计有效抑制了法国大革命中频现而英美政治中少见的“多数人暴政”，令法国思想家托克维尔艳羡不已。

因此，现代政改不是单一民主原则的直接制度兑现，而是以民主为基本目标的宪法设计与制度综合，需要容纳最大化的实践理性。

二、功能界别在基本法中的存留

在基本法设计中，功能界别一度显赫，但也被设定了严酷的“死亡日期”，促其终结的政改契机就是“双普选”。在“双普选”之前，功能界别是香港政治的主要基础，立法会（半数）和行政长官均由其产生。尽管基本法也要求功能界别内部容纳一定的协商与选举民主，但这一安排的“政治行会主义”逻辑决定了不可能存在持续有效的团体内民主，公司票、团体票在行会体制下自然被实质转化为“领导票”。这不是专制，而是行会制逻辑使然，“师傅”不可能与“徒弟”平权。因此，这种安排注定是过渡性的。

根据基本法规划，行政长官2017年可通过提委员模式普选，立法会2020年全部普选，随后立法会内的“分组点票”机制自然终结。这意味着香港政治中行会主义的彻底衰落，个人主义的强势兴起。就民主发展趋势及其意识形态力量而言，这是不可逆转的，也是对“功能界别”的简单功能论证与重申所不能对抗的。在此前景下，功能界别仅仅可能在提委会“参照选委会”的过程中予以永久性保留，对行政长官的候选人名单产生某种日益弱化的行会主义影响。

这样一来，香港政制将基本偏向“政治个人主义”的纯粹原理，行会主义及其制度保障被降至最低点。从形式上看，这是香港“民主”划时代进步，是香港的“公民加冕礼”。但从香港作为自由贸易港和国际金融中心的定位来看，伴随行会主义衰落而来的是：第一，立法会内部缺乏利益分殊与制衡机制，“泛民”的简单多数可能带来一种“福利主义”，削弱“一国两制”中香港的资本主义因素及其创造活力；第二，立法会简单多数对行政权构成压倒性优势，香港行政主导体制发生结构性变迁，政府管治能力进一步弱化；第三，议会辩论与政府决策中的“专业性”下降，专业界利益与公众利益的互动平衡被打破。

当然，民主的标准化扩展在全世界都是一个不可逆转的趋势，只能适应，不能对抗。在此过程中，保守美德强健、初始制度合理、政党政治规范、公民社会完备的西方发达国家可以有效吸纳和承受民主化冲击，收获其利，而转型民主社会的意识形态接受与机械模仿常常会造成对社会传统建制与生活方式的误解与误伤，得不偿失。在“双普选”实质性重构香港政制的背景下，全体香港人，包括建制派与泛民派，都需要严肃思考一个前提性问题：功能界别在香港政制中还有何意义？如何予以制度化保留和维系？如何达致行会主义与个人主义的平衡与制度综合？

（本文原载于香港《大公报》2014 年 5 月 10 日）

- 白皮书进一步厘清中央与特区关系 -

香港政改已进入“电子公投”冲刺期，在泛民派和建制派各自动员与博弈之际，国务院新闻办正式发布《“一国两制”在香港特别行政区的实践》白皮书，首次最为完整地解释了中央对香港管治的宪制基础，引入了不同于香港本地之普通法与司法性权利文化的宪制文化，提出了“全面、直接、最高”中央管治权的解释性概念。尽管白皮书准备在先，但在这一敏感时间点发布，立即引发了香港各界的激烈反响。建制派认为这是中央立场的明确表达，为港式民主和基本法实施指明方向，同时也表达了对“占中公投”之类对抗行为和特区政府管治能力的深切忧虑。泛民派则认为这是中央提前亮明立场，对“占中”派施压，并无新意，更可能产生反作用，激发香港民主运动更激进发展。

白皮书的意义远不止于此。就文件功能而言，尽管有着针对“占中公投”的合理动机推定，但白皮书立足的是回归十七年“一国两制”的总体发展，提出了基于中央立场的绩效评估与宪制解释。白皮书大量篇幅用于说明在中央支持下香港的“繁荣稳定”获得了保障和提升，这在内地政治文化中并非单纯的经济绩效，而是一种重要的政治合法性类型。“一国两制”在确保香港长期“繁荣稳定”这一事实与结果意义上是成功的。但“一国两制”在宪制运行层面是否同样成功呢？这是中央的忧虑所在。在回归后的“前普选”时代，中央认为“一国两制”的宪制运行大体成功，有效保障了繁荣稳定，但结构性矛盾和深层次问题已逐渐酝酿和显露，而在2017年普选到来之际，是否能够确保爱国者治港和中央管治权的权威性落实，不仅事关“恢复行使主权”的政治实效，更事关香港繁荣稳定的未来制度基础。

白皮书至少从三个层面表达了上述理解、忧虑和期许：第一，重申中央管治权合法性基础；第二，定调港式民主渐进模式；第三，提升央港互动法理层次。这些层面互有关联，将貌似孤立的普选议题拉入了严格的中国宪法实证体系之中，拉入了香港特区基于中国宪法和基本法的

“国家建构”与“公民建构”宪制进程之中，开启了一个关于“一国两制”的宪制时代。

一、重申中央管治权合法性基础

白皮书首次以非常严肃和严谨的法律语言提出了中央管制权的合法性基础。这一基础是复合性的，包含三个相互支持的层面：第一，以宪法和基本法共同构成特区的宪制基础，这是形式意义上的合法性；第二，以回归史重述确立中央管治权的历史合法性，彰显中央对香港非殖民化和基本法秩序构造的历史作用和主权者决断地位，相对弱化部分香港人所理解和认同的香港回归中的“英国”角色，这是实质合法性的历史面向；第三，以回归十七年的经济绩效证明以中央管治权为基础和支持的基本法秩序的实践功效，并隐含继续保持这一宪制前提对香港持续繁荣稳定的条件意义，这是实质合法性的现实面向。高度司法化和权利化的香港本地法律解释学似乎较难理解这样一种古老、久远的合法性论证模式，其根本原因在于香港长期以来对“政治国家意识”的规范性消磨和香港本地法律文化所承继之普通法传统在国家概念与公民概念上的遮蔽效果与空洞化。英国国家概念主要来自其议会传统。

三重合法性论证系统并不来自西方宪法学的形式主义和职业主义解释范式，而是来自一种整体主义的方法论和解释传统。这一整体主义脉络内部包含历史、现实和规范的多重面向，相互之间并非矛盾冲突关系，而是逻辑上的相互支持与检验关系。在内地政治文化中，“实践”往往具有不低于“真理”的价值，因此历史作用和现实绩效也有着不低于法律形式规范的意义。这一整体主义的合法性解释方法论源自内地对中国宪法与执政党合法性的解释传统，此次通过白皮书形式适用于“一国两制”和香港基本法的整体解释，可视为内地宪法文化对香港本地法律文化的一种输出与对话诉求。这一宪法文化具有高度的主权与国家内涵，在香港本地之“国家建构”与“公民建构”尚不成熟之际自然会产生反感和激烈的反弹，被视为“一国”对“两制”的挤压，如泛民派所言，会刺激香港民主运动更激进的发展。不过，这一宪法文化与合法性层次的理念交流与解释互动是迟早都要发生的，是建构“一国”最底限之政治认同与宪法共同体的必经阶段。

二、定调港式民主渐进模式

白皮书以同样重要的篇幅确定了港式民主的渐进模式。时间点很关键，白皮书赶在香港本地建制派和泛民派政改攻伐正酣之际，在“622电子公投”、“占中”行动和特区政府第二轮咨询之前，以对回归十七年总体解释的方式划下普选政改的宪制性底线和渐进原则。

在泛民派的政治想象和行动预期中，普选是港式民主的临门一脚，从此可进入光荣孤立的管治自保状态。为了确保这一理想目标，他们的实际行动必然朝着争取泛民派“入闸”和无筛选普选方向进取。泛民派其实理解到了既定基本法秩序对其“激进”目标的不利，所以才提出了具有违法特征的“占中”诉求，将政治行动定位于合法轨道之外的“公民抗命”。白皮书以香港政制连续性和政改渐进原则刺破了激进民主化的想象与诉求。

尽管中央有意避开对“占中”的直接针对性，但“占中”诉求无疑促使中央管治权全面加强和对港式民主渐进原则的有效捍卫。白皮书界定的港式民主渐进原则要点在于：第一，重申选举委员会的四大界别组成及其均衡参与性和广泛代表性，由此与普选之提名委员会的“参照性原则”连接，确定了提名委员会的功能代表制基础，所能改动的只是其内部构成与比例协调；第二，特首必须是爱国爱港人士，香港特区政府管治团队必须是以爱国者为主；第三，政改应坚持宪法、基本法和全国人大决定的合法框架，不允许法外干扰。

渐进模式既是基本法关于香港民主化的明确设定，同时还负载了内地改革开放的政治经验，更关联到中央对包括民主在内的主权、法治、富强、文明、中国梦等政治与文化价值的综合权衡与把握，也体现了“一国”对“两制”的规范调控力与实践影响力，有效恢复了香港本土政治想象与民主诉求的真实宪制场景与进取限度。

三、提升央港互动法理层次

白皮书展示了十七年来中央视角下“一国两制”的成功与忧虑，以成功为主，但忧虑的背景值得深入挖掘。忧虑，即“心结”，就是中央到底在乎什么。无非三者：主权权威、特区繁荣稳定和自治生机。“一国两制”对香港是宪制真实，对大陆、台湾及世界则是一场前所未有的宪制试验，而上述中央关切的任何一点遭遇失败，该模式就归于失败。因此，“全面、直接、最高”中央管治权绝对不是要替代特区自治权，而是在确保中央主权权威的同时自觉承担起引导香港面向中国宪法进行“国家建构”和“公民建构”的宪制任务。既往央港互动过于侧重经济层面，对特区自治权持放任态度，白皮书标志着中央积极介入和全面监督时代的开始，标志着中央主动维护在港主权利益和主导香港“国家化”和“宪制化”进程的政治自觉。

成功是“一国两制”的官史，忧虑则透露出十七年的民主抗争史。我们要客观公正评价香港泛民派对港式民主进步的意义，如果不是他们的持续抗争，白皮书中的法治思维和法治方式之分量会削弱很多，中央引导香港从“法治社会”转型为“宪制社会”的政治决断也会延后很久，香港本地政府管治中的民主监督同样会削弱很多。但泛民派的最大问题在于对民主进行了一种过于理想化的法外理解和追求，以“想象的异邦”（国际标准）和“在地的浪漫”（“香港城邦论”）为“心结”，苦心孤诣于“四两拨千斤”，在中国“全面崛起和变强”的时代延续简单的对抗思维和对国外民主运动抗命经验的机械模仿，而罔顾“一国两制”与基本法秩序的宪制前提。他们秉持的是一种以个体原子主义、多元主义为内核的、具有某种后现代解构特征的、去国家化的民主概念并以此捍卫“身体回归、心理不回归”的政治意识裂变状态。没有明确国家意识的民主概念造成了对民主之政治国家前提的道德解构与意识盲视，这又与香港普通法传统政治之维的虚弱一脉相承。这是泛民派民主意识的核心病理特征。白皮书立意通过提升央港互动法理层次，建构更为紧密与健康的特区宪制文化与制度架构。明乎此，香港政改“循序”（宪法与基本法）“渐进”（政制连续演化而非激进理想民主）才为正道。

（本文原载于香港《大公报》2014 年 6 月 12 日）

-“622”是不折不扣的假公投-

香港政改博弈似已进入“倒计时”。特区政府依据基本法正在整理数万宗“政改咨询”意见并与社会各界密切沟通共识方案，预备启动普选“五步曲”之第一步。泛民派则循着“商讨—公投（referendum）—占中”的政治路线图“另辟蹊径”，目前已通过第三次“商讨日”活动决出三个“激进”方案，开始进行“622 电子公投”强势动员，并立下了“10 万”投票数的军令状。此种“电子公投”似乎没有任何法律门槛和程序，没有任何合法机构的组织与引导，其法律性质究竟如何是一个值得探讨的重要问题。

一、暧昧不明的“占中公投”

“占中公投”并非香港泛民派第一次操作“公投”议题。早在 2009 年，“五区公投”已开香港公投造势之先例。“五区公投”的基本操作是：香港五个立法会大选区各有一名立法会议员主动辞职，通过补选操作进行“变相公投”。当时泛民派提出的口号是“五区公投、全民起义”，政治目标是“尽快实现真普选，废除功能组别”。但这不是真正的“起义”，而是以社会运动形式展开的“公投”造势，意图将“公投”首先造就为一种街头政治存在，进而谋求法律化、制度化。因此，“五区公投”在香港民主进程中既是一种社会运动形式，又是一种政党政治操作。类似操作在我国台湾地区也曾出现过。早在 1947 年，台湾即有反对派人士就“台湾前途自决”问题寻求公投，这成为后来的民进党的经典议题，最终导致陈水扁任内“公民投票法”的通过。由此亦可见港式民主受台式民主影响之深。但台式民主“公投”已然法制化，而且有着极其严格的法定程序和标准，从而避免了民粹化、街头化，这亦应是港式民主予以特别留心之处。

从功能上讲，此次“占中公投”的直接目的是产生一个具有“民意”色彩的单一政改方案作为“占中”的政治纲领。这样看来，此次公投并不具有直接的法律效力和公权力决定属性，更像是“泛民”政党的内部意见凝聚机制，即泛民派精英与选民就特首普选模式问题展开的政党内协商与决策。对外而言，则具有向特区政府、立法会、香港全体居民及中央进行政治请愿（petition）的性质。“泛民”的政治操作本质是“名为公投，实为请愿”，所推动的“622 电子公投”实为“622 电子请愿”。请愿是公民合法行使的政治权利，而“622 公投”却与违法“占中”直接勾连，似又有逸出合法请愿权轨道之嫌。

香港律政司长袁国强日前指出，公投乃国家宪制性安排，基本法没有创设，香港作为地方行政区无权创设，似指责“622 公投”径直违法。实际上，“公投”指向“占中”，违法性指责似乎又在“公民抗命”的“道德祝祷”之下被削弱。“占中公投”的发起人皆为香港知识精英，但并未指明此种公投之确切法律属性与正当程序，刻意混淆“公投”与“请愿”，又将实质上的合法“请愿”与后续的违法“占中”关联，游走于知识与政治、合法与违法的边缘，令香港社会与一般公众看不清、道不明。因此，有必要对属于严格公法概念的“公投”进行正本清源，明确其性质、类型与程序特征，避免在香港民主中的误用和滥用。

二、公投是多样化的直接民主

公投是民主政治利器，使用不当会对既定政治体制和共同体团结造成负面影响。为此需正确认知其基本原理和限定。公投是“公民投票”的简称，是直接民主的体现。在人类民主与民权史上，直接民主一直是一个“立意甚高”的政治理想，古有雅典城邦垂范，今有卢梭契约论启蒙，但由于“城邦时代”的终结和政治地理规模与政治多元性的扩展，一种基于代表制的间接民主最终取代了直接民主成为现代民主主导形式。然而，直接民主从未完全退场，在理想意义上一直作为民主的纯粹形态存在，而在制度意义上则落实为选举、公投等有限但重要的政治形式。直接民主被孙中山称为直接民权，包括选举、罢免、创制、复决四种权能，普选就是选举意义上的直接民主，而公投通常就是宪法框架下的创制与复决。但孙中山的直接民权依然是宪法框架内的公民集体行动。完整谱系的直接民主或公投还包括法外情形。

由此，我们可以将作为直接民主的“公投”予以简要的类型化，以便熟习其不同类型与法律操作特征。公投可分为法外公投和法内公投。

法外公投是人民以整体名义行使的一种主权权力，是一个革命行为，是制宪权的生动体现，无需任何实证法律的授权。此种公投的正当性来源于对人民主权的神圣性、始源性、创造性认同。这在卢梭政治哲学中很好理解，个体通过社会契约结成整体化的人民，人民通过整体出场做出政治决断，缔造宪法与国家权力。人民每次出场的问题有二：一为重新决定是否延用原政体形式（宪法），二为重新决定是否延用原政府（公务员体系），二者均涉及公民投票，前者为法外投票，涉及政治体重构，后者为法内投票，是在既定宪法框架内对选举、罢免等权能的实际行使。法外公投在行动者看来是革命和制宪，但在现政府看来则属于叛乱、分离或分裂。近代革命多有法外公投的情形发生，是革命建国的必要手段，但宪法创制之后，这种公投形式或者被法律废弃，或者被法律转化为法内公投。但这一公投并未绝迹，即使在当代亦时有发生。

法内公投是现代直接民主的主流形式，其原理在于代议民主有精英化、集团化、政党化以及功能衰退的倾向，仅仅依靠数年一度的选举无法有效制约政府按照民意和公共利益施政，故在严格的代议机构程序和革命之间设置了公民整体参政程序。法内公投通常由一国之宪法做出规定（如瑞士和瑞典），亦可由宪法做出原则规定，再由法律予以细则化。作为直接民主，法内公投通常具有较高的门槛，可细化为如下权能或程序：第一，公投提案权，即法律规定满足一定比例的公民联署即可以启动公民投票；第二，政府审查与组织权，即公投提案并非由发动者直接执行或诉诸所谓的“电子公投”，而是交由政府专责机构予以审查，确认公投联署的有效性以及公投方案是否存在误导和不当政治宣传，为求政治公平，政府亦可决定添加相反提案以供人民完整审议和决定，审查与调整完毕则由政府组织公投；第三，公投投票权，即合格公投提案被提交给公民，通常要求过半数选民参与投票并获得过半数支持，否则视为对公投提案的否决，在联邦制国家（如瑞士）涉及宪法修正之公投时还必须获得过半数州同意。

三、公投效力与港式假公投

法内公投是否具有直接法律效力呢？从民主原理上讲，法内公投是法律赋予人民的一种直接民主权利，此时之人民并非通常情形下针对政府的请求权主体，而是替代政府的、合法的决断权主体，相当于特定公投议题范围内的“临时政府”，故其投票决定是一种公权力决定，政府负有完全履行之责。瑞士联邦的公投就具有宪法上的直接效力。但也有不具直接效力的公投，比如瑞典宪法规定的公投就是一种咨询性公投，人民处于协商民主地位，而不是决断权地位，政府可对公投结果进行自由裁量式的考虑与取舍，但在民主政治下通常也会遵行。

不过，世界上大多数民主国家均未创设公民投票制度，而是将民主决策主要限定于机构决策，通过民主代表性和政治自由权利予以保障和监督。是否创设法内公投是一国宪法事项，只有通过宪法（基本法）修改才能确立，立法会亦无权创设。因此，是否有公投不是民主的普遍标准，而只是政治选择。

由此观之，“占中公投”实际上是假公投：第一，不是革命性的法外公投，因为没有涉及基本法下政治体制的根本改动，且和平非暴力的外观又确保了对现行秩序冲击的有限性；第二，不是合法的法内公投，因为中国宪法和基本法采行世界大多数国家之选择，没有创设法内公投。从其操作上看，无论是之前的“五区公投”还是此次“占中公投”，都只是一种政党内部的意见凝聚与政治造势，对外则表现为一种政治请愿权。就代表性而言，“五区公投”总人数 50 万左右，“占中公投”预期 10 万人，无论是法理还是制度意义，都不可能代表全港 350 万选民，二者之间没有任何具有法律意义的代表性连接，只是“泛民”政党及其选民的内敛性表达。其冒用“公投”之名，无法理和法律依据，属于单纯的政治操作，港人应予明辨。

（本文原载于香港《大公报》2014 年 6 月 16 日）

－人大常委会如何“一锤定音”？－

2014 年 7 月 15 日下午，特区政府“政改三人组”和特首参加立法会内务委员会特别会议，就首轮政改咨询报告及特首向全国人大常委会提交的报告（简称“两报告”）进行介绍并接受质询。境内外媒体再次聚焦香港政改，其焦点仍然在于泛民激进派的“公民提名”是否在“两报告”中获得适当反映以及是否会在 8 月底的全国人大常委会决定中遭到否决。

报告总体上依循去年底咨询文件的“依法施政”思路，客观中立地综述、反映和传达香港各界对特首普选的法律与政治意见，未明确否定“公民提名”，特首更是将“622 公投”与“七一游行”对“公民提名”的强烈诉求包括进给中央的报告之中，秉持特区政府的政治分寸，尊重全国人大常委会的最终决定权。

报告同日正式提交全国人大常委会，标志着特区政府首轮政改咨询活动结束，政改“五步曲”迈出第一步。从“泛民”议员现场表现以及“学联/学民思潮”场外反应来看，对“两报告”赋予“公民提名”的配角地位明显不满，对 8 月底全国人大常委会决定不甚乐观，同时强调诉诸“公民抗命”的行动可能性。“两报告”的及时发布推进了政改进程，但也可能加快了“占中”行动的现实化。而建制派议员及部分内地学者对于“两报告”未明确否定违法的“公民提名”而将决断压力推给中央亦有所不满，同时声称中央在现有法律框架和政治立场下必然否决“公民提名”。自即日起，香港政改进入“五步曲”的第二步，所有的注意力和压力都将上移至全国人大常委会，其“一锤定音”式的决定将直接影响“占中”行动和香港民主前途。

一、“五步曲”框架已限定政改范围

“公民提名”是泛民激进派的核心主张，但至今为止都只是作为一种纯粹民主原理和团体政治意愿提出，其合法性基础极其薄弱。泛民激进派引述的合法性基础主要是国际标准，也就是国际人权公约，但这不能成为“公民提名”合法化的直接依据。官方立场指责“公民提名”违法基于的是国内实证法体系的严格解释，对此，大律师公会亦予以认同。但作为一种有着一定政治基础的民意表达，无论是特区政府还是全国人大常委会都不能无视。“两报告”采取了客观陈述的立场，从而将合法性的最终判定权完全交给全国人大常委会。

显然，对“公民提名”进行违法评论容易，在正式法律程序中予以否决则异常困难。然而，目前的辩论各方没有注意到一个法律细节，即“公民提名”的法律性质以及是否可能由全国人大常委会来决定“公民提名入法”问题。

政改“五步曲”本身来源于全国人大常委会的决定，是对基本法附件一修改程序的具体化，从体系解释来看已经限定了附件一的修改必须在基本法第 45 条之正文框架下进行，即必须以“提名委员会”为框架和依据。这一议程设定本身来自于全国人大常委会，反映其对自身合法职权的自觉理解和运用。根据基本法第 158、159 条以及附件内容，全国人大常委会的解释权及于基本法全部（包括对香港终审法院的解释授权），但修改权仅仅及于附件，正文部分修改权严格属于全国人大。“公民提名入法”直接要求修改基本法正文第 45 条，属于全国人大职权范围，全国人大常委会无权做出“最终决定”。

反对派承认了“五步曲”框架和全国人大常委会的法律权威，却无视“公民提名”超出“五步曲”合法范围和全国人大常委会职权范围的法律事实，是一种不诚信的法律错误。如果严格依法追求“公民提名”，其合法方向只能是依据基本法第 159 条推动正式的法律修改议程。

二、全国人大常委会的三种选择

这样，对于“两报告”中最棘手的“公民提名”，全国人大常委会面临三种选择：

第一，严格坚持解释论立场和一贯政治立场，以对基本法第 45 条法律解释的形式明确否决“公民提名”，重申作为政改“五步曲”法律前提的“小政改”立场和附件修改范围，指示特区政府就附件中的

“提名委员会”如何“参照选举委员会”组成以及按民主程序工作提出具体方案。

第二，对“公民提名”采取立法论的立场，认为其具有可吸纳性与制度转化可能性，但不能直接做出“公民提名入法”的决定，这已超出其解释权射程和修改权范围，故只能按照基本法第159条之规定，跳出“五步曲”框架，向全国人大提出基本法修改议案或者建议特区政府按法定程序提出修改议案，政改转入面向次年3月的全国人大会议议程，寻求在基本法第45条加入独立的“公民提名”条款或者直接废除“提名委员会”条款，代之以“公民提名”条款。“五步曲”因为法律程序能力不足而提前终止。

第三，对“公民提名”的合法性不予置评，在回复决定中只强调具体政改方案按照基本法和人大常委会决定来设计，将“公民提名入法”的解释与判断责任回推给特区政府，将注意力和压力合盘引回，但特区政府无合法能力处理这一棘手议题。

显然，对于最棘手的“公民提名”要求，全国人大常委会并无“最高权威”去处理，处于“只能否决、不能肯定、不宜沉默”的狭窄选择空间。“否决”会直接引发“占中”，合法但政治代价与后果最为沉重。“肯定”则超越其职权范围，属于越权行为，不为宪法和基本法所允许。“沉默”则陷特区政府于矛盾漩涡和不义，由后者承担远超其法律与政治能力限度的不可能之任务。

三、“一锤定音”的余波与出路

政改辩论中早有全国人大常委会“一锤定音”之论，然而却没有注意到该主体只是中国宪法上最高国家权力机关的常设机关，在宪法和基本法上有着明确而有限的权力，并不是关于基本法最重大问题的“最终权威”。尽管全国人大常委会拥有全部法律解释权，但解释权低于立法权（修改权），属于法律实施的附属性权力，不得以违反法律明确规定的方式来行使。由于全国人大常委会的法律能力限制，其“一锤定音”的立场选择其实非常有限，基本上只能限制于严格的法律解释（第45条）和附属性修改（附件），按照本身已经受限的“五步曲”对“公民提名”做出解释性否决，指导特区政府在附件范围内开展下一步工作。

这样来看，除非全国人大本身认为修改基本法第45条、接纳“公民提名”入法的时机已经成熟，从而启动正式法律修改议程，否则即使按照基本法第159条由全国人大常委会、国务院或特区政府提出合格法律修改议案，也未必能够列入全国人大议程并获得通过。基本法的正文修改属于超越“五步曲”的大政改，而“公民提名”入法的直接法律后果是基本法赖以运行的“功能代表制”被结构性削弱或抛弃。这涉及基本法政治基础与基本法中权力制衡原则的根本性变革，涉及的是修改特区之“政治存在类型与方式”的中央政治决断，不仅需要更全面的研究与沟通，而且需要超越“五步曲”的正式修改程序的节制与保障。

然而，以“占中”为最终威慑武器的普选抗命，从一开始就建立在非常薄弱的合法性基础之上，后期更是经由“622公投”和“七一游行”进一步导致“公民提名”远离法律基础，成为违法抗命的核心主张。泛民激进派明知或故意忽略基本法的正文与附件结构以及全国人大常委会的职权限度，一方面承认和积极参与基本法限定下的“五步曲”，另一方面又刚性坚持不可能通过“五步曲”予以回答和吸纳的“公民提名”。这样一种过于偏重政治运动逻辑的广场效应和压力原理而相对轻视政改的基本法前提和“五步曲”的法律限度的行为模式，势必将政改妥协与共识的空间及可能性耗尽，导向不可妥协的广场对立和警民冲突，最终逼迫更高级政治权威的出场与决断。这使得本来具有充分法律基础同时也满足“一人一票”基本要求、在民主工作程序上尚可充分展开和挖掘的“提名委员会”模式竟然被日益建构为“不符合”国际标准、民主正当性和香港“民意”，与“公民提名”相对立的实证性、压制性、筛选性条款。这只能来自于单纯政治运动逻辑的扭曲效应。

出路何在？如果基本法、“五步曲”、全国人大常委会还是值得尊重和坚持的政改合法性框架，则双方都必须共同认识到：第一，机构提名的合法性与权威性，因此不能简单脱离提名委员会“漫天要价”，否则将要承担2017年普选流产的政治责任；第二，“公民提名”不符合基本法和“五步曲”框架，但具有要素合理性，即公民在提名环节应具有正当而充分的知情权、参与权、表达权和监督权，提委会组成及工作程序应在代表性和民主性上充分对“公民”开放，类似“公民推荐”之类的不违反基本法而又具有整合凝聚作用的概念与方案应获得重视和吸纳。因此，全国人大常委会在否决“公民提名”的同时适宜肯定其要素合理性，建议特区政府在制作具体方案时充分设计“公民”在提委会工作程序中的参与机制与分量，同时承认“公民提名”是否入法是超出此轮政改的议题，应长期深入研究并在适当时机通过法律正式修改来解决。

（本文原载于香港《大公报》2014 年 7 月 16 日）

－普选国际标准不适用于香港－

普选国际标准问题是香港政改的核心争议之一，是反对派论证“公民提名”与“和平占中”正当性的超国家法依据，其主要文本来源是《公民权利与政治权利国际公约》第25条b款，简称为“公约普选条款”。从反对派最宽泛的论述来看，其推理逻辑是：第一，公约普选条款作为普选国际标准的规范依据，是存在的；第二，公约普选条款适用于香港；第三，香港的特首与立法会普选安排应符合这一条款，否则构成对国际法义务的违反。反对派立场可简括为“国际法义务论”。尽管反对派对这一国际标准的解释和具体应用花样翻新，不尽一致，但不影响其政治论述的权威来源，也进一步证明澄清“公约普选条款”与基本法关系的根本重要性。

与反对派针锋相对，官方和建制派对该条款的反驳逻辑是：第一，最强立场，以普选国际实践的多样性否定国际标准的存在，将普选完全作为主权内部事务对待；第二，中强度立场，承认“公约普选条款”的存在及其有效性，但依据“1976年保留”排除其在香港的适用性；第三，偏弱立场，承认“公约普选条款”存在且通过基本法第39条适用于香港，但属于间接适用，必须根据相关本地法律的具体转化予以实施。这一立场可简括为“基本法秩序论”。

从多数意见与理性立场来看，完全否认“普选国际标准”存在性的观点不具有切实的法律基础与学理基础，但完全承认这一标准的适用性的观点也存在法律解释方法上过分偏重文义解释而忽视立法原意解释的缺陷。内地宪法学者强世功教授近日在《明报》撰文提出，双方辩论均存在法律立场与学理立场的混淆与倒错，有一定道理。实际上，在“双普选”背景下，如何看待围绕“公约普选条款”展开的学理与法律解释之争，如何界定公约之“普选”标准与基本法之“普选”安排之间的相互评价与对话关系，是香港政改与民主化的长期课题。即使2017年普选完全按照基本法之普选框架实现，未来立法会普选以及更远期的基本法秩序重构也需要对这一核心概念及其法律内涵予以深入剖解。

一、揭开国际标准的神秘面纱

政治制度的国际标准与工业技术的国际标准有着不同的属性和适用方式。在经济全球化背景下，基于产品国际化与利润最大化的理性要求，工业技术的国际标准日益具有强制性与同质性，如果特定的生产国不能满足这些标准，将面临无法出口和无法进入国际市场的失败前景。因此，在工业技术领域与国际接轨要求原理和技术指标上的简单一致化。但政治制度属于主权和民族整体实践范畴，特定国家的政治制度在本质上只服务于本国政治实践和治理需求，并无出口压力，也无接受国际单一标准评价与管辖的完备政治理由。因此，政治制度的国际标准只是一种建立在人权普适性与国别主权意志相协调基础上的、以指导和改进国际整体治理状况与水准为基本目标的共同治理行为。这里不存在“人权高于主权”的激进主张，也不存在反对派主张的必须符合其“想象”的要点标准才符合国际标准的问题，而是在人权价值与永久和平理想背景下，以尊重和引导各缔约国采取符合公约原则与基准的方式改进治理体系的实践进程。在笔者看来，尽管“公约普选条款”在法律上并不适用于香港，但基本法建构的特首普选与立法会普选目标及其实践过程与具体制度模式并不违反普选国际标准，而是为该标准提供了一种富有个性与创造性的、“一国两制”独特框架下的实践样本。退一步，即便“公约普选条款”适用于香港，基本法的普选制度安排不需要出口，依然具有充分的自主性和选择空间。

“公约普选条款”并非反对派的想象，而有着确定的法律内涵。公约第 25 条 b 款的完整条文如下：“在真正的定期的选举中选举和被选举，这种选举应是普遍的和平等的并以无记名投票方式进行，以保证选举人的意志的自由表达。”该款确定了“普选”的适用范围、技术标准和主旨目的。就适用范围而言，该条款适用于“真正的定期的选举”，即可以适用于缔约国依法确定的所有“定期的选举”，包括立法机关和行政机关的选举。就技术标准而言，主要确立了三个技术要点：一是普遍性标准（universal），要求选举权不得被少数群体垄断，应扩展至特定政治体内以非歧视方式界定的合格选民；二是平等性标准（equal），即每个人的投票（vote）应具有相等的价值（value）；三是秘密性标准（secret），即选举应以无记名投票的秘密方式进行。就主旨目的而言，普选国际标准的唯一目标在于在选举中实现选民意志的自由表达（free expression）。我们看到，普选国际标准的三大技术标准有着确定的法律内涵。结合第25条主文中“权利”与“机会”以及“不受公约第2条的区分和不受不合理的限制”表述，在法律逻辑上还可推导出“第四标准”，即“合理限制”标准，就是缔约国为落实普选三大技术标准改进政治制度，可以在具体的普选制度中实施不违反上述技术标准的“合理限制”，以便普选能够在国内宪制基础及合理有序的框架内实现。基本法确立的“提名委员会”不是原来的“选举委员会”，只具有普选制度中的“提名功能”，只是便利普选组织与安排的“合理限制”，并不违反上述“三大技术标准”，相反却在根本目的上有利于保障选民意志的合理、有序、自由表达。“合理限制”不是“合理筛选”，并无不当。

二、两次“保留”核心是政改自主性

英国“1976年保留”和中国“1997年照会”构成两次保留，需准确理解其法律含义与政治意志。对英国“1976年保留”的存在性与有效性，辩论双方并无异议，但对于这一保留的具体内涵存在不同理解。建制派认为这一保留继续有效且为1997年之后的基本法秩序所吸收，在法律意义上排除了“公约普选条款”的适用性，香港不对该条款负有实施义务和报告义务。反对派甚至大律师公会则要么坚持公约整体适用于香港，包括保留部分，要么认为英国的保留仅限于文字上的“行政局”和“立法局”（已被基本法废除），而不包括行政长官和立法会。

对“英国保留”应这样认识：一方面，这一保留是英国实行本土与受殖民统治地区“二元宪制”模式的政治选择，对应的是英国殖民统治秩序下的总督主导制，将“立法局”与“行政局”的产生模式排除在公约普选标准之外，从而保持香港受殖民统治秩序的稳定性和连续性；另一方面，保留声明不等于排除香港的民主化，而是保留香港政制发展的自主性。当然这一自主性属于英国而不属于香港，这从回归过渡期港英政府的代议制改革可以看出，但这一改革尚无明确的“普选”安排，而只是逐步扩大“立法局”（甚至区议会）的民主基础。中国政府于1997年香港回归前夕照会联合国秘书长，声明英国的“1976年保留”继续有效，同年12月发出第二份照会，声明香港的人权报告义务继续实施，由特区政府起草，外交部代转。

中国政府的“1997年照会”的准确法律含义是：公约整体对香港继续有效，英国保留部分继续有效，普选保留包含的中央政府（不是香港）对香港政制发展主导权继续有效。这样就可以理解虽然中英两国政府在“公约普选条款”的保留态度上高度一致，但港英政府末期推动香港政制“民主化”（动机不论）以及中国政府在回归前的基本法制定中确立“双普选”目标以及回归后稳健推进香港普选进程的客观政治表现亦有协同之效。“保留”与“保留之保留”均应在立法原意和整体政治意图的意义上理解和解释，认识到保留的首要法律意义是对该条款适用性的绝对排除，否则就会出现因单纯的咬文嚼字而无法区分和衔接殖民秩序与基本法秩序、违背保留声明原意的法律解释错误甚至政治错误。

按照政改“五步曲”，全国人大常委会已在本月会期正式审议特区政府政改报告，同时已安排专门程序在深圳接见“泛民”代表并接受其“民间政改报告”。可以预期，全国人大常委会将按照基本法与前期决定框架，结合特区政府政改报告，参酌“泛民”代表意见及其民间报告，做出合法且合理的“一锤定音”式政改决定，以法律形式和效力确定性排除香港政改辩论中出现的对“国际标准”的浮泛议论与想象性适用，坚持其在基本法秩序内的普选目标、提名模式以及虽无义务但实质符合“公约普选条款”之三大技术标准的方案框架，而将政改方案细节与具体规则保留给香港本地立法。如果反对派依然宽泛而抽象地坚持“国际标准”，既无法完备论证标准在香港的适用性，也无法指出基本法与人大决定的“普选”安排在何种具体标准与实践意义上违反了国际标准，甚至不惜以此为由仓促“占中”，以完成此轮政治反对运动的“交卷时刻”，则其正当性与合理性将面临基本穷尽的尴尬，其运动的号召力亦将逐步衰竭。当然，“占中”行动可能只是政治对抗的第一次冲击波，后“占中”时代在立法会、法院、街头等场域爆发的“不合作运动”及对政府管治的全面负面影响，才是对基本法与“一国两制”更严酷的考验。然而，这场考验已与国际标准无关，反对派进一步诉诸的可能也就不是尚有确定规范形式的国际法律标准，而是部分化的“民意”和抽象化的“理念”。认同与整合的政治斗争远未结束。

（本文原载于香港《大公报》2014年8月26日）

- 人大决定成香港政改新基础 -

自2007年全国人大常委会决定普选时间表和路线图以来，如何从“普选蓝图”变成具体法案，便成为香港特区政治史与政治生活中的最重大事件。几乎所有关注香港政改的政治力量都积极参与了此场博弈。从合法且正当的参与力量来看，中央政府、特区政府、建制派与泛民派都对这一普选政改进程做出了基于其角色和能力的贡献。8月31日，按照预定议程，全国人大常委会表决通过了香港政改决定，完成了特首普选“五步曲”之第二步，就政改基本原则做出权威性澄清与决定，构成第二轮咨询以及特区政改法案草案的新法律基础。这一决定具有正式的法律效力，与基本法以及2007年决定共同构成香港特首普选的合法框架。

理性民主的精义在于程序内的充分博弈和程序终结时的充分权威。特区政府与中央政府按照“五步曲”合法程序及时、充分地展开政改咨询并做出决定，为2017年特首普选的时间进程留出充分商谈机会。但反对派似乎对这一决定极其不满，认为是坐实“假普选”、违背国际标准的“落闸”决定，在其诉求的公民提名、低门槛“入闸”、候选人数不设限等基本方向上均遭遇到否决，故产生前所未有的政治挫折感。于是，人大决定日同时也成了“占中集会日”。反对派对“一锤定音”式的人大决定至少在目前氛围下无法接受。根据其组织者设计，9月将开展一波集会示威、罢课以及随机性的突袭“占中”，延续决定前的政治主张，以合法示威与“违法抗命”的交替形式爆破戴耀廷所谓的政治“核弹”。这一期待若成真，香港民主政治将形成“激进抗命”传统，堕入“街头政治”泥潭，基本法建立的代议政治架构丧失权威性与制度效能。这显然不是作为法治社会的香港以及中央政府能够接受的。

一、人大决定终结无休止争议

此次人大决定的要点在于：第一，严格依据基本法并考虑特区主流民意做出决定，未接受不符合基本法的“公民提名”和“政党提名”，确认提名委员会为唯一权威提名机构；第二，根据2007年决定之“参照”要求确定提名委员会“按照”原选举委员会界别结构组成，保留功能代表制在特首普选中的提名功能；第三，根据基本法第45条之“民主程序”要求，按照机构表决的一般原理，要求过半数有效；第四，根据差额竞争与便利选民认知的要求，确定正式候选人为2—3名。

这些决定要求涉及的都是第一轮政改咨询中双方激辩的焦点性议题。官方和建制派的着重点在于这些议题之答案需要以基本法和人大2007年决定为基础，不能以个别派别的“入闸”机会“量身定做”，而需要依法确定一个中立性的制度框架。反对派则以自身候选人能否“入闸”作为衡量普选方案可接受性的唯一尺度，将普泛的“国际标准”悄悄等同于自身的“入闸”机会与条件，甚至不惜超出基本法提出激进诉求，并配合以激进的“公民抗命”。这种思维方式实际上犯了混淆事实与规范的错误。此次人大决定是依照基本法以及2007年决定基础上的合法与合逻辑的展开，具有权力意志的正当性与规范推理的自洽性。但反对派依然无视这一决定的法律权威性，继续沿用“违法抗命”逻辑开展广场抗争。这显示出香港民主化过程已出现民粹主义和无政府主义苗头。不尊重任何实证权威，迷恋广场政治和群体封闭性理想，就是无政府主义的核心特征。此次人大决定按照相对保守和窄化的法律口径确定普选框架，对激进方案和某些中间方案均采取了保留态度，某种意义上正是反对派一意激进的结果。梁振英特首近期批评“占中”发起人戴耀廷的行为具有反作用，正是此意。9月成为“占中月”，其反效果可能进一步扩大。

人大决定其实不可以理解为全面“落闸”，而是根据其法定职权及时定纷止争，将香港政改的议题与议程向前严肃推进，避免无休止争论和原则性对抗影响到2017年的普选目标。特首普选是中央和特区共同完成的一项民主政治决策。任何民主决策都有程序，也有时间节点。人类的公共生活无法承受无休止的争论，因此任何民主决策都根据法律标准确定了决策权威，而在穷尽民主商谈之后对决策权威之权威性决定的尊重与执行，也正是民主生活得以可能的公民美德。人大决定如期做出，积极推动香港政改走向“第三步曲”，如果反对派不承认这一决定的权威性与推进意义，甚至利用“广场抗命”和立法会否决机制阻遏“五步曲”顺利完成，将实质性妨碍2017年普选的落实，使香港特首普选至少延误十年。

二、管治权争夺的三个战场

“占中”派的最初预期是以“占中”为威慑手段，期待在实际“占中”之前获得中央主动妥协的政治成果。这种期待多少受到了2003年游行的启发和鼓舞。但这可能是一种政治错觉。中央一方面不可能一次次允许香港街头政治阻挠基本法秩序既定进程，另一方面对于“颜色革命”存在严格的政治戒惧。白皮书和中央官员多次谈话中突出了普选与主权、安全与发展利益的深刻关联。只是反对派一直无法完整理解或有效吸纳这种国家层面的价值关注，而一意放大自身党派观点、利益与诉求，“只取不予”，造成中央与地方权利义务的失衡与错置。此次人大决定构成了中央主导权的一次实践，在反对派看来则成为其政治进取的一次挫折。不过，反对派如何看待这样的挫折教育？香港精英如何理解其本地政治经济发展与国家之主权、安全与发展利益的关系？如何理解普选民主价值与繁荣稳定社会价值的关系？反对派如能改变其单调的民主观与自我本位的政治立场，扩展政治视野与抱负，适度理解中央政府的整体主义关切，反思香港在国家整体现代化中的义务和角色，则某些“心结”或可解开。

从中央立场来看，普选的宏观制度安排被定位于和国家主权、安全与发展利益高度相关的管治权争夺。根据基本法的权力架构，这一管治权争夺存在三个战场：第一，立法权，体现在立法会建制派多数格局、分组点票机制与泛民派否决权；第二，行政权，体现在对特首“爱国爱港”政治品质的绝对要求上，通过特首实现中央对香港特区的制度性调控；第三，司法权，体现在香港的司法独立与司法终审权和中央的司法监督权之间的拉锯上。由于基本法最初的结构设计偏重行政主导，中央单一地依靠特首作为央港关系的调控枢纽，对立法会与法院则几近“无为而治”，从而产生对特首的高度政治依赖，无法承受特首政治不效忠的后果。此次人大决定采取相对保守和强硬立场，体现了中央在管治权争夺上依然将特首人选设定为主战场。不过，从白皮书立场来看，其他两个战场依然存在拉锯和复杂调整的空间，比如立法会普选未必等同于废除功能组别和分组点票机制，以及司法独立与终审权不等于对基本法解释权的垄断，中央有主动释法和特首提请释法两条管道来制约香港司法界的普通法保守主义。香港政改笼罩在安全意识与央港管治战争意识之中，使作为内政事务的民主政改复杂化，使香港民主起飞负担沉重，这亦是双方互不认同与信任、外国势力干预以及基本法独特构造多方因素所致，一时难以疏解。

三、后“占中”考验泛民派政治伦理

香港民主的前途并不因为人大的权威决定而“一锤定音”，因为“五步曲”中香港本地承担着至关重要的程序推进与决策责任。人大决定中已规定，如普选方案最终无法通过，则按照 2012 年选委会模式操作，等同于原地踏步。

按照既定议程，特区政府将根据人大决定启动第二轮政改咨询，并在此基础上拟定政改议案提交立法会审议，走出政改第三步。在这些规定动作之外，始终存在着“占中”行动的对抗与威胁。根据“占中”派部署，决定当天会有“占中”集会，是否演变成实际“占中”有待观察，而整个 9 月将沉浸在学生罢课、集会示威与突袭“占中”的广场对抗之中。反对派一方面以此作为抗命行动的收场，另一方面或许仍存有中央收回成命的期望。但人大决定是权威的法律决定，是推进政改的固定步骤，是基于基本法和主流民意的正当决策，无论是基于国家理性还是法律理由，都不存在收回的可能性。笔者推测，反对派的“广场抗命”只是作为运动结束的必要仪式，在这一行动实际损害香港繁荣稳定、主流民意趋向温和理性以及中央变策预期持续走低的压力下，将不得不重新回到基本法秩序确定的政改咨询与立法会审议程序之中，回到“五步曲”框架。

目前来看，泛民派议员掌握着政改议案否决权，且共同承诺过集体行使。但他们是否能够实际行使这一权力呢？这里涉及泛民派政治家的责任伦理问题。在主流民意趋向于“袋住先”、接受后续修改完善的条件下，他们如果集体狙杀政改议案，则“五步曲”提前结束，普选政改失败，2017 年选举原地踏步，未来普选预期不明。香港民意势必迁怒于他们，从而在 2016 年立法会选举以及更长期的政治走势中用选票表达对他们以党派私利捆绑香港民主进程的愤怒。如果他们回归法定程序，善用剩余空间，支持政改方案，实现妥协，则所有反对行动都将成为推进香港民主化的有益行动，可在后续获得选民政治补偿。从执著于“信念”适时走向对“责任”负责，也是反对派自我救赎和成为“忠诚反对派”的必由之路。

（本文原载于香港《大公报》2014 年 9 月 1 日）

港式民主的“外援模式”

2014 年 5 月底，英国驻港澳总领事吴若兰与立法会 5 名反对派议员在官邸私会，力挺香港“真普选”，同时建议“泛民”不放弃提委会框架内的政治博弈机会，有向温和派推介陈方安生之嫌。此前，中联办主任约见反对派议员，因地点之争未果。吴若兰官邸私会前一天，外交部驻港特派员宋哲已会晤之，要求其不要干涉香港政改，未获遵行。这并非泛民派第一次寻求“民主外援”。今年 4 月初，“泛民”代表人物陈方安生和李柱铭专程赴美求见美国副总统拜登，获对港式民主的口头支持。英美俨然成为泛民派民主运动的假想基础。

港式民主的“外援模式”有着复杂的政治背景。从香港内部来看，部分本地精英在“心理”上并未回归，“民主”成为他们与西方体系的共同语法和共同理想，成为他们想象的香港“西方”属性的认同与特征。之前末任港督彭定康访港，有人打出英国国旗迎接，即为表征。从外部来看，英国“在港利益论”只是借口，因为中英谈判和香港基本法已对英国利益有足够法制保障，未见显著侵害；美国则基于其全球战略，对中国的盯防日紧，除了巩固军事上的“环太第一岛链”外，还试图构筑包括港台地区在内的价值上的“民主第一岛链”。

于是乎，在 2017 年特首普选问题上，泛民派与英美政治力量接触频繁。这一接触固然在表面上为“泛民”争取了更大的国际支持，但却实质性恶化了“泛民”与中央的政治信任关系。更关键的是，“泛民”只能代表一部分港人，他们的行为同样伤害了爱国爱港、真诚回归的港人，撕裂了香港作为一个民主社会的整体性，破坏了民主的内部同质性原理。

一、港式民主的心理定位

英美是现代民主宪政的典范，但其政治家与外交家却经常罔顾香港法制地位，曲解港式民主性质。在“泛民”求见中，英美政治人物通常是原则性地宣示民主原理，无外乎：第一，香港要有“真普选”，不能有“筛选”；第二，香港政改要由“香港人民”自己决定；第三，民主是“一人一票”。这些原理中，“一人一票”在香港政改咨询中争议不大，在选举环节实施“普选”已成为相关方共识，尽管美国的民主选举系统也不是完全的“一人一票”。问题聚焦于“真普选”和“香港人民”这两个关键概念之上。

“真普选”是泛民派政治主张的最大一面旗帜，第三次商讨日又将这一旗帜聚焦为“公民提名”。泛民派最激进的立场主张——没有“公民提名”，就不是“真普选”。这一激进主张曾援引国际人权公约为依据，诉诸“国际标准”，然而即使是国际标准也未将普选锁死在“公民提名”上。更何况，在基本法框架内，“公民”根本不是一个覆盖全部投票权人的法律概念，严格的合法提法应该是“居民提名”。姑且承认“公民提名”的概念正确性，但“泛民”简单诉诸国际法而罔顾作为国内法的基本法及全国人大决定，在法理上已不可行，所以才有“泛民”温和派和大律师公会对“公民提名”的弃守。

然而，民主运动不成熟和失序的一个重要表现就是激进派裹挟温和派，温和派无法说服激进派。第三次商讨日和“622 公投”就是港式民主激进化的表现，其终极形式是以“占中”对抗。罔顾法制的港式激进民主，其深层理念是一种没有具体法制依托的“理想宪法”概念，施米特在《宪法学说》中专门论及并指出这是特定政治斗争的技巧及其历史成果，即只有宪法（政改方案）具备狭义的某种突出特征（公民提名），普选（宪制）才是真实的。这是近代资产阶级革命的斗争艺术，应用在“一国两制”下的资本主义社会香港，有时空倒错之感。

二、民主符咒“香港人民”只是一个行政法概念

“香港人民”尽管活跃于英美政治家和泛民派口头，隐含着“自决权”的指向，但其实在历史上和基本法上均不存在，更不成立。20 世纪 80 年代回归谈判中，英国曾提出“三脚凳”模式，被主权意识清醒的邓小平断然否决。就当时的港人心理，未必不会接受“三脚凳”。1997 年之后，部分港人“身体”上回归，“心理”上游离，身心分裂，

认同艰难，“内地化”之恐惧随着中国崛起和深度整合而日益飙升。于是，“城邦论”出世，“次主权”试探，更有借此轮政改重新做“第三只脚”的想象与尝试，在中央与西方之间背靠西方“光荣自保”。这或许就是他们想象中的“香港人民”的政治理想归属。

然而，这里的“人民”概念显然被有意曲解和滥用了。按照现代政治原理，“人民”是一个整体性、终极性的概念，是主权和制宪权的唯一主体，通过制宪行为创制了国家宪法，在宪法之旁静默但并不死寂。联邦制国家奉行“固有权说”，各州人民享有固有政治权利，似有“二元主权”表象。但这种“主权在州”的古典联邦制早已式微，在美国则是通过南北内战废弃了激进的二元主权论和“废止理论”（州有权废止违反州宪的联邦法律），“联邦主权”凸显。然而，联邦制的发展与美国自身国家主义进程并未影响英美政治家对域外“地方”民主政治的时空错置式的想象与发挥，仿佛价值优势一方可以罔顾历史和法制任意表态，坐收价值政治红利。

回到真实的基本法语境，“香港人民”在宪法意义上并不存在，只是一种形象意义的说法，是一个行政法概念，在行政法意义上存在。纵观基本法全文，出现“人民”字样的概念只有序言中的“中国人民”以及序言与正文中“中央人民政府”“全国人民代表大会（常务委员会）”等，是一国内涵，与港无涉。基本法个体意义上的主体概念包括公民和居民，前者的完整表述是“中国公民”，只能由中国宪法予以界定，后者才是基本法的专属概念，但这恰恰又不是一个宪法概念，而是行政法（甚至税法）概念。这也与香港特别行政区的“行政”定位相合。香港不是深圳那样的“经济特区”，也不是新疆、西藏那样的民族自治区，而是直辖于中央人民政府的“行政特区”。在“行政特区”内，有“居民”“公民”，但没有宪法意义上的“人民”。在单一制的中国，“人民”只有一个，就是“中国人民”，这是“一国”的政治本质，而“两制”仅是偏于行政法的治理制度安排，不可能将统一的“人民”分裂开。

只有宪法上的“人民”才具有现代政治的“神格”，其他在一国宪法下仅具有族群性、地域性特征的“居民/公民”群体只是“人民”的一部分，无资格代表人民，也不应僭越人民的“神格”。明确香港的“行政特区”地位和“香港人民”的行政法概念属性，有利于将 2017

年特首普选正确定位于基本法和全国人大决定之下的地方性行政长官选举，更不涉及任何关于“人民主权”与“自决权”的动用，所动用的不过是严格法制框架下的居民投票权。

三、“议员外交”需有制度规范

此次吴若兰会面事件，一方是具有明确政治身份的英国总领事，另一方是具有立法会议员和民主党派代表人物双重身份的中国香港政治家。批评者多从“外国势力干涉”的角度予以“外交化”的例行指责，而没有明确注意到此种“议员外交”的制度规范问题。严格来讲，反对派议员的行为已有失范之虞，损及公职人员的政治伦理和行为操守。

参与会面的议员辩称定期与外国领事会面是政治惯例，属于正常沟通。更有议员离谱主张，英国是《中英联合声明》签署方和基本法协商方，与英国沟通更为正常。这些议员言论显示了议员本身在政治认同和行为伦理上的模糊和失范，身在香港本土却时时仰望美国的国会山和英国的威斯敏斯特厅。

这提示我们对属于公职人员的立法会议员应建立行为准则，同时规范“恶意拉布”和“无底线外交”：第一，明确特区外交权属于外交部和特区政府整体；第二，议员“个人外交”应建立事前申报和事后报告制度；第三，对于言行过于不当、损害“一国两制”和香港民主法治整体价值的议员，可援引基本法第79条第（七）项在立法会内部以“行为不检或违反誓言”为由通过谴责案予以解职。关于非公职人员的“民主外援”行为，在第23条立法迟迟未落实条件下，可对第23条本身的“三个禁止”的直接效力予以创造性解释并寻求现有具体法例的关联和支撑。

（本文原载于香港《大公报》2014年6月4日）

- 国际法情结与“两制”的内部裂变 -

从特区政改报告提交中央至中央正式决议批复，香港政改博弈进入短暂平静期。这本应是各方密切沟通和反思调整的最佳时期，但激进反对派的两项举动则可能进一步拉紧政改的死结：第一，青年学生团体扬言提前“占中”，如果是声势威慑尚可理解，若实际执行则可能逼迫中央采取最强硬立场，适得其反；第二，“民主派”陈方安生和李柱铭赴英求援，参加英国下议院外事委员会涉港问题听证会，进一步主动证明香港“民主派”与“外国势力”的实际政治联系。作为回应和安抚，英国下议院近日展开关于《中英联合声明》的质询程序。

“民主派”指责中央的白皮书“破坏一国两制”，“背离”《中英联合声明》，赴英求援的理据即在于英国是联合声明的签署方，有国际法义务维护声明的正确实施。青年团体的激进“占中”理念则来自于《公民权利与政治权利国际公约》的权利普适性规定，而无视香港以基本法为核心的法制体系以及香港属于中国地方行政区域的法律事实。

“民主派”和青年学生共享着关于香港法律地位与自治权利的“国际法情结”。这一情结的历史基础是150余年的殖民统治史，规范基础是《中英联合声明》和《公民权利与政治权利国际公约》。如果香港“民主派”将全部政治追求孤立奠基于缺乏国内法基础的“国际法”之上，等同于主动脱离由基本法奠立的“一国两制”框架，诉诸“外国势力”和“国际法普适价值”来建构“香港城邦”。这种“一路向西”式的超法治追求实际上不仅造成了与中央政治立场的严重对立，更是造成了“两制”的内部裂变，在基本法之外寻求以“想象的异邦”重建“虚幻的自我”。

一、联合声明不是香港宪制基础

香港“民主派”“国际法情结”背后是对宪法学基本常识的误解。

回顾香港历史，其宪制基础变迁可分为三个阶段：第一，1840 年割让之前，宪制基础是《大清律例》；第二，1840—1997 年，宪制基础是《英皇制诰》与《皇室训令》；第三，1997 年之后，宪制基础是中国宪法和香港基本法。白皮书清楚陈述了香港特区以宪法和基本法作为共同宪制基础，这一点对于熟悉殖民统治法制和现代宪法原理的英国议员来说等同于“常识”，但陈李二人却要在英国议会挑战此种“常识”，殊为不智。就像英国人不可能主张殖民统治宪制基础包括《中英南京条约》《中英北京条约》《拓展香港界址专条》一样，中国人也不可能主张香港的宪制基础包括《中英联合声明》。香港特区的宪制基础只能来自于中国作为主权国家的整体政治决断与法律表达。

有人会主张基本法诸多安排来源于联合声明，似乎基本法的“合法性”系于联合声明。这是一大误解。我们只需要认真研读基本法的序言即可理解中英两国各自的角色与地位：第一，序言第 1 段载明“一九八四年十二月十九日，中英两国政府签署了关于香港问题的联合声明，确认中华人民共和国政府于一九九七年七月一日恢复对香港行使主权”，这表明联合声明的主要功能是废止香港旧有的宪制基础，就回归事项做出技术性安排；第二，序言第 3 段载明“国家对香港的基本方针政策，已由中国政府在中英联合声明中予以阐明”，这里的“国家”显然是“中华人民共和国”，行为主体是“中国政府”，联合声明与基本法的一致性是中国自身治港决断的一致性，是中国“提前”在联合声明中做出了关于香港未来宪制秩序的独立决断，基本法信守这一决断并予以法律转化。可见，联合声明在法理和事实上都不可能成为香港的宪制基础，否则就会出现中英两国“共同为香港立法”的宪法逻辑困境。进而，英国议会的任何质询或决议，就不过是一种与国际法或香港民主毫无关联的“人道主义”远程关注，所形成的只是对香港“民主派”的安抚和对中国政府的外交性压力，对中国法体系毫无效力。

二、历史细节可解释一切

就像《中英南京条约》一样，1984 年的《中英联合声明》起到了香港政权交接的法律功能，这是一种国际法功能。而宪制基础属于国内法事项，需要通过基本法予以确立。香港“民主派”对英国的“想象”

显示出了政治上的高度盲视和历史认知上的短缺。

第一，香港回归的历史动力是中国人民百余年的反殖民主义斗争。香港“民主派”在政治意识上似乎毫无“反殖民主义”自觉，香港的本土文学、影视和学术作品似乎亦无此世界大潮下的自省，这在大英帝国的“日不落”式全球殖民主义中是罕见的。

第二，20世纪70年代末英国主动与中国接洽香港问题并非以“回归”为主题，而是解决即将到期的“新界”土地投资产权预期问题。如果中国政府是清政府，则《中英联合声明》就不是关于香港回归和基本法基调的问题，而是“新界续期”的问题，香港受殖民统治秩序继续存在。在总督继续管制下，“双普选”遥遥无期，“司法终审权”闻所未闻。

第三，20世纪80年代初的回归谈判中，英国方面一再拖延和讨价还价，对香港的“高度自治”根本无心涉及，焦点在于大英帝国的殖民利益。谈判期适逢英阿马岛之战大捷，撒切尔夫人挟威而来，但军事威慑未果，主要原因不是英军衰落了，而是中国军队强大了。退而求其次，英国人提出“主权换治权”，即治权保留，相当于中国获得“东家”名义，但“掌柜”依然是英国。如果当时的中方就此妥协并与英方充分交换具体利益，则“一国两制”下的香港管制团队就仍然是英国总督团队，“治权”成为殖民管治权的变种，香港人的“高度自治”依旧闻所未闻。中国坚持“主权与治权”一体回归，为基本法关于香港“高度自治权”的宪制安排提供了充分的政治前提。

第四，1984年的联合声明主要是关于中英政权事务交接的框架性安排，焦点并不在于香港民主化，而且完全没有提及香港的“普选”目标，“普选”是中央政治决断和基本法首创。联合声明载明的行政长官产生办法是“选举或协商”，基本法第45条载明的是在提委会提名基础上“普选”产生。如今，陈李二人要求英国方面监督在中英谈判与联合声明中并未提及且英国自身也未实行的“特首普选”，在法理和常识逻辑上均不能成立。

显然，如果“民主派”愿意从“想象的异邦”中觉醒，就不会认为香港的自治权来自于英国人在《中英联合声明》中对香港利益的代表和斗争，恰恰相反，英国人竭力维护的只是其殖民利益，其中并不包括香港人的高度自治权和司法终审权。甚至包括此次英国下议院的质询程序，其本质目的也绝非检讨联合声明中关于香港未来宪制的实施状况或者香港人民主权利现状，而是英国的在港利益是否仍然获得中方特殊保护。一旦深入历史细节，英国人与联合声明乃至于基本法秩序的关联就显得极其薄弱了，而“民主派”的诸多想象也将不攻自破。

三、“两制”的内部裂变

正是基于对联合声明的宪法误解以及对殖民统治史的薄弱认知，香港“民主派”正在追求一种偏离基本法“两制”安排的“第三制”，一种不仅超越《中英联合声明》，更超越基本法的准“独立政治实体”的“理想宪法”状态。严格来讲，这一追求已与中英谈判、联合声明、基本法、“一国两制”无关，而是在“一路向西”的复杂殖民统治史记忆、国际法情结和普适主义“城邦论”共同作用下的香港本土激进“民主自治”运动。“民主派”领导层若不以法治和民主理性对此加以节制，则香港民主前途就很可能不是英美式的优质民主，而是法国革命式的激进民主，而香港的核心价值与世界金融中心地位是否能够承受如此巨大的政治震荡，颇值怀疑。“民主派”即便不是个人投机，孤立的“信念伦理”也会造成严峻后果，需要“责任伦理”予以节制和理性化。

这种精神固执和激进行动来自于香港独特的民主理念。对此，香港特区政府前任中央政策组首席顾问刘兆佳教授在最近出版的《香港的独特民主路》一书的“序言”中做出了精辟分析：“香港的政治学者尤其是年轻一辈早已服膺西方民主政治，并积极宣扬和传授其理论和学说。……香港人普遍对内地同胞怀抱政治优越感，认为在原有的法治、自由、人权、廉政和善治基础上，民主政治将会让香港完全与西方国家接轨，至于如此的话会对香港和国家带来甚么负面影响则不在考虑之列。”陈、李“一路向西”式的“民主求援”一再证明了这里的深刻忧虑。而近来的“黎智英政治献金事件”更是对“民主派”的“政治道德”予以重击。民主不仅仅是观念想象和政治利益，还有形象、理性、责任和国家意识，否则香港民主定然难成“典范”。

“两制”实际上已经裂变，“民主派”“法外求法”正在催生香港的民间“第三制”——一种超越中国宪法和基本法的“模式”。为这一

“法外”追求提供动力、勇气和正当性的是：殖民统治史的“甜蜜”记忆；联合声明的英国“遗嘱”；国际人权公约的普适“国际标准”；英美的民主“福音”与远程政治支持；“香港城邦论”和“本土自治运动”下以“想象的异邦”重建“虚幻的自我”的实践冲动。这就形成了关于香港民主化的“基本法模式”和“国际法模式”之争，既涉及对央港关系宪制基础的冲击，也涉及香港法制体系的内部裂变。对香港民众而言，中央“全面管治权”固然会从内部“威胁”香港的“高度自治权”，但无节制的“激进民主”也会从外部偏离并挑战“一国两制”下的香港宪制基础与和谐稳定。香港民主前途呼唤中央的主权克制和香港“民主派”的真正本土化，避免矛盾和极化选择。

（本文原载于香港《大公报》2014 年 7 月 30 日）

- 高度激进主义有损香港民主前途 -

进入2014年9月中下旬，“占中”之前的心理焦躁在动员者那里空前发酵，助推香港民主滑向“高度激进主义”边缘。两个具有激进主义意象的政治现象值得关注：第一，香港大专院校382名教职工联署支持学生罢课抗争，蔡子强更声言此次学生运动与五四运动“等价”；第二，香港大学学生会会刊《学苑》最新一期以“香港民主独立”为主题集中探讨“港独”的理论与对策，将本处于边缘议题的“港独”推向舆论中心。这些激进举动将香港民主进一步拉离法治和理性轨道，并进一步坐实中央对香港的国家安全忧虑，促使中央更强应对。

这种“公知”与“学生”的政治联盟，构成香港“高度激进主义”的智识基础，破坏了香港长期繁荣稳定所依赖的法治与理性价值，更裹挟和压制了香港温和理性之主流民意的自由表达。高度激进主义试图确立一种“水火不容”的、超越“一国两制”和基本法的政治意识形态与历史叙事框架，在一种“想象共同体”中召唤“香港民族”的精神“独立”，并借助普选等政改议题予以现实化。“公知”与学生的政治想象力是香港自由多元社会的产物，但也可能成为损害作为自由多元制度基础的法治的核心价值，从而最终损及香港社会整体利益及其民主前途。香港的知识群体、中产精英以及普通市民如不能有力狙击此种“高度激进主义”，则香港将陷入街头政治的泥潭，陷入远离自由、法治、民主、包容等核心价值的单一性对抗轨道。反激进主义就是香港核心价值，其主体责任在于香港民众。

一、香港学运与五四运动的本质差异

蔡子强声称香港学运与五四运动“等价”，是对五四运动历史与核心价值的扭曲。关注并类比五四运动，表明香港“公知”对内地主体历史有一定关注和理解，这本是香港史观“重新中国化”的好兆头。不过，青少年学生们是否知晓什么是五四运动？这是颇值得怀疑的。年初在香港大学的一次讲座中，笔者发现许多香港学生不知道“陈独秀”是谁。由此推论，对于陈独秀推动甚至领导下的五四运动，他们所知又能如何？由于缺乏对中国近代史的国民教育，香港“公知”们又如何能够要求香港学生完整准确地理解作为中国近代史标志性事件的五四运动？不给学生系统的历史知识，又希望通过类比历史事件抬升香港学运意义，本就是两难矛盾之举。

联系香港学运的显著“港独”意识，两者之间的本质差异正在于是否“爱国爱港”。发生于1919年的五四运动，其直接的政治导火索是巴黎和会中国山东主权之争，后期转向表达“民主”与“科学”之类的启蒙价值。这场运动的本质是一场爱国民主运动，其前提和核心关注在于青年学生对主权与国家统一的严格价值维护，以及在此前提下对政府代表性的质疑和民主化的期待。五四运动具有激进主义的特征，但在“救亡与启蒙”双重变奏的北洋政府时期，具有显著的历史进步性和正当性，其政治遗产为国共两党在不同程度上所继承，成为两党担纲构建现代中国使命的重要历史基础和组织来源。就政治遗产而言，五四运动内涵着“爱国”（主权关注）和“民主”（政体优化）两个核心要素，二者之间存在一定的张力，并在后续的运动接力中有所分离甚至冲突。

蔡子强的“五四运动论”由于剥离了五四运动的历史场景和价值结构，给香港学生传递的就不可能是真实的五四运动。不过，五四运动倒是更适合作为建构香港人国族意识与回归史观的历史基础，也是香港学运正确历史定位的关键。由此更延及香港“高度激进主义”背后的历史教育缺失问题，这显然应成为必修之国民教育计划的重要内容。蔡子强先生如能积极推动包含中国近代史教育在内的国民教育计划，而不是以香港学运与历史事件做孤立和扭曲的意义勾连，才是对香港民主从而是对香港学生最大的“爱”，而不是加深误解、对抗与分歧。

二、激进主义的英国渊源

香港的学院派“公知”和“学苑派”青年学生的当下作为，在诸多方面印证着托克维尔在《旧制度与大革命》中揭橥的“文人政治”弊端：价值清议，浪漫想象，不切实际。我们以《学苑》为例，这本刊物在回归之前曾经是爱国爱港的重要舆论阵地，将“爱国”与“民主”紧密结合，继承的正是完整准确的五四运动精神。不过，回归以后的《学苑》却日益成为剥离“爱国”内涵、驱逐“主权”关注、孤立追求激进民主的重要策源地。2014 年 2 月，《学苑》推出“香港民族命运自决”专题。2014 年 9 月，《学苑》推出“香港民主独立”专题。如果说 2 月专刊仍是在理论上试图证成“香港民族”的话，9 月专刊则已经具有某种“沙盘推演”之势，似乎“香港民族”在 7 个月内即已“想象成立”，而谋求通过“武装独立”、外国干涉扶持、切断对内地生活资料依赖、“自决公投”等等来实现“独立”，并声称没有“独立”就没有“民主”。

9 月专刊的激进主义在香港固然不具有主流市场，只是本地“公知”和激进学生的政治合奏，但与殖民统治遗产以及英国先例却有着直接关联。英国对香港的历史意识和政治思维影响太深，构成了所谓的“殖民史观”。英国至少在以下两个方面对“港独”有着历史性影响。

第一，回归谈判中英国曾严密设计过“香港独立”选项，即通过发展香港的民主代议架构，推动香港像新加坡一样“独立或自治”。独立无需多论。需要注意的是，这里的“自治”并非基本法下的“高度自治”，而很可能是英国法下的“自治领”式的“准独立”状态。这些设想未能实现，但却真实记录于《撒切尔夫人回忆录》中。今日香港的“港独”遗产与英国曾经的计划有历史渊源关系，而且回归过渡期的斗争过程表明，英国部分执行了原初计划并深刻影响了香港精英群体与青年学生的政治思维。

第二，近期苏格兰先例的直接影响。苏格兰公投先例的核心意义不在于结果，而在于程序。公投结果支持统派，独立运动受挫。但这不影响苏格兰先例对世界分离主义潮流的示范和刺激。香港学运亦濡染此一精神，提出更加激进的政治构想。然而，学生们或许没有透彻理解苏格兰先例。一方面，公投文化在英国政治思想与政治实践中的兴起是英国精神的一次蜕变、退化乃至歧出，表明英国政治出现了“大陆化”倾向，与其普通法保守主义传统存在冲突。另一方面，苏格兰公投开启了英国不成文宪法传统下“再封建化”的过程，保留于联合王国内的苏格兰将越来越像英国的一个封建公国，而不是现代郡县，这表明英国建立现代民族国家的努力遭遇重大挫折，如果北爱尔兰和威尔士群起效仿，则英国可能重回“中世纪”。此外，一次性的公投失败无法取消苏格兰分离主义倾向，无论是自治架构内的“高度自治”诉求，还是十几年来一次的惊险式公投，都将围绕分离与否耗竭英国整体的政治与道德资源，这是《公投法案》的程序主义后果。“公知”评论家可以盛赞苏格兰先例及其遗产，但英国政府冷暖自知，其内部政治之民族国家化与再封建化的复杂拉锯会构成严峻的、无法消解和转化的政治顽疾。

三、“独立公投”不是世界主流

面对独立公投，我们不能孤立地关注苏格兰先例，而是要放宽视野，从比较分析中获得更可靠教诲。当代世界的分离公投，除了苏格兰先例，尚有其他模式可循：第一，美国林肯模式，即通过内战镇压、回溯国家统一的宪法根基以及兑现宪法中的平等价值来建立更加民主、强大和包容的新美国，这是将“爱国”与“民主”完美融合的典范，如果以程序主义思维放任南方联邦独立，则美国早已衰落；第二，加拿大模式，即在1995年合法公投有惊无险之后，加拿大联邦政府通过中央法律程序大幅提高公投门槛，导致魁北克独立几近不可能；第三，西班牙模式，即在全国性法律层面完全否决独立公投的合法性，导致加泰罗尼亚公投不具有宪法效力。此次英国是否会效仿加拿大提高公投法律门槛，捍卫国家统一，尚待观察。

再回到“民族自决”概念，这本是一战后处理几大帝国崩溃遗产的国际法原则，后适用于非殖民化问题。在帝国主义和殖民主义已然终结的今天，炒作“民族自决”将导致世界所有的多民族国家永无宁日。当代世界的真实主题是和平与发展，替代“民族自决”概念的应是“国族自决”概念，前者是人类学概念的政治化，处理特定时期的国际秩序重构问题，后者则是在联合国体制下普遍建立民族国家治理架构的宪法学概念，是“宪法爱国主义”意义上的、包含全体国民的政治权利。因此，若论“独立公投”，当代国家只有两种选择：第一，通过全国性法律堵住独立公投合法化途径，将民族自决权转化为政治参与权；第二，通过全国性法律创设法定公投，按程序进行，这里的正当基础不在于地区或部分居民意愿，而在于整体国族（人民）决断授权地区或部分居民以公投形式决定去留。公投创制权严格属于国族及其政治代表。

（本文原载于香港《大公报》2014年9月25日）

- 反“占中”游行推动民意结构化 -

反“占中”大联盟成立于2014年的“七一游行”和预演“占中”之后的7月3日，旨在于针对泛民派强大的社会动员和民意政治化压力进行“技术跟进”，展开香港民主的“左右手互搏”和“泥浆摔跤”，将香港民意进一步结构化和对立化。这既是香港民主政治发展的常态产物和必经阶段，也暗伏下香港社会理性对话与深度整合的隐忧。“817反‘占中’游行”是香港民主的一个重要节点，标志着双方政治对抗的技战法与民意强度已基本对称和常态化。

毋庸置疑，任何社会运动都有政治倾向、精英领导和组织系统。“自发”的民意其实并不存在，存在的只是精英领导下有一定放大和加工处理幅度的“民意”。这也是民主政治的常态，纠缠于此并无意义。不过，这种加工后的民意仍然具有对比和分析意义。随着“817反‘占中’游行”的落幕，我们可以清晰地看到香港社会沿着“占中/反占中”以及更为宽泛的“泛民/建制”民意的大体结构：签名数是79万对146万；游行人数是9万对11万（以警方数字为准）。这样的对比之所以成立，还可得到双方在立法会议席比例的印证，尽管后者由于功能组别的机制因素而对直接民意的反映有所偏差。

一、游行展现香港民意多元化

对于最近一个月的反“占中”签名和游行，反对派或多或少抱持着一种不适应和焦躁心态。本来，民间签名（公投）和游行似乎是反对派的“民主专利”，运动的数字也是一方垄断，任何赞成与批评也必须围绕这一数字的真实性与代表性展开。如今，这一“垄断性民意”已被打破，“民主无专利”已成共识和事实，民意的多元化与结构化已经正式呈现。

“七一游行”时，未见到建制派的搅扰行为，但反“占中”游行却至少遭到四种搅扰：第一，维园外的反“占中”街头标牌被涂污篡改，比如“坚决反对占中”的“反对”二字被黑漆涂抹遮蔽，“保普选，反占中”最后两个字被涂改；第二，《明报》等指责“817 午宴”是“变相诱导民意”，实际上不过是同乡聚会与政治游行的耦合；第三，“人民力量”等团体街站骚扰；第四，游行主持人伍家廉遭到所在单位 D100 电台报复性解雇，联系此前林新强会长遭不信任动议，显示香港“政治正确”之严酷。

上述种种行为，是反对派不适应香港民意结构化的情绪性反弹，但对于香港民主而言，只有相对均衡的结构化民意才是理性对话和决策的真实可靠基础，才是民主政治由广场重返议场的关键。“817 反‘占中’游行”的最大意义就在于以广场形式凸显了另一种“民意”，丰富了政府对民意结构的均衡认知，打破了反对派对民意的单方垄断和无限放大，施加给反对派以直接的民意压力，有利于香港政改博弈离开广场，重回议场和谈判桌。

二、“民意结构”优势保持的关键

作为在港访学的内地宪法学者，笔者中立观摩了此场大游行，基本感受是：第一，与“泛民”支持和组织的“七一游行”类似，这也是一场高度政治化、组织化和有着明确针对性的广场动员，基本技术指标与既往的“七一游行”类似；第二，游行的基本力量以建制派基本盘、同乡会、校友会等为主，展现出爱国爱港力量深刻的内地渊源，也折射出反对派追求纯粹“本地自治”的虚妄和空乏；第三，游行整体上更加和平理性，没有设街站造势，没有过分渲染悲情，甚至在标语、口号、造型上都甚少创意，在气势上略有沉闷，但这显示出的恰恰是更真实的“原生态”民意，表明爱国爱港力量的温和理性特征；第四，这场游行具有反“占中”的议题单一性和一次性特征，很难发展为“七一游行”那样的年度长效机制，故长期来看建制派的“广场运动”似不如泛民派议题驳杂和力量持久；第五，游行过于集中在反“占中”议题，未直接、正面回应“公民提名”等政改实体矛盾，尽管在策略上有利于凝聚最大共识和力量，但所反映出的“民意”内涵相对偏窄。

申言之，我们还可以进一步看出双方游行的差异。泛民派游行有着长期、坚定、连续的“民主”诉求，有着“普适”的价值提炼和政治进取的民间生机，更有着影影绰绰的“外国势力”关注和支持，是一股融合复杂议题且不断吸收低龄群体、政策博弈受挫群体并日益强化“本土自治”色彩的强劲力量，保持着反对派“草根奋斗”的民间压力与激情。而爱国爱港的建制派在回归以后则日益仰赖官方的各种话语和力量支持，对基层民意整合、青年工作创新以及政治力量竞取的意志和表现似乎仍有较大检讨和进展空间。民主政治的本质是认同政治，政治认同的深度与幅度比应急动员的“浅度认同”式民意数字更加关键。爱国爱港力量能否比照“泛民”深入基层和青年之中，在官方支持与护航之外尝试独立生存，发展出更加合理化、系统化和富有竞争性的政治纲领、组织网络和行动技术体系，是“817 游行”展现之暂行性“民意结构”优势能否保持和扩展的关键。

三、政改成败依赖精英引导

在民主政治中，广场游行只是达成政治妥协的必要手段。我们看到在反“占中”游行对冲“占中”游行政治影响及推动本港民意结构化表达的同时，政治精英群体之间围绕政改关键问题的沟通、对话与妥协亦在密集开展。理性可控的广场游行不应成为“宜将剩勇追穷寇”式政治对决的筹码和垫脚石，而是开展关键议题政治对话与妥协的必要民意根据。

继香港中间力量提出“13 学者改进方案”和“39 贤达联署”之后，香港政改博弈的妥协之路实际上已经打开，尽管前景尚不明朗。自 8 月 15 日起中联办主任张晓明与“政改三人组”负责人林郑月娥将分四场接见泛民派全体议员。从 8 月 15 日下午的会晤情况来看，中央和特区政府表现出了最后阶段争取妥协的诚意，对政改第二轮咨询的空间亦有让步迹象，而“民主党”主席刘慧卿除了转交《民间政改报告》坚持“三轨制”提名方案之外，亦表示即使中央不能接受“三轨制”，亦不应完全“落闸”，否则将坚决支持“占中”。同时，参与会晤的“泛民”议员多表示不认同“过半数入闸”的高门槛以及候选人人数的严苛限制，希望予以放宽。这是一个冲突转向缓和的重要迹象，即双方争执焦点已经逐步从“公民提名”移开（尽管“泛民”原则上仍然坚持这一提名要素），将谈判与妥协的焦点适度转向“入闸”条件和候选人人数限制上。如果此番会晤以及本周四中央官员与全体立法会议员的深圳会晤、月底的“一锤定音”能够协力走出香港政改的“公民提名陷阱”，引导精英和民众转向基本法框架下的

“方案”再咨询与再博弈，则第一轮政改咨询就是成功和富有意义的。

笔者注意到香港的部分政策研究学者已经开展了这一转向背景下的研究和建议工作。比如香港政策研究所冯可强先生近期提出以“特别否决机制”替代中央一贯主张的“过半数入闸”，以严格的“出闸”审查替代严格的“入闸”门槛。这种思维变换值得重视，因为很多原则性冲突其实可以通过技术性变通来解决。从法理上讲，“过半数入闸”凸显的是提委会的法人整体性意志，“过半数”是整体意志的拟制性条件，这从法人决策理论上可以证成。但从机构功能角度讲，提委会不是原来的选委会，只负责提名，不负责选举，而提名只是辅助选举的程序性、从属性环节，是否一定需要“过半数”这样的选举性高门槛，在具体机制设计与解释上尚有空间。中央意图采纳的是一种“白名单”式的绝对保险方案，确保正式候选人名单上只出现符合“爱国爱港”条件的人，这一方案对参选人的“入闸”限定是最强的，因此“泛民”一再反对。冯可强方案的要害在于维持原来的“1/8”宽松“入闸”条件的同时，建立淘汰性质的“黑名单”机制，即对于“入闸”人选，如中央认为存在“合理怀疑”，可通过提委会“特别否决机制”对涉嫌人选启动特别聆讯程序进行公开个别的甄别，提出嫌疑点并给予答辩机会，最后由提委会集体投票确认其候选人资格，过半数认可则予以资格保留。这相当于在提名程序中建构了一种类似美国参议院式的“提名批准听证会”程序，公开、公正、透明。

当然，冯可强方案只是众多中间理性化方案的一种。“13 学者”的“名单制”也有利于保障“入闸”候选人的竞选资格，避免不透明筛选。笔者希望看到更多聚焦于提委会如何民主化和公开化的具体规则与机制讨论，而在“817 游行”之后基本终结广场对抗。“占中”作为下一场广场运动的主题，最好能够被之前的精英通过沟通、妥协、共识以及中央适度放宽的“一锤定音”所及时消解。政改各方精英如能循此方向协力进取，则是对两次大游行所呈现之民意结构的最好回应与回报，否则若固执于“真理在我”“民意在我”的不妥协修辞与立场，滥用“民意许可证”飚高对抗预期，引爆“占中”行动与“警察暴力”，则有罪于香港民主，贻害普选前途，也将为香港长期民意所抛弃。

（本文原载于香港《大公报》2014 年 8 月 19 日）

- “占中”运动失败的八大原因 -

“占中”运动旷日持久，出乎双方预料。“占中”派、反“占中”派乃至于政府都在透支香港社会的信任资源、秩序存量与核心价值。作为孕育于殖民统治秩序、受“一国两制”宪制保障的资本主义社会，香港在市场、言论自由与法治等现代性基础构件上已高度成熟，唯有“普选”一项尚处进程之中。正因为香港本身已“很好”，此次运动便不具有其他转型民主社会所具有的社会矛盾全面爆发、政治冲突空前激烈、人民生活无以维系的“抗争综合症”，而只是“锦上添花”的制度改进与有限的进取目标，从而与那些欠发达社会的“颜色革命”严格区分开来。也因此，“占中”运动并没有发展成一场全民性抗争运动，罢课没有发展成“三罢”（罢课、罢工、罢市），而只是局限于本港“公知”、青年学生与反对派基础力量的一场温和理性、有限规模的政治抗命。

尽管运动一方不愿明确承认，“占中”运动时至今日已基本失败。这一结局有着复杂的内外原因，剖析这些原因有助于进一步深入理解“占中”运动的成因和症结。

一、失败原因错综复杂

“占中”失败至少包括如下八大原因。

第一，核心价值冲突。香港社会的自由与繁荣依赖于法治而不是民主，这在香港政治文化中根深蒂固。论起香港社会的核心价值，法治第一。对受殖民统治经验而言，香港的法治与自由繁荣是一体两面的，而民主与香港现代史的关联则是松弱和相互陌生的。无论是立法会民主还是普选式民主，都是香港社会后发、新近的制度实验。尽管“占中”派竭力在理论上将民主与自由繁荣相关联，而一旦运动本身将民主与法治乃至自由繁荣对峙时，作为整体而有机的香港社会自然会激烈反弹。

因此，“占中”抗命从一开始就冒着与香港社会核心价值冲突的巨大风险。普选式民主可以兼容进香港的核心价值序列，但不能以过度违法、损害自由繁荣的方式强行僭占。法治至上不仅可见于实际“占中”以来的民意与社会反弹，亦可见于大律师公会一贯代表的精英式的“法治立场”。这种冲突对“占中”失败的影响是根本性的。

第二，民意弱势支持。“8·31”决定后，“占中”派对实际“占中”一直引而不发，是因为对主流民意没有充足把握，还需要“一波一波”催高民意支持度。然而，受到“占中”派“民意政治”的技战法刺激与启发，建制派力量甚至平时淡于政治的同乡会、校友会经由反“占中”大联盟的形式逐步组织化并根据“占中”进程“对等升级”其反对运动，“沉默的大多数”开始组织化发声，对“占中”激进取向予以严格限定。实际“占中”以来，“民主理想”对民生秩序的破坏日益扩大，民意支持再次松动。孤立的学生“罢课”而未形成社会性的“三罢”，显示出“占中”运动在香港不具有“广泛的社会代表性”。时至今日，“占中”派亦不敢轻言代表主流民意，这是“占中”失败的基本社会原因。

第三，“国际干预”疲软。可想象的“国际干预”仅限于英美两国。需要注意的是，英国已没有能力和意愿承担其政治保护义务，远程支持仅限于议会的“国际条约论”与“末代港督”的“道义责任论”，然而，并不能产生任何实际效果。此外，英国在经济上正积极寻求成为重要的人民币海外离岸中心，多项经济合作对英国发展关系重大。美国亦是一个实用主义的世界帝国，香港民主是其战略对抗甚至敲诈中国的一枚棋子，而不是严肃的民主援助责任对象，其支持也只能限于“民主秘密战线”，且有效控制着现场冲突中对抗一方的节奏与烈度。更进一步，在后冷战时代，和平与发展才是真正的世界主题，人权与民主只是“次主题”且存在“工具化”倾向。香港民主无法绕开宪法与国家这一严格的宪制性中介，外力只能是远程道义，而不是本土政治基础。香港“民主派”需要严酷面对这样一种“弱冷战、强利益”的新国际格局，放弃幻想，回归本土与法治。

第四，组织秩序混乱。本次运动是多层次组织与代表的叠合，组织化程度较低，纪律松散，权威不统一。“占中”派在运动初期尚能团结一致，但随着运动扩展与失控以及运动成果收获期的到来，各种内部争执乃至于相互批评、否认领导权以及拆台之事便会发生。学联尽管上镜率最高，但其实际代表性有限。非法“占中”发起人亦难以代表全局。政府对话甚至找不到具有充足权威的“占中”代表。

第五，政府依法控局。“占中”运动至今为止，香港警方表现未有过度之势。在一场违法抗命的秩序维持过程中，任何当局皆难以避免适度武力。如果说“自由民主”是“占中”派最高“教义”，则法律与秩序就是警察的天职，彼此应相互理解。就秩序维持的基本装备而言，香港警方亦常规性地准备了胡椒喷雾、催泪瓦斯和橡胶子弹。“占中”当天使用催泪瓦斯乃是出于现场应急，之后再无使用。问题是，道高一尺，魔高一丈。“占中”派在装备上并非手无寸铁，而是全副武装，其“雨伞＋眼罩＋口罩＋保鲜膜”组合装基本使胡椒喷雾失效。对警方而言，除了催泪瓦斯，缺乏更和缓的中间性装备可供选择。政府与警方严守法治底线，既包括严明法纪，合法追究肇事者法律责任，以避免“占中”成为普遍社会运动的常态先例，亦应当严格惩罚黑社会行为与个别警察滥权行为。法律就是政府与警方的底线，无原则退让和弃守职责就是违法不作为，应予以问责。只有敢于亮明底线，公正执法，才可能使秩序维持以及后期清场经得住法律检验和民意评价。这也就要求，清场中绝不可再出现“曾建超事件”。法治也是一种统治，不是没有暴力，而是由公权力垄断暴力并合规行使。

第六，中央坚守底线。此次“占中”所抗之“命”并非特区政府的任何决定，而是全国人大常委会的政改决定。戴耀廷发起“抗命”的最初目的也在于通过前期运动性威慑“影响”中央决策。反对派因循的是反第23条立法和反国教运动的经验与先例，以为此次亦可奏效。问题是，反对派没有充足估计中央治港方略正在发生结构性转变，从最初的“放任不干预”到“有选择干预”再到“全面管治”。白皮书是中央循着国家主义与实证主义的法政立场治港的宣言书，政改决定应循此逻辑与脉络理解。中央之干预实为积极行使基本法规定之合法权力，既往不行使也是一种政治选择。此次面对连续抗命，中央以罕见的政治关注、舆论导向和高层外交，内外联动，法治与群众路线并举，底线一再申明并严守。中央以“刚”为后盾，特区政府以“柔”为前哨，各自以基本法与人大决定为严格的执法与对话之前提与基础。面对中央高压“外援”和特区政府依法控局，“占中”运动至今未能有效扩展社会基础与影响，亦未能收获实质性成果，唯寄托“对话”而下台阶。

第七，“占中”温和理性。广场对抗温和理性，行为艺术超越冷酷斗争，“民主嘉年华”硕果难产。香港的“占中”抗命可谓世界上最温和理性的抗命，至今没有出现任何激烈冲突和流血事件。这要归功于香港的法治精神与市民素质。也正因如此，这场“抗命运动”缺乏了普遍民主运动史中必要的真实苦难和“鲜血记忆”，而成为一种被现代甚至后现代文化过度浸泡的高阶化、艺术化乃至剧场化的“民主嘉年华”。

第八，香港依赖内地。香港对内地依赖性超过内地对香港，反对运动缺乏政治经济自立基础。这一点非常关键，不仅在根本上堵死了“港独”之路，亦使得本场“占中”抗命不可能持久，不可能以香港自身繁荣稳定以及与内地整合趋势下的竞争力提升为代价。政治的地缘法则亦成为政治运动走势与成效的严格限定。

二、清场不能代替对话

“占中”运动以追求“民主”贯穿始终，但在实际行动进程中不仅始终遭遇法治的责难，也日益遭遇民生秩序的反弹。当某种高悬的政治价值（民主）以破坏既有的正当价值（法治与民生）为代价时，这种破坏在运动最初阶段可以被市民与政府适度容忍，但当破坏效果积累到临界值，增量诉求危及存量资本时，香港社会从政府到民意便很难继续“容忍”此种破坏行为了。这就可以理解，为何港九社团力量、普通市民、行业协会、本地商户会逐渐发起反“占中”街头对峙和法律诉讼了，也可以理解警方自10月13日以来的“准清场”行动。尽管清场引发了轻微暴力对抗，但总体过程平稳顺利。综合来看，作为街头运动的“占中”抗命基本失败与终结，但长期而广泛的“政治不合作”将紧紧缠绕香港管治过程。

这是一场基本失败和流产的政治抗命，具有违法的外观与民主的形式。“占中”的违法性及其后期追责是不可避免的，这既是在逻辑上回应“公民抗命”之行动者美德的需要，也是法治社会阻遏违法先例成形的必要。不过，客观评价这一运动，违法性与民主性不能相互否定，必须坚持违法的归违法，民主的归民主。违法部分自然由法律和法官说了算，但运动的民主部分则需要通过政治对话予以吸纳和转化。这是一场尚无正式对话即接近清场结束的抗命运动，然而如果对话不开展，警方的彻底清场便不可能完成，即使一时完成亦会有反复。在双方的想象中，对话仍为运动不可或缺的一环，亦为终结运动的唯一可接受形式与台阶。

但对话并非毫无原则和前提，而是以基本法和人大决定为基础。撤回决定或重启“五步曲”意味着中央法律决定的逆转，超出特区政府权限，亦为中央政治立场所不许。对话应申明必要的前提和基础，同时给足商谈空间。对话前景则高度取决于运动一方如何调整自己的诉求目标以及如何将民主过程长期化和策略化。显然，无视法制和中央权威的漫天要价并非最优策略。真正的民主派，要能够走得上街头，也下得了广场，斗而不破，公益在心，不与民意为敌，长期坚持。

（本文原载于香港《大公报》2014 年 10 月 18 日）

-重启政改只能重走第三步-

香港政改闯关在即，反对派仍抱定捆绑否决立场，导致政改方案通过概率仍然渺茫。赞成，还是反对，不仅事关香港政改成败与长期命运，亦事关反对派政团生死与议员个人政治生命。在此紧要关头，除了重申捆绑否决的一贯立场之外，反对派议员更是为政改失败进行积极的归责叙事和愿景设想，典型如："民主党"主席刘慧卿将此轮政改与2012年政改对照，直指特区政府高官未尽宪制责任，特首梁振英"从中作梗"，暗示政改失败后的政治问责应首先指向特区政府尤其是特首；"民主党"议员何俊仁解释说，否决政改可以令全国人大常委会"8·31"决定失效，理由是该决定来自特首政改报告，而立法会否决特首提案即等同于否决人大决定。

刘慧卿的问责逻辑已然开启了政改失败后双方归责叙事的政治攻伐，以便继续保持"民主党"的"泛民"主阵地角色及其政治利益基本盘，而何俊仁的"人大决定失效说"则试图引导香港民众相信"重启政改"的民主前景，美化否决立场。重启政改并非新说，而是"8·31"决定以来反对派的一贯追求，也是"占中"运动的核心诉愿。然而，这一预期建立在对基本法及"8·31"决定的错误理解之上，对香港民众有着极大的误导作用。重启政改在政治和法律上均是可能的，然而其严格的法律基础并不是回到"8·31"决定之前，而是以"8·31"决定为基础和前提。

按照严格的基本法框架，"8·31"决定已成为基本法的一部分，重启政改不是从"五步曲"的第一步开始，不是一切归零，重新出发，而是以"8·31"决定本身为直接法律前提，从"第三步"开始，亦即从特区政府重新提出依据"8·31"决定的新政改方案开始。然而，特区政府已一再表明，由于剩余任期将经历区议会和立法会两次大型选举以及聚焦于民生议题，不会重议政改，故否决后的"新第三步"只能在2017年之后适当时机开展。香港社会在政改闯关最后一刻适宜突破何俊仁的失效假说，抓住普选民主机遇，正确理解并展开政治问责。

一、“8·31”决定是基本法一部分

何俊仁的失效假说源自对基本法秩序的误解，其焦点是对政改“五步曲”宪制效力及其阶段属性的法理误判。而这种误判直接导致了何俊仁及香港社会诸多人士对“8·31”决定与基本法关系的错位理解。在政改投票前夕，负责任的基本法研究者必须充分澄清这里的法理纠结，使得反对派议员及香港民众对政改否决的宪制效力及属性有准确无误的理解，以便做出更为合理的抉择。

基本法对特首普选做出了具体而独特的宪制安排：第一，以正文第45条规定了特首选举（包括普选）的宪制框架，属于实体性规定，其核心在于提名委员会的机构角色；第二，以附件一和围绕附件一的历次全国人大常委会解释、决定构造了特首选举改革的程序性框架。因此，所谓在基本法基础上“循序渐进”推进普选，就是指在基本法第45条实体框架内按照附件一程序机制进行，政改“五步曲”就是全国人大常委会对附件一修改程序的解释性建构，其宪制基础是基本法赋予的附件修改权和2004年解释案。

根据全国人大常委会2004年解释案，香港特首普选需要经过“五步曲”：特首报告—人大决定—立法会通过—行政长官签署—人大批准。这是香港社会的普遍共识，也是既往政改一贯遵循的宪制程序。该“五步曲”将政改界定为中央主导下的央港互动合作程序，以最低限度的政治互信及对基本法秩序的严格遵守为前提。具体而言，第一、三、四步由特区层面通过政改咨询、立法会审议表决和行政长官同意来完成，但由于中央掌握主导权，因此也需要中央提供前期政策性指导和过程性监督，以便特区有关报告或方案符合基本法及中央政治底线。第二、五步属于中央主导权的直接体现，既是“五步曲”宪制程序的有机环节，又独立于“五步曲”中的其他特区环节而具有基本法秩序内的独立宪制效力。以基本法及2004年解释案为宪制基础，全国人大常委会相继做出过“2004年决定”“2007年决定”和“2014年决定”（即“8·31”决定），其法律性质是对基本法第45条的具体实施和对附件一的修改。

在基本法的实施与修改机制上，基本法本身在全国人大及其常委会之间进行了适当分权，正文部分的修改权严格属于全国人大本身以体现基本法的宪法性法律地位，而正文部分的解释权及附件部分的解释与修改权归属全国人大常委会。解释权与修改权不同，仅能在法律规范的“最大射程”内进行解释性说明或建构。修改权则可以对法律规范本身进行再造。因此，全国人大常委会在做出“8·31”决定的过程中，本身无权对基本法第45条做出修改，也就无权接纳反对派的“公民提名入法”的诉求。在普选议题上，全国人大常委会的宪制权力集中于对附件部分的解释与修改。在宪法法理上，2004年解释是以对附件一程序空隙填补的方式完成的基本法解释案，而2004年、2007年、2014年决定则是根据基本法授权、第45条实体规定及“五步曲”程序而对附件一的修改案。在基本法秩序下，全国人大常委会对附件一可解释、可修改，因此“8·31”决定本身如同前期历次决定一样，属于对附件一的修改案，构成了对基本法秩序的合宪性发展，本身属于基本法的一部分。对已然属于基本法秩序一部分的人大决定，从法理上不存在因立法会否决而失效的可能性。反对派议员对此宪制原理严重失察，或者有心如此，或者无知所致。

二、司法复核不及于人大决定

反对派对“8·31”决定的宪制性攻击不限于何俊仁的失效假说，还包括梁丽帼的司法复核行动。作为港大学生会原会长及“占中”运动核心骨干，梁丽帼于今年年初向香港高等法院提出针对特区政府政改报告及方案的司法复核。香港法院审慎处理了这一起棘手的司法复核案，以特首政改报告不具有正式法律效力以及政改方案尚未成为特区法例为由予以驳回，但谨慎绕开了对“8·31”决定的直接审查与处理。

以司法复核方式展开央港权力博弈，是香港普通法宪政主义的重要体现。这一努力曾经在1999年居港权案中发生并导致严峻的宪制危机，最终以香港终审法院的非正式妥协告终，即香港终审法院承认无权挑战全国人大常委会的宪制权威。先前的司法立场一度激进：香港法院可“审查”全国人大常委会的行为是否符合基本法并判断其宪制效力。事实上，在缺乏成文宪法明确授权的前提下，普通法宪政主义对政治主权的宪法审查是很难成立和常态化实施的，比如英国本土的法院尽管长久浸淫于普通法传统，但并不能够对议会立法直接进行审查并宣布违宪无效，即便是1998年《人权法案》和2010年最高法院改革后，英国的法院违宪审查仍然是一种“弱形式审查”。延续英国普通法传统的香港司法尽管有着基本法基础并实际进行了针对特区政府的违宪审查实践，但毕竟属于地方司法权，在中国整体宪制未明确建构违宪审查制度的前提下，几乎不存在直接审查中央政治主权之权威决定与立法的可能性。

这里凸显出所谓基本法作为香港“小宪法”的宪制限度，即基本法下建立的香港所有管治机构及其权力都基于中央的法律授权，不得用于反对中央权力本身。香港的司法独立与终审权是基本法保障下的合法权力，因此只有在基本法框架和中央权力监督之下才可能有效运作。由于基本法来自中央，而普通法越不过深圳河，因此香港司法在中央主导的政改事项上的审查权是极其有限的，且被严格限定于对特区政府行为的审查，而不可能及于中央的“8·31”决定。

不过，香港本地的司法复核仍然可能对政改产生某些影响，比如一旦立法会通过政改法案，行政长官签署并获得中央批准，则香港司法可对已具香港法例效力的政改法案进行审查，但审查的重点不在于该法案是否符合反对派指称的“国际标准”，而是审查它是否符合基本法秩序，尤其是作为政改法案直接宪制基础且已成为基本法一部分的“8·31”决定。相对于“8·31”决定对附件一的原则性修改，经过中央批准的政改法案则是在该决定基础上对附件一的具体修改，构成香港特首普选的本地法例。因此，未来即便存在反对派再次提出司法复核的可能性，香港司法以其一贯的法治立场和宪制先例，亦不可能直接挑战全国人大常委会宪制权威及其具体的政改决定和批准行为。

申言之，在“占中”冲突的严峻关头，香港司法曾经以极大的保守理性和政治智慧颁布针对占领示威设施的临时禁制令，对“占中”运动退场及香港法治恢复起到基础性支撑。香港大律师公会整体上亦分享类似的理性与智慧，故在“占中”运动中始终成为一种节制性力量。今日，香港司法更加不会抛弃法治传统而简单支持反对派激进诉求。逸出法治的违法抗命与激进社运，不仅很难获得中央政治信任以获得更宽松普选框架，亦很难获得香港司法与法治内在的秩序理性的认可。香港司法复核，不仅在宪制权力上不及于中央决定，在法治理性上亦不可能支持对激进社运目标与手段的追求。香港司法的秩序理性与法治智慧是香港繁荣稳定的基础性支撑，应得到中央和香港社会的共同理解、支持与维护。

三、“袋住先”优于捆绑否决

香港政改牵动世界神经，与反对派的“井蛙之见”和捆绑否决的僵化立场相比，欧美主流态度无论是官方还是民间倒是秉持积极取向，原则上支持“袋住先”。反对派一直声称普选有“国际标准”，但却完全不顾普选法案表决上的国际标准，与欧美主流的民主史、民主经验及政治理性结构保持严格距离。立场的僵化反映的是政治经验的匮乏和政治家的短缺，这在香港反对派政治进程中一直是一个严峻的内部短板。香港民主运动不是造就出更多的理性政治家，而是封堵了理性政治家的产生通道。捆绑否决的高速列车丧失了制动阀，似乎谁也无法扭转制动，政治悲剧似已预定。

问题是，在一个高度意识形态化的广场民主氛围中，没有人敢于突围，敢于进行真正的自我批判和转型。在民主理念重估和民主利益计算上，反对派除了不断重申“国际标准”并追求重启政改之外，缺乏内在自省，也缺乏长远的民主战略，更缺乏对香港危机性质与转型路径的负责任思考与担当。“泛民”政团以党派利益为最大口径，“泛民”议员以个人选区基本盘和党派支持为唯一基础，因此可以罔顾主流民意的“袋住先”呼声，罔顾香港的“过度政治化”危机及香港新经济转型的滞后格局。

事实上，后“占中”的香港社运的激进转型路线已经显示出与市民的对立及内在疲劳症，表现为其内部骨干不断流失，市民支持不断降低，街头抗争参与人数不断下滑，理论叙事能力亦捉襟见肘。在近期北大法学院举办的“大一统与高度自治”学术对话会上，来自内地“新儒家”立场的秋风先生提出以文化和文教进路长远规划涉港问题解决路径，以及任锋先生提出的历史观上的“根源叙事”和中国古典治理经验路径是超越源自西方的法政技术框架的背景性、宏观性、历史性进路，对于陷入“社运疲劳”和“理性疲劳”之中的香港政改及央港关系重构有一定启发。“一国两制”不能陷入“政治隔离主义”困境，香港同胞不能陷入“居民本位”意识，国民意识、国家观念与香港同胞对内地文化与体制的“同情的理解”构成有别于九七回归的“心理回归”，这一进程不可回避，甚至已然悄悄开始。放宽历史的视界，香港政改击中了中国整体的现代国家建构与国族建构的要害，其起起伏伏、磕磕绊绊、反反复复，是严格的中国宪制故事，成有成理，败有败因，值得我们更深沉地理解和更真诚地包容期待。无论闯关成败，香港的“心理回归”之路不可逆转，基本法秩序不可破坏，激进社运没有前途。

（本文原载于香港《大公报》2015 年 6 月 16 日）

- 后政改治港的新思路 -

2015 年 6 月 18 日，香港立法会就特区政府提交的政改法案投票表决，以 8:28 遭到否决，绝大部分建制派议员因程序失误没有投票。投票结果意味着香港政改闯关失败，政改“五步曲”在第三步被否决。政改失败需要进行原因检讨，也需要提出针对后政改时期的治港新分析与新思路。

一、闯关失败的多重原因

政改闯关失败有许多原因，主要包括以下方面：

第一，主因：泛民派“捆绑否决”，拒绝最低限度的政治妥协与合作，使得即便建制派全体投赞成票也不可能改变结果。捆绑否决的根本原因在于央港关系缺乏最低限度政治互信，“占中”与反“占中”造成了双方底线对抗与最后摊牌的僵化对立局面，中央后续的补救措施（如 5 月底的深圳对话）以及香港温和理性力量的游说、民调压力均未能奏效。

第二，建制派政党政治经验不足，纪律协调出现严重误差。建制派此次政治表现难以令港人信服，缺乏有机协调的党团沟通组织机制，长远对其两级议会选举有不利影响，也对建制派内部团结及忠实于香港民主的形象有损，更给了反对派以聚焦攻击的口实。

第三，“占中”运动的消极影响。“占中”运动使得中央严厉以对，让政改博弈空间收窄，刚性碰撞难以避免。

第四，“8・31”决定的锁定效应。“8・31”决定依据基本法和人大常委会历次解释/决定做出，本身合宪合法，但在合理性上难以得到香港反对派理解和接受，后续“占中”与反“占中”的争议焦点即在于是否可能撤回“8・31”决定；中央出台该决定有其政治考虑和国家安全理由，但也为后“占中”的政治妥协设置下了难以突破的政治底线；中央权衡政改是否通过的各方面利弊，两手准备，也使得松动该决定的内外政治努力难以奏效。

第五，香港中间力量的话语权与行动力不足。政改闯关博弈关键时期，香港温和理性的中间力量（如陈弘毅、汤家骅等）也曾通过各种渠道争取发言权和影响力，但最终未能出现说服部分反对派议员转换立场的政治效果，显示出香港中间力量收到两极压力，难以独立发声和行动。

第六，中央在后“占中”博弈中未给出足够明确的“下一步承诺”。反对派希望中央给出重大承诺来换取投票支持，但中央并未实质性给出，只是程序性地表明“未来可优化”，和反对派的预期值相距较远。

第七，反对派错估中央政治意志和对管治权争夺的高度敏感性。反对派简单依据 2007/2012 政改经验，以为坚持否决声明就可在最后时刻逼中央让步，而未能真正理解中央在基本法秩序下依赖特首治港的高度敏感性和严肃性，亦未能理解中央关于政改和国家“主权、安全与发展利益”相关联的国家理性，显示出香港反对派政治上不够成熟。

以上只是此次政改失败的部分重要原因，失败后中央和各界均对此进行了反思和调整。

二、后续影响不容忽视

政改闯关失败已经是一个政治事实，并且在梁振英任内重启政改无论是时间上还是央港共识水平上均不可能。失败后，中央以及香港建制派力量期望香港社会短暂跳脱“过度政治化”状态，聚焦经济民生，巩固繁荣稳定基础。反对派则处于艰难的分裂和转型中，但总体趋势仍然是坚持政治抗争路线，包括立法会内继续“拉布”和街头抗争继续维持。这一投票失败的主要影响如下：

第一，短期内直接避免了更激烈的社会运动，使得反对派一时寻找不到更为具体和直接的反对议题，只能老调重弹。比如今年的“七一游行”人数很少，如果政改通过很可能使反对派激烈反弹以发泄政治上的情绪。

第二，央港政治互信降至底点，重启政改丧失最基本的中央信任条件，使得香港民主之路陷入艰难境地。

第三，政治对抗连累经济合作与深港融合。在“一带一路”、亚投行、深港一体化等关乎国家与香港经济升级发展的重大议题上，政治对抗带来的不信任和制度性“拉布”对于央港经济整合及香港经济获取新竞争力的负面影响很大。

第四，反对派政治分裂与极化。在议会“拉布”和街头抗争总体无效的背景下，反对派内部必然发生结构性分裂，部分温和理性力量向中间立场转移重组（典型如“公民党”议员汤家骅），但不会加入建制派，而青年社运骨干及泛民派基本元老和少壮派会朝向更激进（“港独”）方向做试探性宣示和行动，显示出“非忠诚反对派”的极化取向；学生运动在香港社运和反对派阵营中的比重和影响会有扩大；“修改基本法”之类的激进议题有可能继续发酵。

第五，建制派反思转进尚有空间。此次政改失败让香港民众对建制派和泛民派均感失望，但理性的香港人更加清楚重启政改及获得成功的关键不在于一味抗争，而在于互信合作，具体而言在于建制派在立法会护航通过政改方案，故后政改时期如建制派内外调理得当，在两级议会选举中仍有较大进取空间并结构性改善效果政治生态与版图。陈弘毅教授就明晰这一要害，寄希望于明年立法会选举带来重启政改更优条件。

第六，反对派对国际干预的依赖和信任有所降低。“占中”运动及后续抗争中，香港实际获得的国际干预和支持较为有限，香港国际地位相对衰落已成事实，在此背景下，香港本土派在策略性依赖国际力量的同时会更加重视本土深耕，对此态势演变应有足够认知和应对。

第七，港台反对力量联动可能加强。在蔡英文当选预期日益增大的条件下，港台反对派联动预期有可能增加，台湾可能利用自身独特优势和地位影响支持香港政治反对派，欧美也可能通过台湾地区“间接”干预香港政局，形成错综复杂的政治走势。

第八，民意的积极走向与央港融合契机。政改失败对香港民主政治有“冷却效应”，民意在投票前高比率支持“袋住先”，投票后亦可能以更加温和理性和积极的眼光与形态看待内地崛起和中央管治，更全面理解“一国两制”与基本法的完整内涵。

闯关失败不会导致中央惩罚香港，而是引起香港社会的反思重建，促使香港形成以更积极心态再出发的社会氛围与民意取向。从投票闯关到年底区议会选举及明年立法会选举不到半年，选举结果将是对此轮香港社会反思重建的检验性结论。

三、治港理政的新思路

香港“占中”运动及政改闯关失败有着复杂的内外原因，就内部而言，政治相互猜疑和社会阶层矛盾是不可回避的现实。为此，后政改时代的中央治港方略应在延续既有管治经验的同时有所创新突破。具体要点如下：

第一，突出基本法的宪制权威及不可动摇性。基本法是香港繁荣稳定的法治基石，也是央港关系互动调适的最权威法律框架，不可轻易修改或轻言修改，要坚决反击香港反对派借助修法议题动摇这一法律秩序的运动。修改基本法在目前政治环境下亦不利于香港繁荣稳定和高度自治。

第二，重申中央支持基本法秩序下的普选目标不动摇，重申重启政改的政治条件和法律基础，合法合情合理说明中央的法治立场和政治利益关切点，使得香港社会对民主化仍然保持价值认同与进取预期，团结凝聚香港大部分人心。

第三，维持对香港各项经济优惠安排，继续以繁荣稳定的事实反击反对派的各种攻击和国际上的猜疑。

第四，在国家“十三五”规划与“一带一路”倡议中适度突出香港的优势和角色，鼓励港人信心，以空间换时间，逐步增强香港经济及香港民心对于内地整体的向心力与融合度。

第五，加快研拟“一国两制”与基本法框架下香港青年参军、考公务员、出任外交官及内地体制内各种技术性职位的制度机制，将“行政吸纳政治”的经验复制到中央吸收香港精英并建立其稳定政治认同的框架内，逐步弱化对“一国两制”过度形式化理解与贯彻所带来的香港青年与内地的“政治隔离”状态。

第六，鼓励内地优质国企或民企吸纳香港青年创业和就业，设置专门项目和计划，与特区政府就业保障框架适度对接。

第七，支持特区政府在后政改期间聚集经济民生的实际政策举措，逐步缓和香港阶层矛盾和贫富差距。

“一国两制”下的新香港要告别许多，重建许多，不是一日一时可成。政改闯关失败只是个案性失败，“一国两制”与基本法仍在，政改“五步曲”程序仍在，香港主流民意支持基本法秩序内的普选改革及聚焦发展经济民生的正当意志仍在，中央坚持以基本法为基础的依法治港方略仍在，这些都是香港后政改时期重建自我和重建与中央互信互动关系的可靠资本。勿使政改失败之“一叶”障目而不见了“一国两制”的“泰山”之壮观气象与宏阔前景。摆脱迷思与任性，找回信心与信任，新香港的意义与优势依然可期。

（本文原载于香港《大公报》2015 年 7 月 8 日）

二

国家权力与香港法治

- 香港“行政主导”的制度现实与问题化解 -

2015 年 9 月初，香港中联办主任张晓明在纪念香港基本法颁布 25 周年研讨会上发表演讲，重申了香港政制的行政主导原则，核心观点是：第一，香港政制属于地方性政制，不可能完全比照三权分立；第二，行政长官是政制核心，超然于三权之上，联结中央；第三，行政主导主要体现于行政相对立法的主导权；第四，行政与立法相互制约，相互配合，司法独立。

在“占中”落幕和政改暂停之际，张晓明主任的这一演讲重新激起了香港社会对“一国两制”与基本法之核心体制原则的聚焦与争论。该论述的核心在于行政主导与特首超越地位，这可以从基本法立法原意及条文规定中获得支持。然而，如何准确理解和阐释行政主导的确切含义？如何诊断香港特首弱势及行政主导实际不能的症结？如何发展出保障行政主导的有力制度机制？如何在“双普选”趋势下重新定位行政主导？中央管治权在香港政制中具有何种构成性意义？这些问题尚需要基本法研究者和特区管治精英深入探讨和回答。基本法上的行政主导面临“表里不一”之窘境，如何化解仍然是治理香港的宪制难题。

一、从历史看行政主导

当我们谈论某种现代政治体制模式时，大体可归为两类，即三权分立与议会至上，前者以美国为典型，后者以英国为典型。瑞士的委员会制属于少数。即便是议会至上的英国，其行政自主性与司法独立也得到了相当高度的宪法保障，体现出中等程度的三权分立特征。而美国的三权分立则是极其典型的，是联邦党人之“深思熟虑”与美国人民之“自由选择”相结合的结果。不过，这里谈论的都只是完全的国家体制，而香港属于地方性的特别行政区，在全部治理权力之上存在着中央管治权，而特首处于沟通央港双方的枢纽性位置，其权力属性与地位不能完全从香港政制内部的“水平”方向上理解，还需要从央港关系的

“垂直”方向上理解。特首既是香港地方选举制度的产物，是自治性首长，也是中央实质委任的产物，是中央委派官员，其合法性来源与政治责任具有双重性。这种政治身份的双重性决定了香港地方政制的限度。

正是基于香港政制的地方性以及保持香港政制延续与繁荣稳定的实际需要，中央在制定基本法时采行了不同于议会至上和三权分立的行政主导制。行政主导制与现代国家的民主法治原理存在一定的规范性张力，因为现代民主法治要求民主优先和依法行政，要求从民主程序和监督体制上严格剥夺行政权的裁量余地，抑制行政专断。因此，从完全的国家体制来看，行政主导制已经落伍，民主法治成为新的普适性政治文明标准。香港的行政主导制沿袭自殖民统治时代的总督制。总督制下的总督合法性是单一的，基于殖民统治方的单方委任权。行政主导制下的特首合法性是复合的，基于地方选举和中央委任。作为地方性政制的行政主导制仍有一定的宪制合理性。

当然，基本法立法过程确实出现过香港政制之争，英国方面希望将香港政制由总督制改造为威斯敏斯特的议会至上模式，香港地方政治精英则希望仿效美国实行三权分立，而中央则大体坚持行政主导的方向。但无论何种体制都同意香港的司法独立，只是在行政立法关系上有不同设计：立法优先，则为议会至上；立法与行政平行，则为三权分立；行政优先，则为行政主导。立法博弈的结果是行政主导制的确立，但同时也为这一体制的改革与演化容留了宪制空间：一方面赋予立法会以制约监督权力，部分体现了权力分立的制衡内涵；另一方面设定了特首与立法会“双普选”目标，从宪制发展愿景上相对限缩了行政主导制的主导特征。香港的行政主导是多方博弈妥协的结果，其原初设计与远期演化之间存在一定张力，“占中”运动中的管治权争夺就是这种张力的重要释放。

二、“弱势特首”的体制现实

香港特首在基本法上的优越地位，一般熟悉基本法的人都不会否认。然而，熟悉香港政治的人都知道回归十八年来的“弱势特首”现象，行政主导面临实际不能的体制性尴尬。一方面，香港司法独立，行政完全不可能主导，亦不可能影响到司法政策与解释的走向。另一方面，立法会尽管在提案权上受限，但基于制度惯例而在修正案权力上对政府构成严重制约，所谓的“恶质拉布”现象。此外，香港的公务员系统沿袭港英旧制，特首对普通行政权的指挥与掌控一直力不从心。

张晓明主任提及特首相对于香港立法权、行政权与司法权的超然地位，然而如果这种超然不是一种对三权的节制与影响力，而是无法有效调控和引导下的边缘化，则不属于行政主导的实质内涵。对特首而言，超然不是超脱，而是可支配与可影响，至少针对行政立法关系具有主导性优势。然而，特首对公务员系统的指挥不灵与对立法会的影响不力已成体制现实，不容回避。

当然，香港政制由文本上的“行政主导”演变为实践中的“弱势特首”，有着复杂的体制与政治运作原因，既往的检讨往往局限于香港管治体系内部，比如“特首不党”原则导致特首无法依赖执政党及管治联盟；比如公务员问责制不健全，特首无法支配和影响；比如缺乏忠诚反对派；比如特首非普选产生，缺乏认受性，等等。这些检讨当然非常重要，但更重要的是中央治港长期奉行的“积极不干预”导致中央权威的缺位，进而导致作为央港联系纽带的特首的权威下降。改变这一“弱势特首”现状，需要从香港管治体系内部和中央管治权两个层面同时反思推进。

三、中央治港需“适度有为”

特首梁振英多次提到香港政府的管治政策要从“积极不干预”转向“适度有为”。这主要针对市场监管领域。美国在这一领域的转变发生于罗斯福新政时期，结果不仅使美国成功度过了经济危机，而且极大释放了美国宪政体制中的政府能动性及制度效能。中央治港也应实现类似的转变。

《“一国两制”在香港特别行政区的实践》白皮书代表了中央治港战略调整的某种信号。从“一国两制”与基本法的本质逻辑来看，“适度管治权”的提法与实践更符合立法原意与央港关系实际。不过，从回归以来的十八年来看，中央治港基本呈现出一种“积极不干预”的高度节制主义，但基本法明确规定的中央权力未能获得有效的制度化和实践操作。香港是一个普通法世界，条文虽有规定但未获实践的权力不仅不可能生成为实在的权威，甚至可能被视为不存在。这种情况大致表现包括：第一，与立法会对接的备案审查权从未启用，也未制度化；第二，与特首任命、监督及指令办事有关的中央权力也未实质化，缺乏最低限度的仪式制度和监督实践；第三，对特区政府的财政预算监督权从未启用；第四，与司法权对接的人大释法权“绝少且谨慎”地使用，主要限于危机管理，而不是积极主动地建构一种官方的基本法法理学。这些明确记载于基本法上的权力长期“睡眠”，而香港立法会与法院则积极作为，香港的公务员系统和执行性的法定机构又自成系统，导致特首四面受压，无所作为。

此外，基本法设计中包含的“双普选”安排仍然构成对特首宪制地位的某种改造与挑战压力。尽管2017年特首普选被否决，但基本法和“8·31”决定是规范性文件，在法律上保障了“重启政改”的程序通道，只是需要香港社会的政改共识进一步凝练出来而已。在这一普选进程中，无论制度如何精细设计，中央如何严密把控，特首普选都意味着特首权威来源与代表性向地方下沉，而立法会普选则意味着立法会多数派的地方化甚至反对派化。因此，普选本身尽管也会增加特首的地方认受性，但总体上会适度削弱特首对中央的负责以及对立法会的主导影响。

这就要求我们重新看待基本法上的行政主导制以及与之牵连的央港关系。第一，中央治港要继续依赖但不受制于特首这一宪制枢纽，不能将特首作为中央把控管治权的唯一制度抓手，否则在“双普选”冲击下必然加剧央港政治矛盾，此次政改就是显例。第二，中央治港要克服既往的“权力怠惰”和不敢作为，由“积极不干预”转为“适度有为”，其重点在于回归基本法，善用法定管治权及其日常实践来强化中央管治权威，将基本法中的中央管治权的行使程序与标准制度化和仪式化，整体改善央港关系中的“模糊一国”形象和香港内部管治中的“弱势特首”地位。第三，中央治港切忌矫枉过正损及两制活力，“全面管治权”应限定于主权性法理论述而不是直接实施的治港原则，“适度管治权”应作为治港战略调整的总目标。第四，香港的行政主导制需要适应“双普选”的发展与挑战，需要在中央管治加强与地方选民基础扩展之间寻求新的政治与施政平衡点，面向未来，不拘泥于设计之初的原意与结构刚性，更不能退回总督制旧制而抹杀“一国两制”的宪制创新与活力。只有全面准确理解和把握香港的行政主导制，从理论和实践上高度重视和优化中央的适度管治责任与特首责任的协同原理与制度机制，才能有效改进香港管治与基本法实施。

（本文原载于香港《大公报》2015年9月14日）

-特首在基本法秩序内之“超然”地位 -

中联办张晓明主任在2015年9月初提出的“特首地位超然论”引起香港各界激烈争论。所谓超然论，是指根据基本法立法原意与条文规定，特首超然于香港管治架构中的行政、立法和司法三个机关之上，处于管治核心地位。反对派以“僭建论”“皇帝论”“无王管论”等予以负面解读，大律师公会声明捍卫司法独立和司法对行政的制衡原则，反对特首的“凌驾性”地位。

这一提法之争议由来已久，从基本法制定过程即已开始，而基本法实施中特首的“主导不能”以及香港政制演变的云谲波诡，更加剧了这一议题在香港社会承受的冲击强度和张力。超然于常规的三种权力，这只是对特首权力的一种简明概括，不宜解读为赋予特首凌驾法律的权力。事实上，特首的全部权力都来自于基本法，特首之实施基本法的施政行为一直受到特区立法会的民主监督和法院的司法复核制衡。

超然论只是一种在法律上解释香港政治体制时相对形象的说法，并不排除香港管治中立法民主与司法独立的宪制地位与价值，更不意味着特首可以借助法外权威凌驾其他权力之上。超然论只是反映了中央对香港管治中特首弱势与行政主导不能带来的政府失效与央港关系紧张的深切焦虑，以及对香港社会重新在宪制源头处凝聚制度共识以改进管治绩效的积极期待。

一、特首地位源自基本法

特首的超然地位是基本法秩序内的特殊安排，是由特首基于选举和任命的双重政治身份以及对上对下的双重负责制决定的。由于特首在基本法中的特殊枢纽地位，全面准确理解和实现特首的管治角色与效能是改善香港治理的关键。而目前围绕这一议题展开的激烈争论，也正反映了香港社会之基本法共识的薄弱之处，以及这种薄弱带来的长期管治失衡。围绕特首地位的社会意见分歧，是香港管治无法回避的前提性问题。对这一分歧的弥合，显然需要真正理性化的商谈与对话，而其基础就在于基本法。我们看到，因"占中"和政改失败带来的挫折感，反对派在讨论香港政制议题上日益情绪化，比如个别反对派议员在立法会内的言论。民主社会的理性商谈应注意克制情绪，诉诸说理和论据。对基本法的必要尊重是前提。同样，在讨论特首地位时，也需要克制情绪，回归法制和论理，否则就不可能产生建设性的成果与共识。

香港特首是非常特殊的宪制性产物，有着总督制原型、基本法修正、实践性演化等复杂的历史与政治渊源。与殖民总督相比，特首权力显然要小很多，立法会、行政会议和法院要相对自主得多。但特首还是借重了总督的"行政主导"原理，主要体现在行政立法关系上对特首权力的倾斜性规定，可谓"特首特权"。这种特权是合法且合目的之宪制安排，而不是一种专制性权力，其核心目的在于保持香港政制与法制的延续性以及长期繁荣稳定。对特首之"总督原型"性权力的保留，就如同对普通法的保留一样，是香港秩序与繁荣的根基。当然，基本法并非照搬总督制，而是适应了"一国两制"下中央管治与特区自治的双重宪制需求，建构了一种复合的特首制。

香港社会习惯于以"平面"三权思维和"小宪法"来理解基本法，尤其是法律精英建构了一种普通法自由主义的基本法法理学，对于中央政府从政治宪法及央地关系角度解读的基本法解释颇为不适应以至于反感。基本法是"一体两面"的，中央与反对派各有偏重固然有其道理，但相互尊重和理解才是出路。就特首的法律解释而言，大律师公会强调司法对行政的制衡，港大学生迷恋"弱势特首"的"现状"，反对派议员整体上无法认同一国的宪制内涵。这种基本法理解上的固执己见和"吐槽"式情绪发泄，是现代社会商谈理性的大忌。

二、特首的法内超然

香港社会担心中央支持出现一种"无法无天"的特首，从而破坏香港的自治地位与演化中的均衡政制。笔者以为这种担忧是夸大的。张晓明主任讲话的主题是香港政治体制，对该体制进行描述时实际上存在繁、简两个版本。繁复的完整版是："香港特别行政区的政治体制是在中央政府直辖之下、实行以行政长官为核心的行政主导、行政与立法既相互制衡又相互配合、司法独立的政治体制。”简约的版本是：“这一表述也可以简明扼要地概括为以行政长官为核心的行政主导体制。”反对派的批评与反应不仅故意删繁就简，而且过度发挥。

特首之超然，不仅是在法内，而且有不同层面：第一，特首在央港之间是宪制上的“超级联系人”，其作为联结枢纽的地位与作用超越特区内常规的任何一个管治机构；第二，特首在特区行政权内部处于相对超然的决策者地位，享有的是决策性行政权（executive power），而不是一般行政权范畴内的管理性行政权（administrative power）；第三，特首之超然性主要体现于行政立法关系领域，而不是行政司法关系领域；第四，这是一种法内的相对超然地位，在法理上不可能支持特首援引法外权威施政，一旦僭越基本法之领地，特首就一无是处，这是法治的基本内涵；第五，特首权力之超然性不能排除香港管治中立法民主与司法独立的自主性价值及其对特首的制衡性；第六，特首在“法下”的最重要宪制保障在于中央的监督，为此需要完善中央任命与监督特首施政行为的制度机制。

关于超然而中立的宪制权力，在西方政治思想史上一度浮现。“王在法下”是英国整个宪政史的枢纽性议题，“光荣革命”解决了这一问题，建构了君主立宪体制，确保君主在“宪法”之下。然而，君主的权力本质是行政权，这种权力与18世纪以来伴随分权学说与资产阶级革命而建构起来的“三权分立”原理之间必然存在规范性张力，如何具体安放，仍有待政治思想的聚焦和宪法创制的回应。即便采行三权分立的美国，其总统制的权力内涵一直变动不居，林肯与罗斯福以其魅力型政治实践分别重新界定了美国总统的宪制角色，完成了美国之“超级总统制”的建构。法国大革命期间的政治思想家贡斯当为了将法国君主安顿在三权之内，提出了极具启发性的“中立性权力”学说，君主超然中立于三权，但保持对三权的宪政节制功能。凯尔森的宪法法院与施米特的护宪总统皆受到这一“中立性权力”学说的深刻影响。曼斯菲尔德更是以“驯化君主”作为行政权宪政化的思想史主题。尽管香港特首并非国家意义上的君主或总统，但在基本法限定的宪制范围内，其完备性权力如何与常规的三权之间疏通互动，是潜藏在香港管治争议背后的政治哲学难题。而特首所处之央港“超级联系人”的地位，亦为其超然性提供了国家宪制层面的支撑。特首不是总督，不是国王，不是总统，但承受着“特别行政区”之相当程度的“特别”内涵，其法内的超然性制度意义与实践原理如何获得理论深化与社会共识，道路艰难而长远，但确实是香港管治改进真正要命的地方。唯其要命，才最敏感，也最有争议。

三、演进中的相对主导与有限制衡

当然，在基本法秩序下，特首地位超然论不可能导致特首制倒退回总督制，不可能产生香港社会疑惧的行政专制，不可能在制度上排除香港管治中的民主论（立法会）和法治论（司法独立）。因此，行政主导即便强化，也只能是基本法秩序内的相对主导。之所以是相对的，根源在于基本法保留了普通法的宪制制衡传统，建构并开放出立法民主的普选与制约空间，隐含着引导香港朝向“均衡政制”方向发展的立法意图。基本法之立法有着明确的宪法时间意识和实践理性，既高度肯定并体现了行政主导制的核心地位，又容留了立法与司法的相对自主性和演进空间。事实上，行政主导与三权分立不是非此即彼的矛盾关系，二者之间存在很宽的政体谱系。英国、法国都不是三权分立，但不能说英法不存在权力的相互制衡。香港政制中亦存在权力制衡因素，但不是狭义的三权分立，而是广义的均衡政制。从基本法既定空间及回归以来的政制演化尤其是“双普选”预期来看，特首超然性应准确解释为相对主导和有限制衡两个主要因素，中央应主动适应这一变化并及时做出宪制应对。

香港政制现实是基本法上的“行政主导”实际不能，特首弱势，而司法超然独立，立法民主不断增强。特首超然论针对后政改时期基本法再教育的严峻形势、立法会内一如既往的“恶质拉布”甚至行政权体系内“高度自治”的公务员系统。争议双方立场存在太多关于历史、政治、基本法秩序与制度变迁理想上的分歧，但似可归结为：中央希望重申特首超然与行政主导以实现香港内部管治、中央监督与央港互动的优化改进，打破目前的管治僵局，将特首建构为调控香港的最优制度抓手；反对派希望继续瘫痪特首管治和弱化特首权威，以便将管治危机牢固化约为特首认受性与普选问题，在司法超然独立、立法有效制衡的本土自治成就基础上再增加对特首的选举性控制，达到自治权的极度化。当然，作为缓和与突围之策，中央亦需严肃思考如何通过自身在治港上的“适度有为”，特别是与香港立法、司法的制度性联结来相对弱化对特首的孤立性依赖，同时为中央和特首“减负”和“超脱”。

因此，特首在中央管治与本土自治之预期与操作同时加强的条件下，实在捉襟见肘，如履薄冰，左右为难，无法超然。在围绕特首之法律地位与管治角色的共识有效形成之前，特首之管治处境难以改观，沟通央港的实际成效亦难以彰显，政改闯关、创科局闯关、港铁“一地两检”及“一带一路”倡议参与，皆可演化为固有对抗性议题而举步维艰。特首超然论本身应当是一个在理论、制度和公共舆论上高度开放的重要议题，绝非封闭固化之物，其刺激出的香港社会百态正是香港管治的现实。中央重申此题，既在明确基本法与中央治港立场，亦在刺激香港社会严肃商谈以求共识。共识虽远，迈出理性商谈之一步是关键。

（本文原载于香港《大公报》2015 年 9 月 16 日）

- “恶质拉布”的异化本质与治理思路 -

“占中”和政改之后，香港政治社会回归常态，法治稳健运行，经济民生议题日渐成为社会主要关切和政府施政重点。梁振英特区政府希望在2017年特首选举前的短期施政期快速补救政改冲突带来的对经济民生事业的阻滞后果。然而，广场抗争与政改闯关尽管告一段落，但立法会内的“恶质拉布”却愈演愈烈：一方面，反对派对于广场失败及后续激进升级预期受挫颇有挫折感，“拉布”成为宣示其政治存在与政治意志的唯一手段，故更加依赖于此，恶恶循环；另一方面，香港“本土主义”逐步形成一定社会基础与影响力，以特定选区和选民意向管道诱导支配议员进行“恶质拉布”。因此，后政改的政府施政依然困难重重，政府拨款法案之闯关依旧惊心动魄，港珠澳大桥及九龙“一地两检”等香港基础性设施与机制之推进阻力极大。特首与政务司长为此多次呼吁社会及议员抑制“恶质拉布”，回归民主审议理性和公共责任。

为使香港市民及议员等更加深切了解和理解“拉布”的本质危害，有必要适度回溯民主的历史，揭示出“拉布”的民主异化本质，并提示必要的抑制与治理措施。

一、“拉布”是民主职业病

“拉布”是议员特权，也是民主职业病。在前民主时代，国家议事大体采取的是一种威权主义模式，无论是部族长老会议，还是君主御前会议，由于会议主持者往往就是酋长或君主，其道德权威与政治权力足以保障会议井然有序。中国古代廷议，尽管鼓励谏议，但作为当然“议长”的皇帝可以随时中断会议，甚至可以当庭杖责敢于“拉布”的大臣，明朝的“廷杖”制度就是佐证。在当代未完成民主转型的政治体中，古典的威权议事要素有所保留，议会由于未真正“议会化”而保有表面的和谐及全体一致，“拉布”也无可能。因此，如果我们必定选择民主，那么“拉布”似乎无可避免，但这不意味着我们要礼赞“拉布”，而是需要凝聚更强的民主价值观和更精致的议事规则来对治这一民主的职业病。严格来讲，“拉布”实在是民主发展到一定程度产生的程序异化现象，是民主的“肢端肥大症”，从而使得治理“拉布”变成了民主体系的一种“减肥”举措。而对于未民主化或半民主化政体，“拉布”是否出现以及如何开展则成为民主发展进步的一个经验指标。因此，绝对不能以“拉布”本身评价民主之成熟度，而是要看到“拉布”是民主的伴生物，在弱式民主条件下需要催生甚至强化程序“拉布”，在民主高度发展阶段则需要通过更精细的规则治理“拉布”，抑制其程序异化。香港民主显然已达到这一反向治理阶段。

现代民主史几乎就是一部“拉布”史，同时也是一部反“拉布”史。“拉布”在美国是联邦参议员的特权，被视为美国政治言论自由的重要保障，是赋予反对派议员的重要程序武器。从历史表现来看，“拉布”在美国同样遭到了滥用，“拉布”议员常常以连续演讲数十小时的方式瘫痪议事程序，而其演讲内容竟然可以和议题无关，比如可以朗诵《圣经》、电话薄等。在二战后的民权运动时期，南方保守派参议员频繁“拉布”以阻挠民权法案通过。在加拿大等国家，“拉布”也不时被作为反对派的程序武器来使用。随着互联网传媒时代的到来，“拉布”更被戏剧化为议员对选民的隔空表演，使议会民主的审议理性日益落空，议而不决。施米特在《当今议会制的思想史状况》中曾严厉批判了议会制是如何从19世纪基于“辩论”和“公开性”的经典状况堕落演化为20世纪政治多元主义（political pluralism）下的委员会体制与秘密会议传统的，实际上如果增加“拉布”维度的观察与评估，则经典代议制的堕落即使在“辩论”和“公开性”这样的程序意义上亦发生了严重的异化。当然，这种程序异化可能恰恰是政治多元主义之下议会体制的委员会化和秘密会议化的结果。

“拉布”的英文是“filibuster”，由西班牙语“filibustero”演化而来，最初含义是海盗或劫掠者，含“骑劫”之意。“拉布”是香港地区的习惯译法，有时也称为“冗长演说”或“冗长辩论”，在台湾地区则通常译为“阻挠议事”。从词源上即可看出该行为的“海盗”渊源以及社会公众对这一行为的厌恶。然而，即使社会多数人厌恶“拉布”，但“拉布”现象和“拉布”者依然络绎不绝，为什么呢？第一，“拉布”

议员只需要对影响自己当选的少数选民负责，多数人无法决定其政治前途，而这正是政治多元主义的当然逻辑；第二，“拉布”的危害相比威权决策的危害要小，两害相权取其轻，因而是人类能够容忍的体制之害；第三，辩论是民主理性的本质，因此不宜建立过于严苛的程序规则来抑制辩论的形式与期限，这就为“拉布”保留了空间；第四，议员具有“代表”性，从而享有“代表”这一概念的神学背景以及相应的程序特权，如果完全剥夺这些特权，则整个代议制的显性的理性基础与隐性的神学基础皆遭废弃，该体制也就丧失了存在的基本正当性。

二、美国的“拉布”治理

民主职业病毕竟也是一种体制病，其极端化必然损及民主社会的基本价值。所以，美国民主史也是一部反“拉布”史。面对参议员对程序权利的滥用，议事规则的修正就成为必要，其焦点在于如何设定合理的辩论终结规则。英美数百年议会民主的最大财富除了选举之外，就是体系化的议事规则，在议员辩论权和议会审议理性之间不断寻求微妙而精致的平衡。每当“拉布”技术前进一步，相对应的“剪布”技术及其规则也将前进一步。可以说，在民主选举实现之后，区分民主优劣的标准就是议事规则，就是对“拉布”的有效管控以及对审议理性的积极支持。美国在这方面的丰富经验已凝聚为完整的《罗伯特议事规则》(*Robert's Rules of Order*)。这是美国罗伯特将军对英美议事规则系统化改造的结晶，《罗伯特议事规则》自1876年出版以来不断修订，成为广泛运用于美国议会审议、民间团体决策的通用规则。这一规则对中国的影响最早见于孙中山的《民权初步》，但民国议会政治在频繁的内忧外患中并未从容规范开展，即便作为其政治余绪的当代台湾议会政治，其内部“拉布”及其治理也并非尽善尽美，而常常是文攻武斗，偏离审议理性与议会内蕴的“贵族美德”。

美国规则有着深刻的英国议会史渊源。“光荣革命”之后的1689年，英国议会内部出现了一部议事规则汇编《议会》(*Lex Parliamentaria*)，对当时市面上流传的35部议事学著作进行了整理与综合，初步形成了现代议事规则的基本原则框架，举其要者，包括：(1)单一议题规则，同一时段只处理一个议题，不可偏题或随意插入其他议题；（2）相反意见优先发言规则，以确保审议过程呈现最多元的意见，保障意见表达的自由与机会平等；（3）正反两方分别表决规则，使得反方意见亦可获得独立表决机会；（4）禁止人身攻击规则，确保审议“对事不对人”；（5）议题拆分规则，即如果某个议题可以拆分，且拆分后更有利于讨论和表决，则议事规则应支持拆分处理；（6）一事不再理规则，即同一议程中对已决议题不再审理，除非出现特殊情形。这些初步规则经过殖民者带入北美，通过殖民地议事实践而日益完善和丰富，最终形成了《罗伯特议事规则》。这些规则是西方议事经验的凝练，饱含着人类理性审议的智慧，每一个精细的规则几乎都有着发生学上的具体实践情形及其应对技巧。比如，针对议会辩论中的偏题和人身攻击问题，议事规则确立了“面向主持人发言规则”，即参与者之间不能直接辩论，必须面向主持人进行发言。这一规则虽然细微，但对于审议过程的理性推进却意义重大。议事规则的精细化，是治理“拉布”的不二法门。

三、议会自治与终极释法

香港自 1842 年开始长期实行非代议性质的委任总督制，直到回归过渡期内仍然没有发展出宪制性的自治架构。香港的代议政治架构主要来自于回归谈判以来的建制与推进，因此历史相对短暂，经验亦不充分。立法会议事规则尽管亦借鉴了《罗伯特议事规则》的精神与架构，但尚不够精细，尤其是针对“拉布”的本地经验还未发展出系统的针对性规则，故其修订仍当精研《罗伯特议事规则》，吸收西方民主真正的精华，建立香港立法会优化议事程序更完备的规则基础。

申言之，香港立法会的“恶质拉布”现象已然愈演愈烈，这里既有基本法体制设计的结构性原因，也有香港政党政治二元化的渊源，更有香港史观二元冲突的精神背景，如今在特首普选的宏观政治冲突与后政改的政治“撒气”气氛下，进一步引发了“拉布”实践的激烈化。与“拉布”同期发展的则是“剪布”规则及其实践的对应性开展，构成了立法会“拉布”治理的重要特征。“拉布”是民主的伴生物和议员的程序特权，但特权的滥用也将根本偏离并危害民主的理性审议功能，更损及特区政府的管治绩效，恶化行政与立法关系。因而，科学解析

“拉布”原理与特征并提出针对性的治理策略，将构成维护“一国两制”与基本法、优化立法会审议理性、改善立法与行政关系的重要路径和支撑。就香港立法会“恶质拉布”的治理而言，在根本上还是需要回到议会本质与基本法精神上求解。

第一，在保障议员基本议事特权的前提下，根据立法会内部的审议与“剪布”经验，进一步加强议长的警察性“剪布”权，在立法会主席及各委员会主席互选上亦需要逐步突出议长决断力品质与执法裁量权，穷尽议长的程序干预权力，保障会议聚焦、有序、理性、高效运行。

第二，推进立法会议事规则的修订，以兼顾议员特权和审议效率。议事规则属于立法会自治事项，其提出和通过属于立法会整体自治的范畴，其修订法案既不同于政府专属法案，亦不同于议员个人法案或对政府法案的修正案，在原理上应适用全体议员的简单多数表决规则而不是分组点票规则，以消除议事规则修订的法理与法律障碍。

第三，在依赖议会自治无法有效解决“拉布”问题的条件下，可考虑由全国人大常委会对立法会议事规则是否符合基本法做出终极性的备案审查意见和权威解释，特别是对基本法第 74 条的精确法律含义，尤其是议员修正案是否应受到该条有关排除范围与书面同意程序之限制做出清晰解释，从宪制性法律层面根除“拉布”隐患。

第四，香港民众、社会舆论和智库应从香港整体利益与民众福祉出发，发挥积极的公共意见和公共理性矫正和塑造功能，营造一种“公益优先，拉布无理”的社会政治文化，对反对派议员及部分选民基础造成实质性政治压力，引导其采取更加理性而积极的妥协合作立场。

（本文原载于香港《大公报》2016 年 1 月 30 日）

- “港独”入校园有违现代教育法理 -

立法会选举在即，常规选战之外夹杂着“港独”与反“港独”的政治拉锯，使得本次选战并未成为一场凝聚和团结香港市民的政治合意过程，而成为检验、刺激乃至于激化后“占中”新旧矛盾的政治裂变过程。作为“防卫型民主”护宪措施的选举确认书未能彻底而一致地执法，提名之网未能过滤“港独”参选人。九月将选出新一届立法会，其中可能出现“港独”议员，从而结构性改变立法会的政治构成、议题和话语形态，更可能激发“勇武拉布”行为与场外激进社运的不时联动，更深刻地阻挠特区政府施政并瘫痪立法会议事程序和民主审议功能。

“港独”力量主要来自青年阵营，是“占中”运动的后遗症之一。在“占中”之中已出现中学生参政及充当运动主力的现象，黄之锋及其“学民思潮”就是明证。如今，面向未来的政治“生源”争夺战已经开始，“港独”侵入中小学校园正在以“民主运动”“行业自治”和“言论自由”三重价值掩护下迅速蔓延，各中小学成立的“本土关注组”及争夺校园话语权和学生会领导权的运动已然展开，而特区政府及其教育行政部门之警示和干预却受到多重妨碍，难有积极作为。策动者声称“港独”议题是可以自由讨论的“公民教育议题”，是言论自由，是行业自治，而任何形式的政府干预抑或教育行政指引都有越权、侵权之嫌。这些“自治自由”教育观是香港社会核心价值，但其滥用和过度阐释，尤其是在“港独”议题上的过度发挥，则显然突破了这些价值的合理边界，有违现代教育法理。

一、言论自由的法治限度

“一国两制”建构了香港有别于内地的经济制度和政法体系，其言论自由保护的法理学与西方发达国家、国际人权公约相接近，但也存在某些重要差异。香港宪制以基本法为基础，但由于从港英宪制而来，其过渡期并非仅有1984—1997年，而是延伸入香港回归之后，是基本法中的“一国”内涵逐步与“两制”差异形成良性互动并趋向于合理地弥合及管控“两制”差异冲突的制度化过程。这就导致香港宪制在较长时段内仍然具有转型宪制的特征，因而其法治和政府施政要特别注意保护香港居民对基本法与“一国两制”的信任和认同。比如在“国旗焚烧案”上，香港法官就做出过不同于欧美同行的裁决，并给出了“过渡期促进政治团结与认同”的理由，维护了基本法及香港本土法例中包含的公共秩序价值。如今，“港独”言论及其组织化行为已经明显越出了一般性宪法言论自由的保护界限，而以滥用该种自由的名义追求颠覆基本法与“一国两制”，是需要加以法治上的识别与抑制的违宪违法行为。香港司法在“占中”判决和旺角判决中有所轻判，偏重自由权利保护，但并不可由此推导出香港司法在今后的“港独”案件判决中也会同样轻判，因“港独”行为已属于直接违反基本法且不受基本法保护的严重危害行为。

即便在西方发达国家，传统上偏重对政治言论自由的保护，认为此类言论具有公共商谈和民主审议的特别价值，是西方自由民主的核心教义，但此类言论仍然具有严格的法治前提，仍然需要以尊重最基本的宪制秩序和公共利益为界限。美国宪法上曾针对言论自由的法律边界发展出一系列的法理学模型，较为著名的是“明显且即刻危险标准”。如果言论具有即刻的煽动性和危险性，就已超越法律边界而成为违法行为。这表明，言论自由作为受宪法保护的基本权利之一，需要以合理的法律边界为其正当性依据，需要对公共秩序有所敬畏甚至维护。直接颠覆具体宪制和公共秩序的政治言论自由在宪法上并不存在，而属于“革命”的范畴。宪法与“革命”相对立且不可能保护任何颠覆性的言论及其组织。

评估时下的“港独”言论自由，已然异化为违宪的政治行动：其一，政治目标上直接否定基本法和“一国两制”，超出法律合理边界；其二，行为上普遍组织化，成为具有政治纲领和行动力的政党，威胁基本法秩序；其三，“港独”动员突破现代社会的“成人政治”预设，渗透进入中小学校园，危害未成年人保护的公共秩序利益；其四，“港独”组织与外国势力存在积极互动和策略交换，对国家利益与安全形成直接危害。这些异化特征使得相关议题及其言论行为已超出法律界限，需要基本法秩序及其护宪机关的识别与管控。香港公民社会、特区政府和法院都有明确的宪制性责任共同抵制“港独”泛滥，维护基本法与“一国两制”，其根本目的在于维护香港整体的政治经济利益并兼顾国家利益。

二、行业自治的国家前提

对“港独”蔓延现象，香港社会与家长群体已经非常焦虑，而特区政府尤其是教育行政部门已发出明确警告，部分中小学已经自觉发出内部指引，禁止教师与学生在校内讨论“港独”议题。然而，香港教育界长期奉行行业自治，教协更声称政府不得干预院校自主和行业自治。“行业自治”似乎成为了教协垄断教育权力、护航“港独”讨论的壁垒、盾牌和遮羞布。

“行业自治”本是欧洲中世纪的封建宪制原则，保障的是不同行业和领域反对君主专制和国家干预的自主性权利。行业自治的理性基础在于行业事务的专业性，而该种专业性超出了君主能力或国家能力的一般限度，需要由专业内人士制定规则、标准及进行自主管理。行业自治在君主专制或教会专制的时代保护了特定行业的封建性的自由，但随着立宪运动的开展与世俗国家的理性建构，中世纪式的行业自治原则有所衰落和松动，不再是国家权力和法律的“处女地”，而是国家法治的子系统，负有认同和维护国家宪制的共同责任，在此前提下才可能继续维持某种形式的自治与自由。从封建性的行业自由变迁到宪法保障的自治自由，行业自治原则的国家法内涵及其国家作用方式已经发生重要变化。此外，行业自治也曾被无政府主义理想化和浪漫化，成为其抵制国家主义现实进程与法律统一化的理论武器。

香港教协秉持的“行业自治原则”缺乏对基本法下特区政府权力与作用的正面认识，接近于某种历史化和理想化的中世纪封建性自由与无政府主义自治的层次，从而与香港今日所处的宪制地位、国民教育需求、“港独”危害性等缺乏有意义的关联性。2009 年以来，香港教育界开始有意无意地将“公民抗命”“学生社运”“社会责任”等观念植入中小学教育，这些观念及其教育动员效果成功地支持了“占中”运动。如今，“本土正确”“港独有理”“暴力正当”“抗争是唯一出路”等更为激进的理念又在行业自治和部分同情支持“港独”立场的教师操作下更加冠冕堂皇地进入香港各大中小学。这些观念和行为都是未经严格法律检验和批判分析的抽象理念的产物，但其政治效果并不抽象，预期可以直接培养规模化的“港独中学生”和“港独小学生”，为香港社会的人心回归及持续繁荣稳定设置深层的代际陷阱。

教育行业自治并非绝对的核心价值，而是需要与法治及国民教育相平衡的价值。香港教协以孤立的行业自治对抗适度而必要的教育行政规划、干预和指引，是有意遮蔽和消解行业自治之国家前提的行为，是违背国民教育塑造个体之合理国家观与国家认同目标的行为，与其作为基本法下的教师职业伦理相悖。事实上，关于教师公然利用行业自治及课堂授课权威与便利宣扬特定政治理念与立场的正当性问题，德国著名社会思想家韦伯早有观察和定论，即教师此类行为在满足自身“信念伦理”的同时却违背了职业上和公共利益上的“责任伦理”，是一种特别权力的滥用和对职业伦理的错置与背弃。从法律上讲，教师煽动和诱导，学生行动和负责，造成了责任承担上的不公平。近日就有教协人士公开指出，教师只负责“港独”议题的引导与讨论，学生若有触犯自会承担法律制裁。这显然是不负责任的言行。

三、从隔离到互动

对照 2012 年的“反国教”运动，此次“港独”入校园运动可视为一种反方向的政治操作。在中小学教育中合理纳入国民教育并非所谓的“洗脑”或破坏“一国两制”，而是建立“一国”与“两制”之合理互动以及香港人最低限度国家认同的必要举措。但是，国民教育“进入不了”校园。今日，“港独”以一种颠覆基本法与“一国两制”的姿态在各中小学“入校”，而政府干预竟然有些手足无措，行政指引也很难更新明确。“港独”入校成为“反国教”运动的延伸和继续，是香港人的身份焦虑及其认同建构继续沿着“本土分离主义”方向前行的直接表现。由于内地与香港发展的逆转及香港优势的确定性丧失，香港反对派固有的“梦想”已经不现实，其所想象的内地“政治变迁”及国际势力干预都不可能如其所愿地发生，于是各反对团体与力量经由“本土”这一价值中介而展开了一场或明或暗地朝向“港独悬崖”的政治竞赛。

学生组织制作的宣传单页反复强调“2047 大限”以及“香港变直辖市”等远期政治“愿景”，显示其过度政治焦虑以及过度单调的政治想象力。

一切的困难在于不认同，在于政治心理与精神结构上的南辕北辙。国民教育本欲弥合二者，却被香港自己反掉了。“港独”成为一个长过渡期（1984 年—）的香港一代人的虚无缥缈但却依稀在价值上可欲的悬崖梦幻。香港的社会反对运动预示着香港进入“高烧”状态，“一带一路”不是“退烧药”，“深港通”也不是“退烧药”，甚至普选也不是。

能够“退烧”的因素主要在于两个方向：

其一，香港自身的承受力与调整力，即其是否能够依靠理性的公民社会与权威的法治来遏制波涛汹涌而具特别破坏力的“港独”浪潮，如果做不到，香港核心价值即告破产。

其二，国家与时俱进更新“一国两制”的宪制性智慧与能力，即是否能够将“一国两制”的根本逻辑从原初的“隔离原则”转向“互动原则”，建立更多的赋予香港居民以中国公民权及其实践机制的制度通道与连接点，在本地教育过程之外开辟香港居民更多的与国家互动的机遇和成长成熟的机会，同时对香港内部治权保持基本法上的高度尊重。最好的国家尊重与保护不是隔离，而是开放和融入。香港居民包括青年不能继续在西方价值观环抱的“隔离”状态中成长，而需要有机会平等地体验、分享和利用国家机会和国家荣誉，成长为超越过渡转型陷阱、融会中西的“新中国香港人”。

（本文原载于香港《大公报》2016 年 8 月 30 日）

－选举确认书的法理基础 －

2016年7月中下旬是香港立法会选举的提名期，最大的争议点是选管会新引入的“选举确认书”是否具有法律基础，以及是否构成对参选人言论自由及被选举权的不当限制甚至侵害。确认书并非纸老虎，是有牙齿的。根据选管会最终确认的有效提名名单，包括陈浩天、梁天琦等六人在内的“港独”参选人被否认资格。围绕确认书的法理战已然开幕，而且并未伴随选管会的正式名单而终结。与之有关的司法复核以及立法会选举程序中的选举呈请，均会对确认书的合法性以及选举主任的确认裁定构成挑战。选举主任的裁定属于行政处理，依据但不完全受制于确认书是否签署这一形式要求而具有根据参选人前期综合表现进行实质裁量的性质，该种实质审查权力是否合法也存在一定模糊性和争议空间。

此外，从确认程序的公平性来看，有些参选人未签署而获得提名，而有些参选人虽违心签署但仍未获得提名，行政裁量的理性标准与一致性受到外界质疑。由于涉及香港居民在基本法上非常重要的言论自由与被选举权，选后司法复核对确认裁定的推翻预期恐会增大，由此造成确认书排除“港独参选人”之政治意图与效果难以充分落实呈现。而且，确认书也未能且不可能拦截所有“港独”参选人，已有部分此类人士顺利“入闸”及有望当选。更由于部分拦截之选择性执法导致本土“港独”力量之选票趋向集中，“入闸”候选人之当选更有胜算。

香港舆论一般侧重从人权及选举公平性视角展开评判，对确认书持有一定负面评价。然而，特区政府引入此类提名审查标准，着意并不在于具体拦截多少“港独”参选人，而是从政治宪法的视角提出一个严肃的问题：民主政治是否存在敌我区分的逻辑前提？当“港独”以颠覆基本法和损害香港整体利益的形式展开政治行动并试图借助参选而获取建制性资源时，基本法及特区政府是否具有正当性权力加以特别管制和排除？答案显然是肯定的，确认书属于特区政府为保护基本法秩序采取的一种“防卫型民主”（defensive democracy）措施，具有法理和政治上的正当性。我们只有综合人权与政治双重视角，才能够透彻周全地理解确认书之争的本质以及对香港管治的影响。

一、香港民主需要“防卫”

近来对选举确认书合法性的争议多采取一种寻求法律文本依据及确立人权解释方法的形式，这只是讨论该种议题的一种路径，而不是唯一法理路径。毫无疑问，选举确认书直接针对“港独”参选人，具有明确的政治甄选性。对于这种选举前的政治甄选，从基本法文本或普选人权逻辑来看，似乎存在一定的合法性瑕疵，构成香港人通常厌倦的“筛选”。也因此，确认书在民意、媒体与反对派多重压力下，实际上只是选择性地部分执行了，未能彻底根据其初衷排斥所有“港独”参选人，也未能将这一形式要件建构为候选人资格的必要要件，从而是一场不彻底的“防卫型民主”之战。

从基本法依据来看，基本法具有相关国家主权及议员忠诚的条款作为确认书的合法性基础。而且，议员当选后的宣誓内容与确认书内容大体一致。因此，确认书作为提名程序的形式要件显然具有基本法依据。争议的实质不在于确认书本身，而在于选举主任依据确认书进行的资格裁量行为，而这一裁量不仅未能赋予确认书以强制性排除要件的地位，更引入了确认书之外的实质裁量标准予以判定，构成对确认书法律效力的自我局限和弱化。不过，瑕不掩瑜，确认书执行过程的瑕疵不能否证确认书本身的合法性。问题是，双方的法理战似乎未能精准触及确认书的真正法理本质。

确认书的法理本质是一种“防卫型民主”特别措施。在西方民主谱系中，自由民主除了权利本位的程序主义模型之外，还有一种独特的“德国标准”或“德国模式”。德国基于其魏玛民主被颠覆的惨痛宪政教训，在1949年基本法中引入了“防卫型民主”，规定对意图颠覆自由民主秩序的结社行为、政党行为及公职资格可采取特别措施加以制度性排除。魏玛民主就因为未能采取特别措施自我保护从而沦丧于希特勒之手。这表明，自由民主承认存在敌我，存在依据敌我区分采取宪法行动的合法性与正当性，承认民主政体本身必须能够识别和压制其敌人。该理论及其宪制实践在德国具有复杂的渊源。施米特的政治宪法理论可以提供完备的法理支持，但因其与纳粹的特殊关系而在战后遭到有意的遮蔽和冷遇。根据林来梵教授的考察，罗文斯坦和曼海姆也对这一宪制理论做出了重要贡献。

“防卫型民主”的本质是承认敌我区分的正当性。民主政治不是盲目的，不是所有政治派别和力量的平等竞技场，而是有政治前提的，这个前提就是遵守宪法，维护根本政治体制，亦即合法的政治派别或力量不能反对所在体制的根本法或绝对宪法。自由民主秩序是德国基本法的绝对宪法，反对或颠覆这一秩序就是全民公敌，必须受到宪法及其护卫性机构的制度性排斥。对应到香港语境中，基本法承载和保护的绝对宪法是“一国两制”，反对或颠覆这一秩序的“港独”行为构成了根本性的违宪，必须予以制度性识别和压制。确认书只是反“港独”宪法措施的一种，其反“港独”之护宪动机十分明确，从而在政治宪法意义上确保了自身的合法性。香港经历“占中”运动、政改失败、旺角暴乱和“港独”普遍组党，其在基本法下的政治秩序与自由权利保护已受到“港独”行为的严重挑战，香港基本法建立的民主宪政体制正在遭受分离主义侵蚀，因而需要引入“防卫型民主”的宪制理论对基本法有关条款加以合目的解释，并且支持特区政府采取保护基本法整体秩序的特别宪制性机制。

二、反“港独”需要民意动员

尽管选举确认书具有“防卫型民主”的法理正当性，但从具体政治效果及后续影响来看，未能完全符合预期。确认书及其裁量过程存在一定的法治与公平性瑕疵：第一，未能在法律上明晰确认书的法律效力与要件属性，即是否属于形式性的程序确认以及是否作为衡量参选人资格的强制性排除要件；第二，选举主任之裁量未能得到统一明确的指导与协调，执法标准不一致，未签署也能过关，签署也未必过关，导致确认书变成不甚严肃的、存在模糊区域和隐性漏洞的“选举筛子”；第三，对于香港舆论及反对派提出的确认书涉嫌“侵犯”言论自由及平等参选权的批评，未能由权威机构给出充分法理依据与论证说明。反对派对选举确认书普遍不服气，一般选民看到被排斥出局者会给出本能的同情分，对选举主任的选择性裁量执法会给出不公平印象和差评，“刀片信件”威胁不过是一种激进的情绪表达。

抽象地讲，反“港独”具有主流民意基础。但具体而言，“港独”论述与权利话语、本土价值、社会运动、舆论生态密切勾连，在精细辨识和切割上并不容易。中央与特区政府易于看到“港独”危害国家主权与安全的一面，以其所在政治高度给出焦虑性关切和排除性限制，当在法理与情理之中。中央对香港反对派的不信任裂痕在“占中”之后是加剧而不是弥合了：反对派未能在后“占中”的政改闯关中展现合作意愿和具体努力，未能在旺角暴乱后与本土激进势力明确切割，未能在重启政改与经济民生的管治议题转换上释放善意空间。面对反对派阵营及其纲领的新旧世代更替，中央更加焦虑香港管治中的主权与安全利益。然而，中央和特区政府与香港民意之间难以形成直接的对话互动，需要以选举政治进行制度性连接，而反对派在这一连接机制中起到了梗阻和对抗的作用。

从民意取向而言，如何将抽象的反“港独”民意转变为与选举过程关联的具体民意并倒逼反对派加剧分化和改弦更张，严格考验着中央和特区政府的民意争夺策略和智慧。香港是民意社会，也是开放多元的现代社会，即便是反“港独”这样天经地义的大事也不当然具有具体的民意基础和社会支持，而需要耐性与智慧的解释、沟通、叙事和行动。确认书陈义甚高，但效果有限，我们要借此反思到底是什么原因导致了基本法上的原则穿不透香港社会层级，无法争取到具体民意的压倒性支持。这才是保护基本法和改良香港管治的要害。“防卫型民主”不只是政府机构的精英化责任，也是香港社会的民众责任，而如何完成这一民意动员来形成反“港独”的稳固共识，是远超确认书的一项政治民意工程。

三、司法共识是制度关键

除了民意共识上的短板之外，反“港独”的司法共识也是重中之重。香港司法以其基本法地位、普通法传统和人权法理学共同构造完成了香港人的自由权利堡垒，甚至在香港宪制内部逐步形成了“司法至上”的政治文化与宪制现实。但香港在基本法下绝对不是一个独立政治实体，香港司法越独立、越至上、越将其人权法理学发挥至极致，对香港管治和“一国两制”的结构性消解就越严重，越是政治灾难。香港司法缺乏合理的国家观与政治观，缺乏在基本法整体主义解释上对普通法方法的合理超越，缺乏法律解释的中国宪法背景与意识，很可能导致反“港独”之“防卫型民主”努力的制度性失败。

具体到本次确认书之争，按照香港法院的司法逻辑，特区政府很可能败诉，理由大致推测为：“第一，确认书预设政治立场，是对参选人的政治甄别和歧视；第二，确认书缺乏明确的法律属性和法律效力，是政治性宣示文件；第三，选举主任的裁量行为标准不一，不合理，存在越权和滥权；第四，选举主任对参选人的政治言论进行了实质性审查，侵犯了后者的言论自由和平等参选权；第五，选举前的资格否决进一步损害了选民的自由选举权利；第六，确认书不符合限制基本权利的比例原则，因其未能真正阻止‘港独’参选人获得提名，偏离预期目的，同时又不当侵犯了其他参选人的政治自由权利与平等机会，而且也不是所谓反‘港独’最合理有效及损害最小之措施。”

当然，这里的裁判理由主要源自普通法传统和人权法理学，若法官具有政治宪法思维和防卫型民主的责任伦理，且能够全面准确理解基本法秩序，上述每一论点均存在可争议与可修正的余地。遗憾的是，回归十九年来，香港司法之普通法自由主义的基本法法理学已牢固确立，而本乎“一国两制”的官方基本法法理学一直未能成熟成形，在香港社会也未能取得共识性地位。缺乏必要的司法共识及基本法的共识性法理学，反“港独”的任何政治战或法律战，在香港都是一场艰巨之战，特区政府亦深陷其中，捉襟见肘，左右为难，勉力苦战。此次确认书是反“港独”的一次主动性出击，但再次印证了反“港独”在具体民意动员和司法共识上的短板。

我们再联系香港司法在“占中”判决与旺角判决中的作为与取向，可知其无意承担深化“一国两制”之基本法法理学以及反击作为基本法秩序根本威胁的“港独”行为的宪制性责任，相反却可能对特区政府采取的反“港独”的“防卫型民主”行动展现其“釜底抽薪”的司法功夫和制度性权威。不过，随着央港冲突的加剧以及“港独”行为的泛滥，香港法律界似乎也有某种自觉和努力，如部分法官和律师已开始重新看待基本法秩序中的国家权力与地位，以及加强与内地法律部门及法学专家的沟通交流，推动双方共同参与基本法的解释与适用以塑造一种非对抗、非隔离、合作性的央港司法关系。中央亦有意通过对基本法解释权的多元化、程序化与合作性制度建构，逐步缓解香港司法的任性与渐行渐远之势，鼓励和支持其自我更新以承担起维护基本法整体秩序的宪制性责任。当然，确认书系列司法复核到底如何裁决，必将考验香港司法的政治智慧与法律技艺，我们审慎而诚意期待之。

（本文原载于香港《大公报》2016 年 8 月 16 日）

- 青年本土派胜选挑战香港管治基础 -

经过2016年9月4日的激烈选战，香港第六届立法会已合法产生。青年本土派以“占中”遗产、青年形象和清晰的本土化纲领而取得重要的政治突破，挤占了建制派和传统泛民派政治空间，成为立法会的新兴政治力量。这些出生于回归前后、成长于央港对抗深化时期、熏陶于第四波民主化理念与浪潮中的青年世代，对“一国两制”与基本法的认知和认同与其父母一辈及传统“泛民”存在很大差异，大体接受“本土自决”理念和激进暴力取向，其顺利当选可能构成对香港管治基础的宪制性挑战。

冰冻三尺，非一日之寒。此次立法会选举中青年本土派的崛起，坐实了香港国民教育的失败和“港独”分离主义的蔓延。2012年，国民教育进校园受到青年运动激烈抵制而破产。2016年，“港独”进校园却得到青年运动甚至教协的支持。香港原有管治建立在以“一国两制”和基本法为基础的宪制性共识之上，所谓的泛民主派也是大体上持有“民主回归论”的体制内反对派。传统“泛民”所追求的是如何在基本法体制内实现民主普选，巩固高度自治权，维系香港有别于内地的生活方式与价值观。如今，青年本土派并无此种宪制性共识与历史情感，而普遍存有一种面向未来的“制宪冲动”，提出并想象着“2047的制宪时刻”，而这本身是破坏“一国两制”和基本法的分离行为，触及了中央治港的政治底线。尽管有“选举确认书”的政治拦截和反“港独”的舆论和社会动员，但青年本土派的胜选本身说明了“本土分离主义”的民意基础和政治气候，而这是中央及特区政府治理的新课题，如何从法律及政治上加以研判及应对，挑战巨大，前景并不乐观。

一、选举民主的反映美学

在一个常态民主社会，宪法和选举法保障不同政党和参选人的公平竞争权利，民主选举过程成为将不同政治力量合比例地反映到议会中的动态过程。这是选举民主的反映美学。在对基本宪制存在共识的前提下，民主选举的重心在于政策竞争而不是宪制竞争，比如美国的选举就不涉及对宪制的批判或颠覆，即便是特朗普也主要是从公共政策层面提出新的政纲。然而，香港此次立法会选举却发生于不同的政治语境之中：一方面，选举与“港独”议题相捆绑，各方参选人尤其是青年本土派并无关于基本法的忠诚共识，其政治目标并不在于政策竞争，而在于宪制竞争；另一方面，特区政府乃至中央明确意识到“港独”参选的宪制性危害，但其选举确认书的护宪措施未能亦不可能完全拦截，其资格审查裁量的标准不一也埋下了选举呈请和司法复核的法律隐患。

选举确认书未能凝聚起本次选举的反“港独”共识，反而造成了走样的政治效果：其一，部分拦截、部分“入闸”的结果反而使得青年本土派更为团结和悲情配票，加大其当选概率。其二，青年本土派因确认书拦截而一分为二，更有声望的本土派如梁天琦、陈浩天等在外领导青年社运，“入闸”的青年本土骨干在立法会展开“拉布”并尝试挑起“港独”议题，便利青年本土派更好地组织和利用立法会的体制内资源及青年社运的社会资源。其三，确认书事件使得香港民意对青年本土派有一定同情加分，在选举中造成负面指引。当然，确认书体现了特区政府面对青年本土派“港独”取向的管治焦虑，虽技术或有欠缺，但维护基本法秩序的宪制初衷应予以理解。如今，特区政府直接面对青年“港独”议员和青年分离运动，其所深切忧虑的管治恶化前景将逐步呈现。

选举确认书未能结构性扭转或扭曲选举过程对香港政治生态变迁的正态反映。此次立法会选举是“占中”之后、“港独”萌芽蔓延期大体按照基本法和香港选举法律进行的一场常规选战。根据民主选举规律，社运成果一定会在正常的选举政治中体现，因此选举结果在大的结构上并非出人意料。从结果来看，建制派勉强及格，守住基本盘，略有失分；传统“泛民”完成新老更替，旧式民主纲领及其路线面临系统修正压力；“雷动计划”“弃保策略”及日益普及的“本土价值观”共同支持青年本土派上位，其新锐迭出，政治声望与发展前景不可低估。

二、香港政治的新版地图

笔者早有前论指出，“占中”运动是香港社运和政党政治的分水岭。香港的传统“泛民”以“民主回归论”和体制内反对派自我定位，其最大政治反对形式即为“占中”的和平非暴力抗命。然而，“占中”未能直接实现其政治目标，“占中”的主要诉求在中央从严治港的白皮书及“8·31”决定约束下未能获得体制内回应和认可。这对传统“泛民”是重要的政治打击，其无法继续想象“占中”之后的政治对抗与前景。青年本土派在传统“泛民”于体制内对抗困境之际趁势崛起，迅速组织化和提炼完善新式纲领，超越传统“泛民”论述和社运技战法，在2015年底的区议会选举、2016年初的旺角暴乱、“新界”东补选及后续的“港独”组党和运动升级中打出明确的“本土自决牌”。青年本土派的快速政治成长刺激传统“泛民”被动跟进，亦刺激香港新生代知识精英更新政治论述，典型如“公民党”“十年宣言”和方志恒等“香港革新论”。

香港政治光谱在2015年中的政改失败后曾有出现“中间路线”或“第三条道路”的曙光与契机。这种中间路线也是体制内外长期钟情和期待的香港政治理想图景，即弱化传统的建制、“泛民”二分法，培育日益厚实的中间理性力量，期待“忠诚反对派”的出现。汤家骅、狄志远等即为代表。这一进路反映了香港中产阶级面对二元对立政治和分裂社会的政治思考、理想与具体行动，试图以中间论述弥合二元分歧，消除或有效管理香港政治的极化取向，治疗和重建香港社会对“一国两制”与基本法的宪制性共识，形成制衡传统建制派、遏阻本土激进派的广泛政治联盟。政治闯关时，体制内外曾寄希望于温和理性之“泛民”议员的临门反转。政改失败后亦有期待其发展壮大。然而，他们不可能是“占中”遗产的继承者，不可能是本土路线的领路人，而主要是一种“中产阶级理性”，有钟情对话式的政治浪漫派取向，无决绝战斗的政治意识与意志。在社会矛盾突出、政治对抗激烈、青年运动勃发之际，中产阶级理性与中间路线的式微，亦在情理之中。如果允许对香港政治进行思想实验，笔者亦十分同情和理解中间路线的理想并乐观其成。然而，残酷的政治现实是，中间路线在区议会选举、“新界”东补选、立法会选举中一路弱势，显示其并未成为后“占中”的香港社会的理性共识，其政治纲领、政策倡议与政治人才之培育成熟还有很大欠缺。

在中间路线式微的条件下，香港的选后政治就出现了“新版地图”，面临着一种“三国杀”的复杂局面。

其一是勉强守住基本盘的建制派。其政治梯队配置、组织纪律协调、公共辩论技巧与政策思考能力未能更新升级，导致其在普通议案（过半数）上无法有效、团结地反“拉布”，配合行政及引导理性的审议文化，而在重大议案（三分之二）上更不可能推动及占优。建制派政治中的民意动员网络化与青年化、特首与议员间的管治联盟以及政治人才培养等老问题依然纠缠不清，需要反思和引入革新。建制派议员虽数量众多，但单兵政治素养与公众影响力相对滞后，这是香港民主政治的一个软肋。

其二是反对派中的传统“泛民”。其以“民主党”和“公民党”为代表，虽仍然掌握立法会相当数量议席及代表反对派精英政治，但其具体政治立场和纲领在与青年本土派整合、竞争时存在弱势，其在反对派内的领导权势必遭到削弱，而且需要区别对待建制派和青年本土派，有时固然需要与本土派合流对抗建制派，有时也需要超越反对派简单立场而与建制派共同遏制青年本土派的过强扩展和激进化。传统“泛民”最关心的选后议题是“重启政改”，但这未必成为反对派阵营唯一感兴趣的共识性议题。

其三是青年本土派。这一派是“占中”遗产的最大受益者，是“本土价值观”的担纲者，是立法会选举的大赢家，是分离“港独”取向的生力军。青年本土派缺乏最基本的国家认同和基本法秩序共识，而将目前所从事的选举工程与本土运动理解为一场以青年为主体的“再造香港”的“制宪”准备。青年本土派与建制派基本没有合作空间与可能性，与传统“泛民”则保持着民主价值和本土意识上的共享与重叠，但在严格的“港独”议题上存在分歧，并对传统“泛民”的民主立场与社运路线持批判性修正态度。青年本土派最关心的选后议题很可能不是所谓的“重启政改”，而是“本土自决”。

三、香港管治的艰难时刻

由于青年本土派的政治崛起并以相当席位进入立法会，对本次立法会选举之建制派战绩就不能简单乐观地予以评估和肯定。这并非建制派本身的问题，而是“一国两制”和基本法遭遇到了前所未有的宪制性挑战，即“本土自决与港独”问题。因此，笔者预测选后管治总体上将进入一个更为艰难的时刻。无论后续的选委会选举和特首选举结果如何，立法会选举的“反映美学”和由此带来的香港政治“新版地图”，都决定性造成了“一国两制”的内部认同危机，即传统建制派与泛民派之间的宪制性共识被作为第三方力量的青年本土派冲破和修正，传统“泛民”甚至建制派对于“本土正确”将持有一种日益弱势甚至被不同程度吸收的立场。青年本土派以“本土自决”的政治色彩挤入香港公共政治空间，大幅度拉开了香港政治光谱的长度，使香港政治生态的平衡点朝着本土立场急剧转型。

可以预期的是，香港的管治困难将呈现为：第一，立法会内的青年本土派以“勇武拉布”和“本土自决”议题结构性改变立法会内的议事习惯与政治构成，推动立法会由政策竞争转向宪制竞争，而立法会内对政府管治政策的质询与监督频率和强度将极大提升，对政府施政措施和议案进行更强狙击，恶化行政立法关系；第二，青年本土派议员与外部的青年社运更加密切互动，不排除模仿台湾“太阳花运动”而发生内外互动的“占领立法会”现象，由此形成要求“本土自决”的更强政治压力；第三，香港司法延续“占中”判决、旺角判决的权利法理学与轻判取向，放任香港社运的激进化和管治情势的恶化；第四，香港本地管治呈现出瘫痪的立法会、孤立的特首与封闭自为的公务员系统、放任的司法之政治病理现象，基本法设计及中央高度依赖的“行政主导”出现制度性失能，导致谁当特首都“无法解决问题”。

有人认为“重启政改”实现普选是解套法，但这可以是传统“泛民”的共识，却并非青年本土派的共识。与“本土自决”相比，“重启政改”只是体制内目标，在“一国两制”限制下不可能特别宽松，因而在政治上无法满足青年本土派的“制宪冲动”。不过，“重启政改”却可以是中央重建与传统“泛民”政治互信以共同反击“本土分离运动”的重要政治筹码，也是实践其关于“泛民也是政府建制一部分”之新认识与新定位的积极举措，是中央依法治港及推动香港民主化的善意释放。此外，中央和特区政府面对原来的“青年教育问题”所演变成的“青年政治问题”，是一次新的政治挑战与课题，也需要保持聚焦研究、接触、吸纳并形成周全的政治、法律系列化对策。而青年本土派在庆幸与庆祝之际，其如何稳健生存于“一国两制”与基本法下的香港政治空间，持续获得选民支持并对香港政治重建与经济升级做出正面贡献，走向政治成熟，也是重大挑战。毕竟，“港独”不可能是可欲选项，而既往在社运管道里的单纯反对与批判思维不可能完全照搬到立法会的体制内管道。

立法会选举将开启香港政治的“泛本土化时代”，但也是一个与“一国两制”和基本法重新系统性整合的时代。分歧的根源是不认同，斗争的动机是抗命冲动，对于青年本土派而言，其政治上的成长成熟刚刚开始，但香港祸福系之甚深。“一国两制”是一个动态的宪制框架，需要不同世代的参与和重新共识化，青年本土派的崛起提出了基本法的“代际约束难题”，我们要有充足的宪制智慧、程序和耐心加以化解，邓小平的“下代人智慧”洞见于此。

（本文原载于香港《大公报》2016 年 9 月 6 日）

- 人大释法是反“港独”终端机制 -

立法会选举结果出炉，新一届立法会大体组成，但围绕选举的法律争议和政治博弈并未终结。甚至立法会的最终构成也可能发生微调，主要因素在于“占中判决”所涉罗冠聪的上诉可能触及监禁刑影响议员资格，以及关于选举确认书的选举呈请可能导致部分选区议员当选无效。在香港司法环境下，罗冠聪作为本土政治新星被判监禁刑的可能性不大，但选举呈请审理中推翻选举主任裁定的可能性却较大。如果选举呈请朝着有利于申诉人的诉请方向进行，则建制派的政治版图有可能再次受到压缩，而特区政府之反“港独”的行政措施合法性即遭到否定。

问题的关键在于，根据迄今为止的司法判例，香港司法无法有效地识别和反击“港独”，无法承担起维护基本法整体秩序的重任，存在宪制意义上的“积极不作为”。在罗冠聪所涉“占中”违法行为的初审裁判中，法官以嫌疑人之“关心社会”“公义属性”“需要同情理解”等动机因素和政治立场取态作为裁判理由，判令过轻的社会服务令处罚，显示出近些年香港司法在社会运动类案件中一般性的法理学套路和裁判取向。

这一司法取向在宪制基础稳固的条件下属于宪制变迁的构成性要素，但在根本宪制秩序遭到结构性挑战的背景下却可能是放纵和不负责任的。正是基于对香港司法不作为的深切忧虑及香港法治权威在社会运动中的消解趋势，2014 年的白皮书提出了“三轨制”的基本法解释模式作为监督香港司法的宪制性程序，从而将人大释法建构为维护基本法整体秩序、反对“港独”及制衡引导香港司法的终端法律机制。此次立法会选举导致青年本土派进入立法会以及“港独”运动加速发展，在穷尽香港司法资源而不可能有效遏阻“港独”的条件下，人大的主动释法就成为维护基本法秩序的正当、合宪的终端法律行为。

一、"港独"语法的政治生成

在体制内普选，即根据基本法第45、68条进行的特首、立法会"双普选"，是基本法内置的香港政治发展目标，是中央对港政治承诺，但这个目标并非香港基本法的最高目标，亦即此目标需要在"一国两制"的平衡宪制框架中落实，需要同步考量的相关法益至少包括国家的"主权、安全与发展利益"。若普选导致香港管治权的实质性转移以及"一国两制"框架的扭曲变形，导致香港繁荣稳定局面及香港对国家的积极贡献被消解，则必须被审慎而严格地加以限制。香港普选不是独立政治体的普选，其存在不同于《公民权利与政治权利国际公约》（ICCPR）的法定限制性标准，是合乎基本法的合宪性限制。这是白皮书的国家实证主义逻辑及"8·31"决定的法理学基础。白皮书法理学是系统化的中央官方法理学，是对"一国两制"与基本法之整体秩序与实践经验的法理总结和建构，也是"8·31"决定的直接的法理学基础，至今未发生变化。

基本法秩序与特定的白皮书法理学严格限定了香港普选的空间，限制了泛民派普选竞争的胜选概率，直接导致了"占中"运动无果而终，政改闯关临终惜败，"本土主义"悲情崛起。"本土主义"不直接等于"港独"，但逻辑上包含"港独"并以"港独"为理想性宪制目标。而且，"香港城邦论""香港民族论""香港主权论"等代表性理论在整体构思上并非局限于"爱港"范畴的乡土主义，而是包含了"独立"的想象与规划，只是在朝向终结"港独"的进程与方式上，本土各派存在一定的判断分歧与实践差异。此次立法会选举是本土激进派对传统泛民派的胜利，是"港独"思潮与组织的"成军礼"。本土成为走向"港独"的中转驿站，也是"港独"模仿"台独"的典型体现。此两者的互动是"一国两制"面临的重大挑战。这里所谓的"民主化"已丧失传统"泛民"所理解的体制内意涵，演变为颠覆基本法秩序的"制宪冲动"，在本质上属于变动宪制框架的"政治革命"。

"港独"由此形成了自身的独特语法结构，这种共同语法将逐步整合目前尚显碎片化的"本土主义"政党与社运网络，形成立法会内外联动的“泛本土派”，成为香港政治版图无法忽视且可能快速扩展的第三极。“港独”共同语法的口令格式可解析为：第一，宪制认知上，不承认“一国两制”与基本法的宪制地位，以青年世代为政治主体进行面向“独立”系统化准备；第二，政治时间意识上，解脱传统泛民派立足基本法的保守主义政治时间观与法律观，以近似无政府主义的民粹意识和激进时间观自我定位，取未来主义姿态；第三，行动方式上，以总体上的不合作为原则，以“勇武拉布”和街头抗争为互动机制，突破非暴力底线，打破对香港法治的敬畏与禁忌，形成“本土无罪，造反有理”的青年人格效应；第四，代际传承上，对建制派极力污名化，对传统泛民派则采取批判性团结的立场，以激进本土路线裹挟及诱导传统泛民派的激进化，“公民党”的“十年宣言”已露骨跟进；第五，对台湾及外部政治互动上，极力取代传统“泛民”，掌控对外交往主导权与香港民主化的“本地代理权”，在保密守则与国家、香港利益的维护上更无底线，将外国势力简单而幼稚地想象成“价值同盟军”等；第六，长于对抗、否决与斗争，短于建设性商谈、合作与政策论述，其“青年政治英雄光环”“本土价值观化身”“国际势力与传媒塑造的民主领袖”等诸种要素共同构成了“港独”骨干的政治精神品味与世界，而与基本法秩序的宪制智慧、国家发展的客观情势及香港转型进步的艰困局面完全脱节。

二、反“港独”的本地资源

面对“港独”的甚嚣尘上，现在已很少有人置若罔闻或以为“不成气候”了，因为新的政治气候已然形成。对治“港独”，体制内大体上存在两种路线与立场：一种是大和解的鸽派路线，寄希望于香港本土资源来遏制“港独”，尤其是寄希望于香港民意和司法，而反对人大主动释法及中央干预，维持两制的适当间距并积极对待重启政改；另一种是严打式的鹰派路线，主张在香港强推第23条立法或者直接将《国家安全法》列入基本法附件三，以中央的力量反击“港独”势力，加快推动香港宪制朝“一国”方向改造，消极对待重启政改。与这两种路线相比，“人大释法”本身是一种中间偏左的思路，是在香港司法无济于事的条件下进行的补充性干预。

所谓利用香港本土资源反“港独”，就是利用基本法授予香港的高度自治权来反“港独”，以及信赖香港民意对“港独”的总体排斥取向。但是，香港管治结构中反“港独”的启动与见效可谓举步维艰。从立法权而言，立法会中反对派占据 29 席，取得 1/3 否决权及直选组别内的主导否决权，其“拉布”习惯与不合作取向在青年本土派加入后将更加严峻，使得立法会不可能通过第 23 条立法、重启政改之新方案以及特区政府的其他积极管治政策。一个近乎瘫痪、习惯于否决的立法会不可能形成反“港独”的集体政治意志与行动能力，相反会成为制衡政府反“港独”行动的消极性宪制力量。有人可能寄希望于立法会开除“港独”议员，理由是刑事犯罪获监禁刑一月以上或者行为不检或者违反誓言，但程序上需要立法会出席议员 2/3 通过，其难度极大。况且，议员享有基本法第 77 条保障的言论免责权，其在议会内的“港独”言论很难在法律上追责，而以香港司法的裁判习惯不大可能重判此类议员。从行政权来看，制度上的行政主导在实践中遭遇到立法会“拉布”、司法复核与社会运动的结构性驯化与夹击，更有香港法律界对律政司的严正制衡和行业纪律约束，导致特区政府在反“港独”积极性与成功概率上大打折扣。这种结构性困局导致特首之“主导不能”，亦导致中央依赖特首治港可能面临严重的制度性失败。此次选举确认书及其执行效果、选举呈请裁判预期再次证明依赖行政权反“港独”的力不从心。至于司法权，除了基本法第 158 条规定的解释程序之连接性之外，香港司法系统与国家机关之间不存在任何宪制性联系，而且香港司法习惯于自治和独立，不仅不会主动寻求释法，更可能在关键时刻挑战中央管治权威及对冲特区政府反“港独”护宪措施。

至于有不少专家提出香港本地法律上存在反“港独”的规范性资源，比如《刑事罪行条例》上的煽动罪、叛逆罪以及《公安条例》上的暴乱罪等，但根据香港普通法传统及香港司法中的人权法理学，这些条文已长期不用，因而近似于失效，法官习惯性跟从香港法律界意见的轻判取向更使得这些立法规范不大可能合目的地转化为具体案件中的裁判规范。依赖于纯粹的本地资源（管治机构与法律规范）反“港独”，很可能是一场“等待戈多”的迷梦。

三、人大释法与法治补强

对于人大释法，香港法律界与香港社会总体上持负面态度，认为“干预”了香港司法独立，“破坏”了香港高度自治权，“危及”了香港人享有的自由权利。1999 年的“吴嘉玲案”引发的央港宪制危机，本质上就是全国人大常委会与香港终审法院之间进行的“司法主权”之争，其结果是香港司法承认了全国人大常委会司法主权及相应释法行为的拘束力和不受香港司法管辖的属性。但这并不表明香港法律界“心悦诚服”地接受人大释法。在 2014 年关于白皮书的大律师公会声明中，香港法律界提及人大释法“应绝少且谨慎地使用”。如果说这是法治相对发达的香港法律界提醒人大审慎对待基本法释法及其责任后果，可谓善意，但这种提醒肯定也包含着对人大的不信任和竭力回避人大释法的消解局促心态。从中央立场来看，对人大释法确实慎之又慎，一方面是过分受拘束于既往对港工作的不干预惯例和非正式协商传统而不愿意按照正式法律程序刚性对撞，另一方面也包含了面对香港司法与法治时的不自信。

然而，基本法的实施必然涉及非自治范围事务的管治与解释，这是香港地方司法无权亦无力承担的。况且，香港司法不可能有充分的国家视野和责任伦理来把握基本法的立法原旨及在司法裁判中严肃顾及国家利益。而香港基本法本身存在对中央管治权的建构不足与程序配置不清晰的缺陷，在客观上需要人大以解释的形式来完善相关的管治权细节和程序机制，这可以称为人大对基本法的“释法性再造”。这一宪制性功能的合法性基础在于基本法第 158 条的解释权条款，而其法理学上的说明与论证则体现于白皮书关于基本法解释权之“三轨制”的建构。典型体现这一宪制性功能的事件就是 2004 年 4 月 6 日关于基本法附件一、二之“五步曲”宪制程序的解释，该解释奠定了香港“双普选”的程序机制，确立了中央主导权在宪制程序上的具体体现。程序建构完成后，中央在普选改革上就渐次以“决定”形式确定普选路线图、时间表及操作方案，“8 · 31”决定以此为法律基础。香港法律界甚至“占中”的学生代表性人物还不时提出对“五步曲”合宪性的法理批评或司法复核，但未能动摇该程序的法律地位。质疑的背后是对人大释法合法性的疑问，但终审法院 1999 年的让步已解决了这一问题。

"三轨制"的释法机制是以基本法第 158 条为依据、以回归以来的宪制性实践为基础总结而成的，具体包括人大主动释法、特首提请释法和终审法院提请释法。这种主动释法与提请释法相结合的基本法解释机制，不是对香港司法独立的侵犯，而是对香港法治的程序性补强，因为司法独立本身不是目的，而是实施基本法的必要条件。香港的司法独立不能比拟于独立政治体的司法独立，其完全独立的主张与基本法的全国性法律之间存在规范性冲突。今年曾有内地学者提及香港基本法的"国家法属性"问题而质疑香港司法的纯粹"普通法成员身份"，是出于同样的关切。

从事项性质上，反"港独"属于国家安全事务，应由国家负责创制法律及执法，但基本法第 23 条的授权立法长期无法落实，而香港司法又怠于利用本地法律资源遏制"港独"，造成"港独"行为愈演愈烈而日益危及国家安全利益与基本法秩序。我们当然期待香港司法在历经"占中判决""旺角判决"的习惯性轻判和人权法理学的自我局限之后能够有所自觉和调整，但人大释法也必须预作准备，在香港司法无力作为时进行法治补强和矫正。人大释法的工作准备至少应澄清如下议题：第一，第 23 条授权条款赋予香港的是安全立法的宪制性义务而不是自治权的一部分，立法应在合理期限内完成，长期不作为违背授权目的，应对有关机构和官员加以问责；第二，国家安全法不属于香港自治权范围，是可列入基本法附件三的全国性法律，何时列入视乎时机成熟；第三，"港独"行为违反基本法，香港法院在解释相关基本法条款时应充分考量基本法对主权与领土完整的保护性功能，对特区政府采取的反"港独"措施的审查应审慎权衡有关法益。以人大释法倒逼和支持香港法治积极反"港独"及完善自身的法律体系与法理学，是中央坚持依法治港、捍卫香港核心价值观及维护香港繁荣稳定不可推卸的宪制性责任。

（本文原载于香港《大公报》2016 年 9 月 20 日）

- 大一统伦理排除“港独” -

香港政治版图中出现主张“港独”的政治思潮与力量，是青年世代国民意识薄弱及对中国文明历史中“大一统伦理”认知模糊的结果。与上述薄弱和模糊相对的是，香港青年世代接受了以西方基督教和民主政治为基本价值内核的体系化教育，在精神认同上自我识别为西方的“价值同盟”，而在政治实践上则表现为对中国的排拒。西方价值观确立了权利本位与程序正义，且公投又被视为西方处理分离问题的正当性模式，而这些要点恰恰与中国历史性的“大一统伦理”存在规范性冲突。

“大一统伦理”在中国文明历史中的确立及作为塑造与约束中国内部政治行为的历史宪法规范，不仅严格制约着“港独”“台独”等边缘分离取向，而且严格制约着中国领导决策层的政策裁量与选择。中共领导人深以民族国家统一与富强为己任，深以清政府的割地卖国为耻，有此政治意志及相关的国家实力，香港才能回归，“台独”才不可能实现。香港青年世代不可误判中国之“大一统伦理”的规范约束力及中国政府维护国家主权与领土完整的政治意志力。

相反，负责任的香港政治与文化精英倒是负有公共理性与论述上的责任对青年世代加以引导，而不是放任其逆反精神朝着“港独”急进。香港青年世代亦有逐步的思想与政治成熟的过程与契机，面向国家并透彻理解贯穿于“一国两制”中的“大一统伦理”，这应成为其精神自我解困的路径。

“大一统伦理”在中国历史上的形成与巩固受到中国独特的地理与政治条件的限定和塑造：第一，治水政治学及其宪制内卷效应，即通过建立共同防治水患的部落联盟而将主干水系所及的政治区域及人口整合为一体，所谓母亲河不仅仅是灌溉哺育之利，也是团结凝聚之源；第二，儒家文化的礼制宪制与天下理想，即儒家通过建立适合于不同层级的礼制及界定“修身、齐家、治国、平天下”的人格秩序与政治扩展秩序，成功地赋予治水共同体以文明共同体的价值内涵与政治框架，落实了中华文明的“仁政”内核及王道取向；第三，法家文化的国家理性与国家能力机制，即大一统的政治社会基础由治水实践奠立，文化价值基础由儒家奠立，但周之后的春秋战国严重破坏了大一统及其价值许诺，法家则从国家理性与国家治理能力维度实现了政治宪法意义上的实质统一与制度构造；第四，中国近现代的独特经验反向刺激和加强了中国的大一统伦理，即近代以来的政府软弱、军阀割据和列强欺凌激发中国产生了更为强烈的民族危机感和自尊心，加快了中华民族的意识形成和国家建构，放大了大一统在精英责任伦理中的强度和实践约束力。尽管近代以来革命与运动频仍，但当代中国政治体制对“大一统伦理”及其核心制度支架的历史继承和延续性不可忽视。

中国历史虽呈现出“分久必合，合久必分”的经验面向，也反复验证着黄炎培所谓的“历史周期律”，但中国历史上“分”的时期基本上是分裂、混乱和秩序崩溃的，是国家民族之悲剧，而绝非民主自治之福，而“合”的时期则对应于王朝新建，万象更新，天下承平。因此，中国在政治整体上的分与合内含着政治与文化精英对历史经验的批判和政治理想的追求，其取向即为不断巩固的“大一统伦理”。

对应到香港语境，“一国两制”之所以可能，固然有中英实力对比及中国改革开放借重香港特殊地位的现实因素制约，更在于这种宪制安排符合中国历史上的大一统伦理。大一统并不要求严格的中央集权，而是地方对中央的政治忠诚与信服以及地方承担维护整体利益的必要责任。高度自治也因为符合大一统伦理及有利于整体利益而得以正当化。但是，大一统伦理有其严格的政治边界，即反对分离和分裂。香港青年世代如以“港独”为香港前途方案，则与“大一统伦理”冲突，也破坏了“一国两制”和基本法的背景规范，更与香港繁荣稳定的根本利益相矛盾。青年世代想象的国际干预恰恰易于激发中国人百年来的伤痛记忆与受害者情结，更不可能获得整体中国人任何形式的同情和理解。青年世代也必须看到，尽管内地处于秩序转型期，但民众与政府共享“大一统伦理”、对国家改革发展的规范预期以及民族复兴的长期前景，这些都是香港所处的“一国两制”框架内严格限制“港独”议题及行动的压倒性力量。“港独”在历史、事实和法理多重层面均非可欲的选项。

（本文原载于香港《大公报》2016 年 10 月 18 日）

- 人大释法凸显依法治港新常态 -

“港独”候任议员重新宣誓问题在香港法上存在争议，立法会和特区政府有不同理解，高等法院亦审慎开展司法复核。在香港地方司法裁判悬而未决之际，全国人大常委会做出了关于基本法第 104 条的释法，明确了“依法宣誓”的法律属性、构成要件与法律后果。根据香港法律界的一般理解，这些释法内容应由香港法官做出，即便需要人大释法也应当由终审法院提请。人大主动释法被指责为“破坏”香港司法独立与法治。香港司法与香港社会以“不信任推定”评价人大释法，尽最大限度回避人大释法，背后的法理预设是人大不是香港法治的内在构成性因素，人大释法与香港法治原则冲突。这种过分本地主义化的司法观以一种特定的香港普通法法理学为支撑，长期以来支配和塑造着香港法律界和香港社会的法治意识形态，长期忽视中央管治香港的合法权力以及中央反“港独”的国家利益需求。本次释法以主动行为展现，有望凸显中央依法治港的新常态，而香港司法与香港社会需要逐步适应这一新常态。

释法的具体方案不仅仅对待决的“梁游宣誓”案件构成直接的司法指引，而且连带解决了“爱国爱港”标准的法定化、选举确认书及选举呈请的法律准据、无效宣誓的法定情形以及虚假宣誓和宣誓后违誓行为的法律责任问题，使得香港有关管治机构能够在更加清晰的基本法原意和解释基准指导与约束下对香港有关法例做出合乎基本法的正确解释和适用。释法亦给香港地方司法预留了较大的解释与适用空间，但香港司法如何具体援引及适用人大释法仍存在不确定性，因为此次主动释法对香港司法传统与习惯带来较大的适应性挑战，同时将法官推入香港社会和舆论的风口浪尖。香港司法如何展现其兼顾与平衡的司法智慧，在人大释法与司法独立之间寻求妥当的法理连接与转化方案，也是香港法治权威更新再造的关键。

一、主动释法是主动担责

反对派并不一概反对人大释法，而是反对人大主动释法，这是对基本法第 158 条的曲解以及对人大既往释法习惯的经验性依赖。根据基本法第 158 条，该法解释权归属全国人大常委会，同时授权给香港法院，而双方在释法上有着基本分工，即中央负责非自治条款释法，而香港法院负责自治条款释法。这一分工不是严格的分权，而是授权下的合作机制，需要完整准确地加以理解：其一，授权本身并不导致全国人大常委会丧失一般解释权，也不丧失对自治条款的解释权，只是信任并尊重香港法院优先解释自治条款，人大释法权仍然是完整覆盖整体基本法的；其二，香港法院也可根据案件审理情况解释非自治条款，但是在涉及对终审结果的实质性影响时应当提请人大释法。这里存在一种“信任推定”，即立法者相信香港法官能够完整准确理解和解释基本法以及在需要提请时启动提请。

然而，这里来自立法者的单向度的信任推定在 1999 年居港权案以及后来的一系列案件中遭到否证，以致于中央通过宪法惯例方式确立了终审法院提请之外的两种释法机制：一是主动释法；二是特首提请国务院转呈释法。香港终审法院在“刘港榕案”中确认了完整而权威的人大释法权，而此后的释法实践亦确立了终审法院提请程序之外的替代性程序之合法性。主动释法因此不仅具有直接的基本法依据，也具有宪法惯例的支持。

那么，即便是三轨制的释法程序，中央为何选择主动释法而不是等待特首提请或终审法院提请呢？释法的必要性是有共识的，但以何种形式开展具体释法是有一定认识上和政治判断上的不同意见的。中央最终选择了直接的主动释法模式，主要考虑在于“港独”问题的严重性以及立法会陷入宪制性危机的特殊情势。如果是其他一般性议题，相信中央仍会等待，但宣誓所涉“港独”候任议员问题以及香港管治危机，不容旷日持久地消耗乃至于最终面临更为被动的管治局面。这里又出现了所谓的中央“守前门”还是“守尾门”的问题。如果是等待终审法院提请或者最终不被提请而被迫启动主动释法，就是“守尾门”，但那会陷入更大的宪制性危机。此次主动释法是“守前门”，让全部反对压力提前聚焦和释放，从而为后续管治赢得相对宽松的空间。法律人一般难以准确判断出政治行为时机的最佳点，但政治家具有此种优势。主动释法显然是一种权衡多种方案与通盘利害之后的政治决断，我们不宜简单评断其功过得失。概言之，主动释法是中央主动承担维护“一国两制”与基本法秩序的宪制性责任，客观上也是对特区政府和香港法院依法运作的积极支持。

二、释法内容周全合理

从释法内容来看，对“依法宣誓”条款进行了合乎法理及技术可靠的解释。具体而言，这次释法有如下内容性特征：

第一，明确了“双效忠”要求的法律性质。释法第一条载明，基本法第 104 条之“拥护中华人民共和国香港特别行政区基本法，效忠中华人民共和国香港特别行政区”（简称“双效忠”）之法定要求具有双重属性：其一，依法宣誓的主旨内容；其二，参选或出任公职的法定条件。作为宣誓内容，直接成为衡量具体宣誓人之宣誓行为是否合法的实体性尺度。作为公职条件，则相当于将“爱国者治港”之“爱国治港”标准进行了法定化，这就要求香港的选举法治必需以有效形式确保“爱国者”参选及就职，而暗含对不合资格者的合法排斥。如此，则选举确认书的合法性一并得到释法的支持，对选举呈请系列案件之裁判亦有指导和约束效力。该条释法内容不仅拘束立法会议员，也拘束特首、行政会议成员及法官等。

第二，澄清了“依法宣誓”的要件构成与法律后果。这是本次释法的主要内容，释法案以四个层次加以具体解释：其一，宣誓是就职的法定要件和必经程序，因此必须区分候任议员和履责议员，前者尽管经过了选举程序但尚未成为正式议员，当然也不同于选举前的候选议员，不能完成合格宣誓的议员不具有相应的职权和待遇，因此梁游二人已享有的薪酬待遇只能视为临时借款而需要依法退还，其所雇佣的助理也不具有公职身份，不能享受议员经费补助；其二，宣誓需要形式合法与内容合法，形式上要求准确、完整、庄重，内容上要严格包含“双效忠”誓言，不得更改或缺省；其三，不合格宣誓的法定情形包括拒绝宣誓及视同拒绝宣誓，后者相当于《宣誓及声明条例》提及的“忽略宣誓”，具体包含不一致宣誓和不诚实宣誓（不真诚、不庄重），如何加以实践判断，需要立法会监誓人或法官根据人大释法及结合具体情形加以裁量；其四，确认了监誓人权力和一次宣誓规则，即有效宣誓必须由法定监誓人主持和判定，其判断依据包含人大释法指引和香港本地法例要求，但本次释法明确排除了二次宣誓的合法性，从而限制了监誓人的自由裁量权。释法明确了无效宣誓的法律后果，即丧失公职资格，从而引发补选程序或补任程序。

第三，确认了誓言的法律约束力和问责效力。本次释法不仅针对宣誓程序本身，还扩及虚假宣誓或宣誓后违誓行为的监管问题。本次本土派七人当选，五人已完成宣誓而就任，梁游二人未完成宣誓，根据人大释法将直接丧失议员资格。那么另外五人呢？比如刘小丽已经遭遇了选举呈请，人大释法对其是否具有溯及效力呢？如何评价已经按照重新宣誓程序就任的若干议员呢？笔者的理解是，根据法治原则，法律解释与法律原本具有同等效力，本应视同法律生效时即生效，但法律解释毕竟结合了新的情势对原有法律条款的内涵或外延进行了扩充或限缩，而涉案当事人与法官对此并无充分预期，故法理上一般不严格要求法律解释的具体内容具有溯及力，人大释法将这一问题保留给香港法院具体解释和裁决，一般会承认法院对溯及力问题的惯常理解与决定。但对未完成宣誓的梁游二人，释法内容肯定是完整适用的。对于已过关的本土派议员，后续行为将会受到誓言约束。

三、反“港独”催生新法治

当然，此次释法因其主动介入的形式和释法内容的政治敏感性，必然会在香港社会引发一定程度的非议和反弹，这是正常情况，是香港社会面对中央推进依法治港过程之新理解与新作为的不适应表现。事实上，中央治港既往呈现出过度信任香港自治和充当“甩手掌柜”的角色，使得香港管治中出现了明显背离基本法原意和“一国两制”平衡关系的取向，特别是“港独”行为的出现与蔓延。从1999年居港权案，中央已隐约感受到香港法治的封闭自为，2003年之第23条立法游行更是提醒中央重新审视“井水不犯河水”之策略的严重弊端，之后的政改争议、国民教育争议、“占中”运动、旺角暴乱及立法会选举中本土分离派的崛起，更是推动中央自身重新理解基本法及主动承担维护“一国两制”的宪制性责任。

2004 年的政改程序解释完成从“三步曲”到“五步曲”的扩展，实际上确立了中央对政改的主导权。2014 年的白皮书则有着官方版的基本法法理学建构意图和雏形。“8·31”决定是中央对“依法普选”的法理学发展。此次人大释法则构成对“依法宣誓”的法理学发展。这就必然刺激和挑战了香港固有的普通法式的基本法法理学，破坏了香港既有的法律界利益格局，自然引发香港法律界反弹。法理学竞争的背后是基本法解释权与话语权的争夺，而中央日益认识到并自觉进行着权威的官方法理学的建构工程。由于香港反对派不断升级的对抗直至“港独”的出现，促使中央由非正式的“协商治港”向正式的“依法治港”转变，这与整个国家通过法治重建治理权威的取向相协调，从而日益催生了一种“香港新法治”。

反对派的“破坏法治论”是一种旧法治观，是依托于受殖民统治时期司法模式建立起来的本地普通法传统的产物。香港的普通法不再是大英帝国殖民统治体系下的普通法，也不是独立国家的普通法，而是成文法传统下作为特殊子法域的普通法，从而必然要受到国家法实证框架与精神的限定和塑造。香港法律界极其不适应中国法律体系的这一内部整合进程，但这是无法回避的整体国家法治进程的一部分。笔者相信，基本法下的新旧法理学和新旧法治模式的话语权争夺还将长期存在，但依法治港的原则和取向不可能改变。

不过，这也并不意味着人大释法需要日常性地介入香港管治细节，实现对香港的“全面管治权”。香港法律界和香港社会普遍担心这一点，但这是不可能发生的，因为基本法确立的高度自治权是“一国两制”的基本原则，中央的治港责任主要是指导、帮助及侧重“一国”内涵的法律化，无意且不能打破现有的管治格局。但是人大释法走向一种有节制的、选择性的常态化机制，是依法治港的理性要求，不可回避。这也是新法治的重要体现，需要香港司法与人大释法之间进行更为互信和制度化的沟通合作，而反“港独”恰恰是最好的切入点和法律议题。

（本文原载于香港《大公报》2016 年 11 月 8 日）

- 高院判决体现香港司法担当 -

香港高等法院原讼庭近日颁布梁游案判决，宣告二人之立法会就职宣誓无效且立法会主席无权安排重新宣誓，从而导致了二人丧失立法会议员资格。自10月12日梁游二人“侮辱性宣誓”事件以来，新一届立法会运作几近瘫痪，特区政府与法院均被卷入这场宪制性危机之中，而全国人大常委会关于基本法第104条的主动释法更是激起香港与国际社会颇多猜测与焦虑，香港法治面临信任危机。这种信任危机来源于两个层面：一是中央主动提前释法暗含对香港司法的某种不信任和监督取向；二是香港反对派及国际社会对释法常态化“危及”香港法治的担忧。高院此次判决坚持香港司法独立与法治精神，周全各方，基本上排除了上述信任危机，挽回了香港法治声誉，体现了香港司法在反“港独”及维护基本法秩序上的责任担当。当然，这只是初审，被告方必有上诉，最终如何定案尚需终审法院在司法上“一锤定音”。

判决公布后，香港各界反应基本正面。梁游二人的直接反应是“中央干预”和“政府作怪”导致司法过度受压而重判，表达对“法治压制民主”发展的不满。反对派的解读是香港司法有能力解决宪制危机，人大释法“多此一举”。建制派、立法会与特区政府的反应较为一致，对高院判决持正面肯定，且认为人大释法与香港司法在此次反“港独”审判中各自发挥了宪制性作用。高院判决亦明确显示有无人大释法结论都一样，暗示司法推理并未受到人大释法直接影响，而是基于其一贯的立法原意论和普通法方法做出的独立解释与判断，体现了香港的司法独立。但我们很难如反对派“事后诸葛亮”那样去设想：没有人大释法，高院判决也会如此。人大释法在指导和监督香港司法澄清立法原意和承担反“港独”宪制责任方面的制度性功能不容否定。

一、承认释法权威

人大释法做出后，中央和建制阵营的一个隐而不发的担忧是：香港法院是否会严格遵从此次释法？如果不遵从怎么办？这涉及香港司法对人大释法权威的承认问题。这种承认极其关键，也是人大释法适度常态化以及与香港司法良性互动的基础。从高院判决来看，香港司法的承认法理已十分清晰。高院在《判词摘要》第7段载明：“于2016年11月7日，全国人民代表大会常务委员会行使《基本法》第一百五十八条赋予的权力，正式颁布对《基本法》第一百零四条含义的解释（‘该解释’）。该解释对香港所有的法庭均具有约束力，而法庭应落实该解释。”

这一对“该解释”的解释具有如下关键性的法律含义：其一，梁游案判决明确提及了人大释法的事实，表明人大释法构成法官裁判的裁量性因素；其二，全国人大常委会主动释法以基本法第158条为合法依据，是合法的权力行使；其三，判词正式承认“该解释”，表明这是对基本法第104条的合乎基本法原意的“解释”，间接回答了《判词摘要》第22段关于人大释法是解释还是修改的争议；其四，人大释法拘束香港所有法院，包括高等法院和终审法院，这就对上诉审中的终审法院也构成了一种法理限定；其五，法院有落实人大释法的法定义务。

法官同时援引2001年的入境案件判决作为判例法依据证实对人大释法权威的承认。尽管法官为了彰显香港司法独立而有意不展开人大释法的具体内容，坚持从香港本地法例的解释中给出与人大释法几乎等同的解释方案，但本段对人大释法的法理承认已经构成了对人大释法的接受和落实。人大释法与香港司法似乎是“英雄所见略同”，这是基本法秩序的幸事。而香港司法将作为“事实”的人大释法承认为作为“法律”的人大释法，则是香港司法正确理解基本法及自身权力属性的体现。

《判词摘要》第11段给出了法官依据基本法之“一国”原则判断梁游宣誓无效的具体理由。法官认为梁游二人通过拒绝或忽略宣誓而表明：其一，“港独”理念的客观性和显著性；其二，不承认“一国两制”原则；其三，不承认“一国”的重要性。法官同时确认“一国两制”原则是香港特别行政区及基本法的基石。对“一国两制”尤其是“一国”重要性的凸显，也与人大释法基于“一国”并维护“一国”的宪制性定位相合拍。

二、法理瑕疵需重视

尽管本次高院判决基本体现了人大释法的原则与精神，但在法理上仍然存在一定的瑕疵甚至错误。

第一，香港司法在对待人大释法上存在概括承认和具体适用的分离。人大释法在梁游案聆讯后（11 月 3 日）、判决前（11 月 15 日）做出，澄清了基本法第 104 条关于依法宣誓的立法原意并给出了无效宣誓的界定和后果，已构成完备的法律解释方案，在法理上可以拘束未决案件。但高院法官尽管提及和承认人大释法，却并未直接援引人大释法具体内容，而是根据普通法方法对香港本地法例做出独立解释，这显示出人大释法与香港司法之间的具体承认和互动适用关系仍未稳健通畅地建立起来。

第二，香港司法在解释不干预原则以及确定法院管辖权上存在“司法至上”取向，可能打破基本法确立的行政主导体制。高院判决在回应被告提出的不干预原则时指出，该原则来源于英国宪法上的三权分立原则，同时英国也存在国会至上原则。判决另有指出，监誓人对宣誓效力仅有程序性的附带判断权，法院有最终决定权。法官判词存在如下法理瑕疵：其一，政治理论上的混淆，即对英国宪法同时做出三权分立与国会至上的定性，不符合政体理论的常识，而且存在刻意回避基本法之行政主导体制的嫌疑，是对基本法宪制的一种误读；其二，在立法会自治及立法与司法边界问题上自我授权，确实存在司法越权的法理意图。正因为香港司法有意塑造其“司法至上”的实质宪制地位，导致香港司法权面临失控，人大释法就更有必要适度常态化以提供一种宪制性的制衡机制，以自治权外的第四种权力来制衡自治权内部司法权的一权独大。世界宪制史一再表明，没有制衡的权力必然腐败，分权的精髓在于精妙的制衡。香港司法权的权威成长及其严格的普通法与地方性司法性格，客观上需要人大释法权加以宪制性制衡，才能维持“一国两制”的内在平衡及兼顾国家利益。

第三，在梁、游到底是离任还是未就任的法律定性上存在模糊不清甚至错误。从《判词摘要》的整体逻辑来看，对《宣誓及声明条例》第19、21条的解释非常符合法律逻辑，也显示了法官的功底，而且行文中多次正确区分了离任和未就任。但在《判词摘要》的最后一段却出现了“离任”的定性。这是一种明显的法律错误。因为离任以就任为前提，梁游二人10月12日宣誓被监誓人裁定为无效，10月19日重新宣誓因流会而未完成，11月15日法官判决宣誓无效。从整个法律过程来看，梁游二人从未完成宣誓程序，也就从未就任。由于基本法、人大释法和《宣誓及声明条例》均认定就职宣誓为议员就任的法定程序和条件，则梁游二人应符合所谓的“未就任”的法律状态，而不是判词最终所指的“离任”。这一定性错误还将直接影响立法会对梁游二人预支议员经费行为及前期有关政治行为的追诉，涉及重要公共利益。这一错误只能留待终审法院加以纠正了。

三、终审期待与香港新常态

在目前的政治对立态势下，高院判决不可能终结本次争议，因而未来终审法院的司法性“一锤定音”就显得非常关键。不过，高院判决毕竟代表了香港司法对人大释法的“初次消化”，虽然在权威承认和判决结果预期上符合人大释法指向，却并未直接援引人大释法。当然，这也可能是高院法官面对“人大释法”这一棘手难题而有意回避，只采取具有“司法政治正确”的概括性承认，而将具体如何解释与适用“人大释法”的责任推给终审法院。这或许也是香港司法的一种理性机巧。

终审法院因此获得一个良好的重新阐释基本法法理学的机会。梁、游上诉不大可能推翻现有判决结果，但却会穷尽救济程序以彰显其抗争意志。而终审法院适宜抓住这一宪制性判决机会，对人大释法的具体内容做出积极回应，弥补高院判决中概括承认、高高挂起的司法局限性。终审法院适宜判定：其一，高院对有关宣誓条款的解释符合基本法原意及人大释法内容；其二，香港司法权对立法权的监督制衡来自基本法授权和人大释法的指引，而不是根据英国普通法原则确立；其三，梁游二人宣誓无效属于自始无效，绝对无效，是《宣誓及声明条例》第21条载明的“未就任”，而不是“离任”；其四，围绕梁游二人的其他相关选举或宣誓或民事诉讼应以自始未就任的法律状态为前提。

除了最为激进的梁游二人被取消就任资格外，还有已宣誓过关的刘小丽以及其他一些本土派议员的宣誓效力案仍处于待决状态。尤其是刘小丽案，由于是重新宣誓完成就任，而重新宣誓的合法性已被人大释法及高院判决所否定，因此存在较大可能性被否定议员资格。当然，每人的“加料”誓词有所不同，需要具体逐案判断，但人大释法及梁游案解释方案已构成有拘束力的法律基础。司法复核、上诉以及补选还将耗费一段时间，但经由人大释法而渐趋明朗化的香港选举秩序与宣誓秩序，以及由此带来的人大释法成为香港法治的常态性因素并与香港司法良性互动，是全面准确理解与实施基本法的重要进步。危急中有机遇，此次人大主动释法及香港司法相对积极的回应是很好的例证。期望终审法院接力作为，为香港新法治开创新局。

（本文原载于香港《大公报》2016 年 11 月 17 日）

-香港“客卿司法”之反思-

“七警案”量刑确属过重，尤其是与“占中”判决、旺角判决之社运分子承刑相比，这种“畸轻畸重”的司法失衡可能严重影响警队士气和香港公共秩序，纵容社会运动激进化甚至“港独”分离主义，不利于香港繁荣稳定及基本法秩序维护。其中的重要争议是外籍法官的立场与裁判是否适合维护香港法治整体秩序，兼顾权利保护与公共利益。

“七警案”争议中，“外籍法官”问题被再次提出。该案裁判影响极大，连何新和郑永年都及时发文声讨，力主检讨基本法中的司法主权缺失，开展系统化的“去殖民化”。当然，也有不少学者对此不以为然，甚至认为比照内地司法，本案裁决更加彰显法治，也是香港继续维持国际金融中心地位的基础。这是针对该案的两个立场的基本观点，都包含着某种“真理的颗粒”，但也存在失察误解之处。

外籍法官属于香港司法界的“客卿”，是香港基本法承认及香港司法机关聘请的合法裁判官。从比例上看，在香港各级法院中，外籍法官占比很高。为何会出现这种“客卿司法”？是否构成一种变相的“治外法权”？香港司法主权到底属谁？这些疑问不仅仅是学者的惯常关注，也是香港基本法实施中不断出现矛盾冲突时中央与建制派的焦虑点。

笔者的理解是：第一，外籍法官问题是香港回归“平稳过渡”工程的一部分，主要目的在于保持香港普通法传统与司法制度的连续性，维持香港繁荣稳定；第二，外籍法官来自普通法适用地区，在回归后的较长时段内能够保持香港与普通法体系的有机联系和法理交流，对于保障香港的国际地位与法治影响力做出了一定贡献；第三，外籍法官在普通法司法专业技艺上问题不大，但在对基本法秩序整体认知、“一国两制”内涵把握以及维护裁判中的国家主权、安全与发展利益方面则不能合理权衡，亦无维护之意愿与能力；第四，外籍法官对香港宪制秩序的理解存在偏颇，在法律意义上视同独立政治实体，而不能发展出一种兼顾具体国家利益的裁判法理学。有关批评盯住外籍法官的基本立场和政治认同，不信任其维护中国国家利益和香港基本法整体秩序的可能性，这是合理的存疑，也是外籍法官症结所在，但对外籍法官在香港回归初期以及香港日常法治中的技术性保障作用评价不足。而一些为之欢呼的，则如同外籍法官一般，未能看到香港司法的特殊地位与后果：如果放任这种“畸轻畸重”的社会运动类裁判，则运动分子如“狼”，一线警员如“羊”，法治丧失最基本的秩序权威性，司法裁判牢牢捆绑住维护法治的执法权力，变相支持社会运动以违法甚至暴力的方式挑战基本法与香港法治，如此则繁荣稳定不再，香港法治亦无所归依，其最终指向必然趋于“港独”。只因技术理性和表面立场契合就径直欢呼，也是不解香港法治纷繁复杂之风情。

在香港，司法过于独立乃至于“至上”，司法同情乃至于放任社会运动，过分限制警察权，其结果并非香港的法治进步和民主发展，而是基本法秩序式微，倒逼国家更强的威权护法，香港民主发展空间更为狭窄。为何在美国等国家的社会运动与司法互动模式在香港地区行不通？根本原因在于香港只是基本法下的一个地方行政区域，具有的只是与其繁荣稳定相称的功能性的“授权治权”而绝非主权，其按照来自主权或完整治权体系的社运与司法模式来追求香港政制发展，会不自觉地走向分离独立，诱导国家干预和自治萎缩，有害而无益。

从香港司法的教育和裁判体系的成熟发展来看，外籍法官已经起到了过渡期的作用，可以逐步减少甚至不再聘用。主要依靠香港本地法律人才来支持香港司法，也是香港司法独立的一部分。而所谓与普通法地区的有机联系和法理交流，亦可以采取聘任法官之外的其他形式进行，比如外籍人士以“法庭之友”形式提供咨询意见，法律行业的国际研讨会，等等。“客卿”既为客，我们亦不能“苛求”，因为是香港司法首先有求于人而主动聘请的。香港司法若果真成熟自信，应逐步朝着减少乃至于完全取消“外籍法官”的方向进行改革，实现普通法地区法律“客卿”的功能与作用方式的转型，提升香港司法的能力自主和人才自主。当然，即便“外籍法官”不再存在，香港司法之法理学与裁判合理性是否就一定能够有结构性提升？这将成为另外一个棘手课题，因为主导香港法律界的是本地反对派，其对法学教育、律师资格、法官遴选、基本法法理学乃至于反对派政法论述与组织网络的建构和维系长期耕耘垄断，极其严密，已形成庞大而封闭的利益共同体和价值共同体。与香港司法的深层次对话互动，促进其面向国家的法理转化和心智开放，提升其裁判法理学的国家法内涵与层次，是未来“依法治港”的重大要害与挑战。

（本文原载于香港《明报》2017 年 3 月 3 日）

- 周庭被 DQ 的宪制指标意义 -

香港青年本土组织——“香港众志”提名参选人周庭被选举主任裁定因“港独”主张丧失参选资格，引起香港内外较大震动，甚至英国及欧盟亦在特蕾莎·梅访华期间动议声援。周庭是从“学民思潮”一路尾随发展而来，与黄之锋是“政治战友”。周庭被 DQ（取消参选人资格）对于更具“明星”光环的黄之锋是一个不好的兆头，意味着后者未来的从政之路难有坦途。建制派对于周庭被 DQ 一致赞成，认为是香港法治为选举立规矩，澄清边界，阻却“本土自决”及“港独”进入体制。

问题的焦点在于：选举权与被选举权是否具有宪制约束？还是无限制地对任何合乎基础条件的选民开放？比如反对派就主张选举主任之资格审查只在于确认永久居民资格等相关形式化条件，对参选人政治取向无权力审查。这样一种“无条件”法理，有一个限制性前提，即参选人需为所在宪制秩序的忠诚公民，在此前提下始有平等选举权与被选举权成立。这是合乎一般宪制法理的，概因选举权与被选举权并非普适的人权，而是法定的公民政治权利，其具体条件与门槛由所在宪制秩序予以划定。香港参加的国际人权公约亦未排除香港法律对选举安排的具体设计与实施。

那么参选立法会议员的具体政治条件是什么呢？从技术标准而言，参选条件与宣誓条件大体同构，即效忠香港特区及基本法。这一政治要求是基本法第 104 条明定的，且经过 2016 年第五次人大释法的具体化。该次人大释法澄清，“双效忠”要求不仅是当选后宣誓程序的形式要求，也是公职人员参选或任命的实质条件。从基本法到人大释法，建构了香港选举及宣誓的基本秩序，其所针对者正是意图颠覆“一国两制”与基本法秩序的“本土自决”派及“港独”。周庭这次“试水”，是香港本土与基本法秩序之间的宪制指标测试事件，由此使得香港选举法治更加清晰及具有确定性。

选举有门槛，也有具体政治条件，选举需在法律范围内进行，这是选举法理学的常识。而且，选举主任的 DQ 并非没有先例，2016 年立法会选举中梁天琦、陈浩天等本土派亦遭 DQ，这显示了香港选举法治的前后一致，外界指责与非议乃是不理解香港具体法制所致。人大释法也并非增加审查条件，而是明晰“双效忠”在选举及宣誓程序中的具体内涵，构成对香港选举管理机构及司法机构的规范性监督与指引。“香港众志”事后修改网页文宣，删除“民主自决”等终极纲领，变相承认了“自决”不符合基本法以及周庭被 DQ 具有合法性。但“香港众志”并未同步删除英文有关文宣及发表正式声明予以切割，以及其实际作为仍然坚守本土激进立场，故其为本土“港独”组织的政治性质并未改变。

宪制秩序有其边界，其法理根源在于任何秩序必存在内外边界，而不可能成为无政府的完全开放空间。这一边界具有隐含的“敌我”界分，即具体宪制存在“敌我”，而选举权与被选举权属于“我”而非“敌”。对于公开宣扬颠覆现有宪制的政治组织及个人，宪法并没有为其容留政治存在空间，而是保持必要的清醒与戒备，并以严密的选举及国家安全法制加以制度性防范。这种本于“敌我”区分而着意于宪制自我防护的秩序理性，在德国基本法上被归结为“防卫型民主”（defensive democracy），以保持对极左或极右政治势力之颠覆行为的宪制打击力。这种宪制的“防卫意识”是任何共同体的自我保护意识在宪法秩序内的体现，政治体首先求得整体生存且以其继续存在作为必要的制度理性。这种自我保护的宪制法理逐步普遍化，在中国宪法与基本法建构的香港自治秩序中亦有逐步凸显。之前的“选举确认书”、人大释法及本次的选举 DQ，可视为这一宪制法理的具体化，亦为香港社会及一般民意所理解和接受。

从选举主任的具体裁量过程来看，具有合法合理之属性：其一，选举主任并非先入为主，而是根据参选人提供资料、邮件调查与询问、自主搜集之资料等加以综合研判，给出具说服力的裁定；其二，选举主任裁量行为以基本法、人大释法、香港选举法等作为法律规范依据，具有扎实的合法性基础；其三，对周庭之外的其他本土人士，比如姚松炎，则根据其本人具体答复与解释最终确认提名有效，显示并非“一刀切”，而是根据法律个案裁断。对于选举主任之裁定，周庭仍然享有香港法律上的救济权利，如选举呈请或司法复核，但因为选举主任裁定有根有据及人大释法具体澄清，法院一般不会推翻。

建制派所不满者，乃在于选举主任未能“宜将剩勇追穷寇”，而纵容姚松炎“过关”。据说，姚之“过关”本颇具争议，乃特首决意放行而展现和解之意。对于这种结果，建制派的愤怒固可理解，但香港基本法下的政治本非严酷的敌我政治，而是具有敌我斗争意味的宪法政治，故DQ之宪制指标意义在于其典范性与威慑性，而不在于将“敌人”全部消灭。基本法秩序依托“一国两制”宪制方略，对“敌人”存在一定的制度容忍及改造转化之规范设定，只是需要极力防范“极端敌人”而已。

于此，即便有人大释法高悬及特区法院积极认受，香港特区政府亦没有要求复核所有涉嫌“本土”的反对派议员，而是以DQ“2+4”收场，在适度威慑之余仍保持香港立法会一定的多元化和对抗性，避免成为“建制派议会”而丧失对香港社会与政治的代表性。此次放行姚松炎，无论是这种适度威慑逻辑的延续，还是特首“和解政治”的布局，实质上具有“制度性规训”本土派的宪制筹谋。如果姚松炎从此收束言行，取向温和理性，不失为一个“改造典型”，对香港本土派尤其专业精英人士有示范引导意义。即便其虚伪蒙混，心口不一，后续仍有选民选举、宣誓及宣誓后监察等诸多环节加以节制，未必失控。

香港选战及政治基本盘，仍然落定于建制和“泛民”，至于所衍生之中间派及极端本土派，大有萎缩颓废之象。随着人大释法及香港法院大体扎牢对激进本土的法治防线，使之政治空间受到结构性限定，街头运动迅速退潮，“占中”之后再无“占中”，而仅余校园“港独”之一隅有待规整。正是如此，校园“港独”才在某些事件如港中文“民主墙”海报、浸会大学普通话争议等过程中歇斯底里反弹，甚至也有精英团体如大律师公会面对“一地两检”决定之绝然否定，概因“一国两制”及基本法秩序的稳健走向与他们之想象与愿景越发不同。但这种不同，并非宪制改变，而是全面准确实施使然，而他们终究固步自封，未能全察宪制秩序及合理判定演变大势。

总之，香港是一本复杂的书，但再复杂也有被阅尽阅透之日。香港选战是一个多方角力的混乱棋盘，但再乱也需要在“一国两制”与基本法的“游戏规则”下运筹对奕。周庭被DQ实质意味着香港选举法治的宪制成熟，具有积极的宪制指标意义，也为黄之锋之类的激进“本土自决”派敲响了警钟。至于“香港众志”如何调整转型，他们还是否准备参与合法的选战游戏，或者一直停留于激进理念、校园一隅及街头运动范式之中自我萎缩，尚有待观察评判。

（原载香港多维客专栏2018年2月2日）

－梁天琦案折射香港法治复杂性格－

旺角暴动案的核心主角梁天琦终于被判袭警、暴动罪成，监禁6年。这一判决连同旺角暴动案一系列其他判决，构成了香港法治关于“暴力社运”之坚固而清晰的判例法，也成为香港法院维护“一国两制”和基本法整体秩序的具体作为。香港法治对“暴力社运”设下“零容忍”底线，可以有效阻断后“占中”时期香港社运的暴力化升级趋势，定下非暴力的合法底线。该案具有重大的政治和法治意义，有效打击了本土“港独”的侥幸心理和试探底线的冲动行为，对维护香港基本法秩序下的繁荣稳定起到关键性的制度支撑作用。

当然，香港法治阻断的只是“暴力港独”，而不是所有的“港独”言行。我们可以举出两个典型例子证明香港法治并非一味反“港独”，而只是反暴力。不使用暴力的“港独”，在香港法上之检控仍然比较困难。

其中一个例子是“占中”系列案，尤其以黄之锋案为典型。“占中”案总体上受到“公民抗命”道德正当性因素的干扰。尽管香港大律师公会及香港法院并不认同“公民抗命”，但法官在具体裁判中考量了这一道德动机并从轻量刑，以致于“占中”骨干怀抱极大之政治侥幸心理，可以凭借很低的运动参与成本获得巨大的物质及精神收益。黄之锋的知名度、领导力及国际社会的不同形式援助，使得“黄之锋范式”一度成为香港青年社运很坏的引导。黄之锋的轻判是香港司法偏向“抗争者权利”而罔顾公共秩序及国家利益的一个缩影。

另外一个例子是戴耀廷，不仅其“占中”罪责悬而未决，而且其跨境“港独”言行（尤其是今年4月初在台湾的激进言行）亦很难被有效检控。律政司担心依据《刑事罪行条例》之煽动意图罪的检控不仅难以制裁戴耀廷，反而可能导致法院对该刑事条款启动司法复核而宣布其违宪无效。若法庭不定罪，则香港大学绝无可能启动解聘程序。

对黄之锋案及戴耀廷案，香港社会尤其是建制派每每痛心疾首，但也只能限于道德挞伐，无法真正诉诸法律行动及追究实际刑责。这里反映了香港法治的复杂性，亦反映了制约香港法治区别对待“占中”案与旺角案的主要因素：一方面，香港之国际地位有赖于香港法治与西方法治的一致性，舍此则国际社会很难维持对香港的信任，香港之既有国际地位恐怕不保；另一方面，香港法治毕竟属于中国法律体系之一部分，需要兼顾保护国家宪法与基本法的主权、安全与发展利益。这就造成了一种特别的规范性张力：保持国际性需要香港法治靠近西方标准，而维护国家利益又需要香港法治适度靠近国家立场。

因此，香港法院需要发展出一种兼顾其国际性和国家性的裁判法理学，需要对本土“港独”行为进行有限、精准、可解释与可接受的定位和约束，需要在基本法第 23 条立法未完成的条件下适当承担起维护国家安全的最低法治责任。香港法治需要同时向国际社会及国家表白自身的合法性与合理性。这是“一国两制”宪制框架必然牵引出的两面负责与两相暧昧的法治状态。故而，香港法官需要非常小心地拿捏抗争者权利与公共秩序之间的微妙平衡，给出最为精致化的理由以满足其系属国际发达法治体系与国家法治体系的差异化要求。

在“占中”案中，法院总体上偏向抗争者，判定“占中”有“民主”动机，无“暴力”事实，所涉违法属于轻度，造成的有形危害不够显著，因而轻判。当然，如果从“占中”之后的“本土分离运动”之实际危害及“占中”动摇香港法治根基的角度来看，社会危害性自然巨大，只是个案法官难以周全考虑更多关联因素，只倾向于对眼前的案件依据“普通法适用地区”之一般判例及法官个人的自由裁量加以具体判定。在旺角案中，法院总体偏向公共秩序，判定以“暴力”方式追求任何形式的理想目标均属于不可理解和宽恕的行为，民主或“港独”不能成为免罪或罪轻的理由。在具体解释上，香港法官当然不会直言这种从重判决是在保护国家利益，而只是诉诸“公共秩序”理由。但这已足够。因为香港的公共秩序与国家利益同属于基本法之“秩序”利益的大范畴，二者并无矛盾。香港公共秩序就是香港的繁荣稳定，因而就是基本法上规定的国家利益。

那么，香港法院认为“占中”缺乏有形危害，而旺角暴动显示了有形危害，从而施加了差异化判决，这样的裁判法理是否有问题呢？从纯粹国家法立场而言，这种差异化的法治忽视了“占中”给香港法治及基本法造成的结构性“内伤”，忽视了“占中”与后“占中”时期“本土分离运动”之间的因果联系，忽视了“占中”对香港青年人价值观与社会秩序的“慢性病”式的侵蚀与危害，因而是不够公正的，也不能称为全面准确实施了基本法。但若从香港普通法介乎国际体系与国家体系之间的特殊地位与处境而言，这种差异化又具有一定的合理性，甚至显示了香港法官“理性的狡猾”或特别的司法技艺。这或许就是“一国两制”的特殊性与独特魅力所在：如果沿着“一国”方向推到底，以国家立场评判，会发现香港法治简直与受殖民统治法治无异，但这是“一制化”的单方面结论；如果沿着“两制”方向推到底，以香港普通法立场评判，则香港法治的既往表现差强人意，而近些年在人大释法与决定之中央规训下的适应性作为则有“失节”之虞。但如果从“一国两制”整体观之，香港法治仍可足够获得国际与国家的基本信任。这种区别对待“占中”案及旺角案的差异化裁判法理，从某种程度上反映了香港法治的政治成熟与技艺理性之进步。

这就是香港法治的复杂性格，它在出身上就禀有国际性的普通法胎记，但又日益深度嵌入“一国两制”的国家法规训结构之中，终于在“占中”案与旺角案交叉刺激下发展出初步成熟的“社运司法”裁判法理体系。梁天琦案，正是这个裁判法理体系的关键节点。

（本文原载于“思考 HK”2018 年 6 月 12 日）

- 检控戴耀廷考验香港法治 -

戴耀廷将“公民抗命”引入香港，自身及其拥趸或以“盗火者”自居，但对香港法治则有着长远的结构性损害。戴耀廷并非昙花一现，在后“占中”时代不断以“选举工程师”身份，通过“雷动计划”“风云计划”等掌控香港反对派的选举协调尤其是支持本土派的政治竞逐。

问题是，香港法治至今对戴耀廷束手无策。从中央到香港建制派，固然自始至终都从宽泛的政治立场批判戴耀廷破坏法治，助长“港独”，但这种批判并未实质性遏制戴耀廷继续我行我素。建制派亦藉此反复呼吁重启第23条立法以绝后患，但这是一个更加艰难的政治议题，在香港社会可能触发进一步的对抗与撕裂。戴耀廷的“占中”案件涉嫌煽动非法集结及扰乱公共秩序相关罪名，却至今未出判决，而其最新的煽动“港独”言行涉嫌《刑事罪行条例》的“煽动罪”，但特区政府律政司未能及时启动检控，部分原因在于胜诉信心不足，害怕于普通法上无足够理据，害怕法院乘机对这一罪名条款进行违宪审查，从而手足无措，更形被动。

这就造成了香港法治的“戴耀廷难题”，一种有着显著社会危害性并触及基本法宪制秩序的法律问责难题。然而，即便没有第23条立法，是否香港现有法制对戴耀廷相关行为就完全无法追责呢？是否香港法官就完全没有解释空间来形成关于“煽动罪”的判例法，从而对类似“港独”言行加以本地法律规制呢？以及更进一步，中央对破坏“一国两制”的“港独”行为是否就完全没有合法的行动理由与空间呢？我觉得这些问题可以在法理与法治实践上做切实而负责任的考虑。

“港独”演变至今，尽管有人大释法的迎头痛击，但激进言行仍然存在，“占中”检控并不顺利，香港法院的立场常常呈现出两面平衡的机巧，而缺乏一种维护基本法整体秩序的责任伦理。本土“港独”在精神定位上拒绝祖国的召唤，反向面对海洋进行政治逃逸，其本质亦反映了英国对香港的“海洋政体”建构根深蒂固，而中央所根植的“陆地政体”在基本政治精神与法理上无法穿透这一殖民建构，无法短期内取得香港社会尤其是精神西化之精英群体的政治认同。“一国两制”承受的不仅仅是经济差异和法律差异，也是政治文化的结构性差异。“港独”在2017年新特首施政以来呈现出某种颓势，但香港法治未能有力构筑“反港独”规范体系，香港的校园“港独”和戴耀廷式的跨境“港独”就是显著例证。“港独”从民主运动激进化转变而来，但日益沾染上了民粹化及反民主的倾向，不认同“一国两制”与基本法秩序，否定体制内民主化路线，很可能成为香港民主的紧箍咒和墓志铭，拖累香港民主进程及国家在新时代对香港的积极期待，根本上损害香港居民的整体利益及国家发展利益。

“戴耀廷难题”正是在上述的“港独大众化”氛围下产生的。这反映出戴耀廷是一个在政治上具有投机性格的政客，而不是纯粹的学者。黄之锋的激进与力量是有限的，因为他没有思想，更多是某种激进思想的“冲刺符号”，是本土“港独”必要的广场象征物，但戴耀廷有理论，有政治抱负，有随机应变的政治话语策略，有长期尾随指导香港民主运动的意愿、习惯和能力。“占中”之后，本以为戴耀廷会重回课堂钻研学术，冷静反思“占中”运动，合理调整民主话语策略，负责任地承担起后“占中”政治治疗与和解的学者责任。但其反道而行，奋身介入争议极大、风险极大的本土“港独”运动，不仅在选举工程，更是在国际空间及港台民主互动中为“港独”站台和发声。“港独”在戴耀廷的实际行为中，已完全超出了一般言论范畴，而成为具有煽动性及破坏性的政治行动。

总之，香港法治面对“戴耀廷难题”已显露出一定的法理短板和宪制能力短缺，需要在中央的宪制性监督与特区检控触动下发展出维护国家安全的判例法理学。这一转型不以第23条立法为严格前提，可以通过依据第23条立法的原则规定与立法精神对《刑事罪行条例》有关罪名进行合宪性解释与适用，创制出反“港独”的本地判例，弥补香港本地法治的国家安全漏洞，并为第23条立法积累本地司法经验与法理基准。

（本文部分刊载于香港《中国评论》2018年7月号）

-“公民抗命”的香港误用-

2017年的香港司法日益表现出对“公共秩序”的保护意向，先是在黄之锋案中改判加刑，后又在梁、游“终极上诉”中予以驳回。某种意义上，梁游案是黄之锋案自然发酵的结果，因为有“占中”违法在先，就会有梁、游“港独”宣誓在后。“占中”改变了香港政治生态，催生了“本土分离主义”，造成了对香港法治与公共秩序根基的严重损害。对这一损害的严重性，中央政府认知清晰，行动有力，但囿于“一国两制”与基本法的宪制性约束，不可能在香港自治秩序内直接行动，如此，则香港司法如何作为就非常关键了。

“占中”案早期，法官同情抗争者权利，容忍“违法达义”，所谓社会服务令之判决形同变相激励，导致香港社会运动进一步激进化，法治权威动摇。此次改判及终审法院对梁游案之立场，显示出香港司法对公共秩序危机的自觉意识及承担宪制维护责任的理性取态。

法院在改判中明确批评了“占中”参与者的“违法达义”法理。这一动员逻辑以西方的“公民抗命”理论为依据，认为可以为了更高的宪制理想目标违反具体法律。历史上，美国的梭罗抗税、黑人平权运动、印度的非暴力不合作运动以及南非的反种族隔离运动中，“公民抗命”理论均有运用，其较为成功地促成了相关社会的观念自觉与制度进步。

当回归后的香港普选运动在“民主回归论”之相对温和路线下面临动力不足时，反对派内部某些精英人士寻找到了“公民抗命”的灵符，希望对中央政府进行政治“核威慑”，以达致“最理想普选”之目标。2013年初，香港大学法学院副教授戴耀廷在《信报》发表文章《公民抗命的最大杀伤力武器》，正式揭开港式“公民抗命”的序幕，以“占中”运动对抗中央可能的普选限制。如今，包括黄之锋在内的不少青年人或被定罪，或遭检控，面临着具体而沉重的刑责以及未来人生的不确定性。香港各界，包括法律界，对戴耀廷的理论误用及社会危害越来越看清，批评声音与力度越来越大，而其自身亦面临刑事检控。

"公民抗命"在香港的引入是一种理论误用，其实践形态亦与该传统有较大出入：其一，香港是高度发达的资本主义社会，民主在基本法秩序下有序推进，不存在"公民抗命"所针对的严重宪制缺陷或政治专制；其二，"占中"鼓吹者一味动员青年学生甚至未成年中学生参与运动，冲在一线，自身却躲闪卸责，不符合"公民抗命"的政治美德要求；其三，"占中"鼓吹者对香港法治选择性服从，只认轻罪，不认重罪，显示出缺乏"公民抗命"的牺牲精神与道义责任感，做不到"求仁得仁"；其四，对法院判决轻率批判，对抗法治，无视"一国两制"与基本法的根本宪制权威，丧失了"公民抗命"以更高宪制批判具体"恶法"的内在秩序理性；其五，将香港想象为"独立政治实体"，一味提出超越基本法的"理想普选"方案，不切实际，缺乏政治沟通与妥协经验，最终拖累香港普选闯关及民主发展前途。

"公民抗命"在香港并无民意基础，也缺乏严谨的学理研究，对西方的经验个案更未吃透，只是作为少数反对派精英的概念工具和个人政治野心工具，轻率地加以实验，而香港社会与特区政府对此并无管治经验，甚至缺乏必要的危害性认知和系统应对措施。在"普选"光环的笼罩下，"占中"运动得到了香港内外形形色色的理解与支持，但却造成了非常负面的政治后果：其一，法治的核心价值受到动摇，青年人以"造反有理"的姿态不断激进化，逐步破坏了香港政治生态的平衡，滋生"本土主义"与"港独"；其二，促使国家从严评估香港普选形势，以"8·31"决定设定普选框架；其三，"占中"形成的伞后组织逐步自主发育，掌控后"占中"的反对派话语权及国际代理权，导致政改闯关妥协无望，香港普选进程停滞；其四，"占中"后的青年社运力量快速膨胀发展，无节制地批判"民主回归论"，推崇"本土分离主义"和暴力行为，对香港宪制基础造成根本性损伤。

对港式"公民抗命"的理论缺陷、行为偏差与恶劣后果，香港法律界逐步觉醒并积极批评。"占中"期间，香港大律师公会曾发表正式声明，引述"公民抗命"法理及比较法上案例对港式"公民抗命"之不成熟理念加以批评，但未获重视。在黄之锋案改判后反对派对香港法治的批判与游行之际，香港大律师公会与律师会发表联合声明对"公民抗命"及其反法治后果继续予以批评。近日，香港大律师公会原主席石永泰在《明报》新闻网录有专题视频，批评香港“公民抗命”的理论缺陷，引述毛泽东之“革命不是请客吃饭”来批评戴耀廷的政治胆怯与美德匮乏。黄之锋案改判尽管带来了香港内外的一定政治冲击和反弹，但香港社会及主流民意并不支持这些对抗法治的行为，香港法治在“真理越辩越明”中得到了巩固而不是削弱。

香港宪制乃建基于“一国两制”与基本法的优良框架，禀有英式普通法的保守气质，本质上属于精英主义的代表性宪制，强调代表性、责任伦理、政治美德与均衡参与，反对不加节制的民粹化。港式“公民抗命”的引入，欠缺理论上的审慎性与政治责任伦理，实践上过度鼓动和依赖低龄化的青年力量，后果上与基本宪制、法治及普选前途相冲突，终于走入死胡同。2013—2017 年，这一段“公民抗命”的历史误会正在被“一国两制”的国家理性和香港法治的保守理性所合力修正。基本法的“循序渐进”条款确立了香港民主化的节奏感和有序原则，而黄之锋案改判的宪制意义正在于香港法治与香港社会正在回归基本法的宪制轨道，香港民主发展重新获得一种面向未来的方向感与确定性。

（本文英文版原载于《南华早报》2017 年 9 月 1 日，此处为中文稿）

- 司法复核不是救命稻草 -

在反复“拉布”与政治激辩之下，香港立法会近期终于投票通过了“一地两检”本地立法草案，确保粤深港高铁香港段今年秋季如期通车。从经济民生角度而言，这一法例有效保障了香港按照“高铁效率”融入粤港澳大湾区，优化了香港普通居民尤其是青年人“北上发展”的地缘交通条件，拉近了香港社会与内地社会及其族群间的心理距离。但香港反对派尤其是法律界并不简单地从经济民生及融合发展这样的大局出发，而是严格戒备着中央管治权通过“一地两检”而对香港法治尤其是高度自治体系的穿透及整合效应。他们不仅预期到未来西九龙站现实化的国家执法力量，而且敏感而固执地认定“一地两检”的整个决策缺乏宪制性基础，尤其是缺乏基本法的明确授权及普通法的解释性依据，故有“司法复核”的终极对抗策略。

普通人看到的是民生便利，精英在乎的是宪制变迁与香港“完全自治”的远景预期。“一地两检”的人大决定及本地立法在某种意义上打破了反对派对香港地位与未来的“历史想象”。在整个“一地两检”决策周期里，反对派的基本理由表面上是法律的，实质上是政治的，是对“一国”及国家管治权的深刻不信任，是对“一国两制”进入融合发展阶段的严重不适应。但香港民生要向前走，香港法治需要与国家法体系互动整合，司法复核不应被滥用来阻止“一国两制”在新时代合法合理的制度性发展。

一、法院无权复核人大决定

立法通过后，反对派声称要就立法会草案及作为立法依据的人大决定提起司法复核，企图将抗争的战场延续到法院。但根据“一国两制”及基本法秩序，香港法院缺乏对人大决定的司法管辖权，不可能否定人大决定的宪制合法性，反而有可能基于维护基本法秩序的法治立场而肯定人大决定的合法性，从而终结香港关于“一地两检”的法律争议。香港法院会承受来自反对派的政治压力，但最终结果必然是法治的胜利，也是民生的胜利。借助“一地两检”的大湾区高铁交通时代已经到来，香港司法不可能背离其一贯的“人大行为不审查”的法治立场及维护基本法秩序与香港民生福祉的宪制性责任。

香港法院无权复核全国人大常委会的“一地两检”决定，基本理由是：

第一，“一地两检”决定是全国人大常委会正式做出的关于西九龙高铁站管理制度的宪制性安排，具有等同于国家法律的地位，已成为以宪法和基本法为宪制基础的香港法律体系的一部分，具有国家法上的宪制合法性。

第二，香港法院之司法复核权从属于基本法授权的司法独立与终审权，主要用于对特区立法会及政府有关行为是否符合基本法做出审查与判定，无权向上追溯至对全国人大及其常委会的任何行为进行审查。该立场已由香港终审法院在 1999 年的“吴嘉玲案”补充性判词及“刘港榕案”判词中予以清晰阐明，香港各级法院予以严格遵循。

第三，“一地两检”之“三步走”制定方案及有关程序是在香港与广东地方协商基础上经国家最高权力机关确认的合法程序，符合“一国两制”的基本原理及香港与内地的共同利益，且获得了香港民意多数支持，香港反对派亦通过协商民主程序表达了自身意见，该项决策具有民主基础和实质正当性。

第四，特区政府依据人大决定提出的“一地两检”法例草案经过立法会民主辩论与合法投票，香港法院无权质疑作为法案制定根据的人大决定，也缺乏足够证据和权力推翻立法会的民主立法结果。

如果香港法院受理及做出违宪裁定，则表明其背离了 1999 年以来终审法院确立的“人大行为不审查”的司法立场，存在司法越权及违反基本法的情形，全国人大常委会有宪制性责任通过释法等相关宪制程序予以澄清、监督和纠正。

二、人大决定与释法同位阶

在香港本地法律认知中，人大释法因有基本法第 158 条明文规定及

5 次具体释法实践，其宪制合法性已无疑问。但人大决定在基本法及人大管治实践中不够清晰具体，故依据普通法观点似乎有所疑问。这是对国家宪法体制及人大行为效力的法理性误解。根据中华人民共和国宪法规定及其基本原理，人大决定与人大释法具有同等法律效力，均属于最高国家权力机关依据宪法与法律的合法权力行使。

基本法上虽然没有明确提及人大决定的效力，但人大决定构成基本法秩序中有效的法律规范，香港法院有宪制性责任跟从判案，通过司法判决确认、适用及维护人大决定的宪制合法性，就如同 1999 年后香港法院对待人大释法的立场一样。具体理由如下：

第一，解释基本法需纳入国家宪法视角。对人大决定效力的质疑源自单纯的普通法视角，香港法律界的反对意见循此法理，香港社会亦受到较大影响和误导。但香港普通法是基本法规定之香港多种法律渊源之一，是理解和实施基本法的一种方式，而不是唯一方式。基本法的全面准确实施还需要纳入国家宪法视角，体现宪法对基本法秩序的支配力与塑造能力，增强香港司法及法治的合宪性。中央提出宪法与基本法共同构成香港宪制基础，就是对单纯普通法视角的法治主义纠偏。

第二，“人大决定”在香港回归以来已多次使用，有效推动了香港宪制秩序的完善和发展，促进了“一国两制”对现实状况及挑战的适应力与制度创造力。典型事例包括 2006 年“西部通道”的人大决定以及 2014 年关于普选的“8·31”决定。对此类决定，香港法院予以确认和尊重，并无合法性质疑。

第三，中央享有基本法上的“剩余权力”，这是基本法的授权法属性及中央的主权者宪制地位决定的。“一地两检”是“一国两制”与基本法实施中的新情况和新问题，香港及广东均无权单方面或仅仅在地方合作层面直接决策，而必须由中央依据宪法和基本法做出最终决定。

第四，全国人大常委会在“一地两检”决定及其有关制定说明中已清晰阐明该决定的宪制依据和效力。这是成文宪法传统下的合法而正当的管治行为，香港普通法及法院应予以确认和尊重。

反对派提出司法复核是基于对人大决定宪制属性与效力的误解，也与其平常所受的单纯普通法教育及法理认知习惯有关。故为了适应“一国两制”及基本法的全面准确实施之需要，特别是增强对国家成文法体系的认知与理解，香港法院有必要也有责任通过该案之司法复核，充分澄清及阐明人大决定的宪制合法性及法理逻辑。

三、难以进行的政治问责

香港也有舆论认为若司法复核启动，可能涉及特区政府的政治责任，因政府有违宪之嫌。然而，反对派拟议中的司法复核很难成功，而特区政府依法施政，不负有可问责的政治责任，其有关行为是合法正当的。

政府行为合法性的主要理由包括：第一，特区政府是依据“三步走”方案及人大决定而行为，具有充足的宪制合法性；第二，草案经过立法会民主辩论与合法投票而通过，证明草案本身符合香港民意多数，具有民主合法性；第三，草案引起诉讼是香港司法复核制度门槛偏低的结果，并不表明特区政府存在政治责任；第四，根据本案所涉法律争议及反对派的复核理由，法院很有可能维持草案的合法性，从而对政府行为予以肯定。即便政府败诉，因涉及人大决定，中央必然依法介入以监督和纠正香港司法可能出现的违反基本法的行为。

这些抗争话语及行动反映出香港反对派依然存在一种特别的“心结”或“心魔”，对“一国两制”所根植的这个具体的、中国共产党所领导的人民共和国缺乏一定的信任、认同和忠诚。相反，国家越发展，“两制”越融合，反对派的政治心理越微妙复杂，其政治论述与抗争行为越发偏离基本的宪制理性，而固执于特定的“完全自治”想象和支撑这一想象的普通法，看不到香港普通法作为国家法律秩序一部分的体系特征与演变趋势。

总之，司法复核不是反对派的“救命稻草”，在“一国两制”法理下并无可行性，更多是反对派抗争到底的一种心理性依赖及习惯性话语。“一地两检”决策过程及关于司法复核的可能争议之最终解决，典型体现了基本法秩序之中央管治权与高度自治权的有机结合，也体现了中央作为基本法秩序“最终责任人”的宪制性角色与作为。这一决策及其实施标志着“一国两制”之法理与制度走向进入了国家法与普通法深度交流及互动整合的新时代，香港法治正在理性适应这一积极趋势。

（本文原载于香港《明报》2018 年 6 月 25 日）

- 以法治矫正香港校园民主失范 -

吕大乐教授曾有慧语："尴尬的香港，仍在准备中"，实在精辟。近日，一名内地女生撕下香港中文大学"民主墙"上的"港独"海报并与"港独"学生辩论，此事引发各界关注、热议。与此同时，香港大学、香港城市大学等高校亦频繁出现"港独"海报。从海报内容及论辩态势来看，"港独"学生对"港独"的追求表现出两个特点：其一，"港独"是言论自由，所以无拘无束；其二，对"港独"具体理论失去兴趣，而转变为一种"天然趣味"。这在某种意义上标志着香港"天然独"的形成。

"天然独"这一标签本来用于指称台湾青年世代，如今香港"分离运动"模仿台湾，在政治意识上亦彼此靠近，抱团取暖。这不奇怪，面对内地（大陆）崛起与整合，港台生活方式之维系面临共同重大挑战，拒绝融入国家的力量陷入忧郁激愤之精神病理状态。在这样的精神病理之下，正常的民主理性思维甚至人道伦常底线可能遭到突破，比如港中文前学生会长高呼"支那人滚回去"以及教育大学有人在蔡副局长丧子之际冷血"庆祝"。种种迹象表明，香港引以为傲的校园民主日渐低劣化，已经失范。

这些学生大致出生于回归时刻，对祖国缺乏上一代具体化的爱恨情仇与故土情结，而完整"浸泡于"香港高度西化的价值观及教育体系之中。"天然独"的出现，标志着香港国民教育的重大挫折。青年学生拒绝认同国家，试图以激进的"分离运动"破坏"一国两制"与基本法。这一取向在香港政改闯关失败后更加强烈地凸显出来，是香港社会"精神回归"的结构性困境。这样的"回归一代"在政治人格与精神构成上，将香港"本土性"与殖民统治"国际性"直接对接整合，生成一种独特而扭曲的"殖民本土主义"，用以对抗以"一国两制"为基础的基本法爱国主义。这样的"港独"行为已经不是普通的违法，而是终极性的违宪，是香港宪制之敌。

笔者注意到在内地女生与“港独”学生的论辩中，“港独”学生明确提出他们的行为是学生会行为，以及“港独”是言论自由，对方可以贴出反对性言论。这些学生的逻辑来自于日常的教育灌输，这些信条从表面来看具有“规范正确性”：学生会是代表机构，是选举产生的，可以代表学生；“港独”言论和反“港独”言论需要相互尊重，可以共同贴出。但这些信条应用于“港独”行为就超出了法律界限，而不可能等量齐观。

学生会的代表性及现行学生民主管理制度是饱受质疑的：其一，学生会选举中存在低投票率、低得票率和歧视内地学生等行为，如2015年初香港大学学生会选举中的“叶璐珊事件”，以及此届港中文学生会12%的得票率，导致学生会成为一小群激进本地学生获取违法活动资源与空间的庇护性平台；其二，偏于激进的学生会在校园社团及民主管理中居于垄断性地位，妨碍了校园民主的多元化发展与真正的理性商谈；其三，“港独”议题及其具体立场并未经过所在大学学生的充分辩论，也不是任何意义上的决议或共识，但却以学生会名义贴出，是职权僭越；其四，学生会内部管理混乱，学生会与学联之间已有结构性矛盾，“占中”之后曾出现学生会批判乃至于退出学联的事件，显示香港校园民主的组织管理制度需要严肃反思和改革。

关于“港独”言论自由问题，在法律上是一个伪命题，因为香港基本法不保护意图颠覆本身的敌对行为。基于对法西斯暴政的反思，1949年德国基本法确立了“防卫型民主”的概念与制度，有效防范了左、右激进力量的宪制颠覆行为。自由民主不可能与自己的敌人同在，这一观念贯穿于西方文明之异教论和宪制论的深层逻辑之中。香港现行民主体制建立在“一国两制”与基本法之上。“港独”在香港早已不只是一种思潮或学术议题，而成为有组织、有理论、有纲领、有行动的政治颠覆行为。关于“港独”宣誓案的人大释法、旺角暴乱案裁决、“占中”案改判等连番的法律事件表明，香港社会包括法律界对“港独”行为之敌人属性与宪制危害性已有清醒认知与反对共识。此次“民主墙事件”之后，香港社会、大学管理层及特区政府的立场基本一致：反对“港独”，言论自由不保护“港独”。这是言论自由的普遍法理和边界理性。

但要害问题在于，谁来划定“港独”言论自由的具体边界？香港社会的既往习惯是，或者不认为“港独”言论有何危害，放纵其在言论自由遮羞布下滋长蔓延，或者认为通过规劝和教育可以应对。但是此次“民主墙事件”表明，放纵“港独”言论或简单的教育规劝根本不可行，唯一可行的权威性路径只能是：依法治“独”。在“一国两制”框架下，中央支持特区政府依法施政，其要点在于保持香港繁荣稳定，“港独”意图破坏这一宪制安排。特区政府必须担负起基本法的宪制责任，依据基本法及本地《刑事罪行条例》之煽动罪条款，通过有力的检控行为推动香港司法做出针对“港独”行为的判决先例，适当弥补第 23 条立法未完成之前的国家安全法制漏洞。在共同的宪制危害面前，香港自治机关和香港社会应首先作为，以自治能力消除“港独”隐患，体现高度自治的理性精神与行动能力。此外，内地学生的制度化政治参与以及校园民主管理制度的公平化改革，也是治理校园民主失范的重要着力点。

在“防卫型民主”逻辑下，“港独”言论不可能与反“港独”言论分享同等的宪制保护及辩论机会，“港独”学生误解了言论自由的法律界限，以身试法，对香港社会及自身都将造成严重伤害。这既是其“殖民本土主义”的精神缺陷所致，也是香港公共教育与公共文化总体性危机的呈现。通过依法治“独”廓清言论自由法律边界及责任是应对这一危机的理性选择，但香港公共教育和公共文化的结构性改良则是“一国两制”下“缔造新香港”的长期工程。

（本文原载于香港多维客专栏 2017 年 9 月 26 日）

- 全面管治权的制度化与融入式发展 -

十九大之后的首次“两会”，香港社会高度关注国家治港的动向与变迁。实际上，国家治港在去年“七一讲话”及十九大报告专章中已有确定，此次主要是具体落实和推进，是“执行层面”的具体化。“执行”的重点自然在于“全面管治权”的制度化及粤港澳大湾区的融合式发展相关政策安排。“全面管治权”指向作为“全面依法治国”一部分的“依法治港”，落实中央对香港“全面管治权”将会成为趋势与共识，使得“一国两制”由既往相对松散型的宪制秩序转向适应于新时代的偏向紧密型的宪制秩序。

与法律治理配套的是大湾区融合式政策体系的具体推进。这可能是今年“两会”之港澳部分的主要看点。港区代表委员集体乘坐高铁来京参会，沿路体验高铁速度及祖国大好河山，本身就是一种对“一地两检”本地立法的支持与宣示，以及对“融入式发展”的肯定。甚至特首林郑月娥亦有乘高铁“桂林游”的高调示范。关于大湾区规划，有协调决策层面的“大湾区统筹委员会”的倡议，有国务院的细节规划，有大湾区产业分工合作的前期开展与跟进，有城市群在城市管理、公共服务、创新科技、高等教务、社会保障等诸多方面的互联互通，以及关于港人更多“国民待遇”的政策配套，甚至包括参与国家公务职系的“行政吸纳政治”式的制度扩容安排。这些相关联的“融入式发展”政策进程将香港更加紧密地联系进“一带一路”和粤港澳大湾区的国家发展大局之中，跟上国家发展的高速列车。

中央对港治理的基本主旨是“依法治港”和“有序融合”，使得“一国两制”始终朝着有利于香港繁荣稳定及国家更大发展的动态性双赢方向发展演变。这是“一国两制”的初衷初心，也是其不随具体政策和形势所改变的内在“国家理性”。因此今年“两会”对于港澳的主体表述内容不会有原则性的突破，主要是落实新形成的治理性政策。

通过宪法与基本法的“法律连接”与“法律发展”，将既往有所隔离和疏离的香港社会及居民（尤其是青年）更加紧密地联系于国家治理体系及国家发展战略大局之中，也被认为是“一国两制”合逻辑、合时代精神的新发展，同时也是中国始自近代的重建国家体系之国家建构工程的重要进展。“一国两制”在背景规范上也属于一种国家建构方案，而不仅仅是一种中国“走出去”的经济现代化方案。对这一宪制方略完整性的透彻理解在香港社会并未完成，从而造成“一国两制”发展中的诸多矛盾张力甚至方向性冲突，但经历近几年的调校转型已有所改善。

中央对香港的“宪制监督”法治化是“一国两制”的新方向。全面管治权除了在宪法与基本法的中央直接管治权之外，由于基本法的授权法性质，其重点必然涉及到对香港自治权的全面监督权，后者甚至更为关键，更能体现十九大报告所谓的“全面管治权”与“高度自治权”的有机结合要求，以进一步完善和发展“一国两制”下的基本法秩序。

人大五次释法一般被认为比较成功，但其制度化程度及在香港社会的认受性仍然有待加强。既往的人大释法虽然解决了基本法当中因为规定不清晰或解释歧义而留下的法律漏洞和问题，但并未真正形成一套成熟、完善、可观、可参与的制度化程序，香港社会甚至香港法律界也特别希望中央权力行使能够更多体现在具体而正当的法律程序之中。如果法律程序得以更加清晰化及完善建构，未来再有一些合法合理之释法行为及其他管治行为按照法定的标准和程序展开，就会在香港社会面前展示一种国家权力“在地”而不是“离地”的正面形象，显示出全面依法治国涵盖了依法治港，香港治理属于国家治理体系。中央不会频繁行使监督权，不会经常打破香港的日常治理包括司法裁判，但涉及“一国两制”与基本法重大争议问题或国家利益问题时，必然是该出手时就出手，以体现国家对香港管治之“最后责任人”的宪制性角色与制度担当。

由于香港社会和体制的复杂性以及国际势力的干预惯性，特区政府大体可以应对日常治理挑战，但管治能力有其必然的实际能力和制度能力双重局限，而对基本法秩序的整体保护及“一国两制”方向的顶层把握与政策调控，必须由国家承担主体责任。

“全面管治权”内在于“一国两制”原初设计之中，在法理上清晰表达于2014年白皮书之中，是对既往理解及实践过分偏重“两制”而轻忽“一国”的严正纠偏。但矫枉亦不可过正，不可由一个极端轻率走向另一个极端，从而实质损害“一国两制”的内在国家理性及宪制杠杆作用。因此十九大报告提出了“两权结合论”，寻求适应新时代的“全面管治权”与“高度自治权”的有机结合。从实质的“偏向两制论”到“全面管治论”再到“两权结合论”，国家治理香港日益寻求到了一种真正的精神平衡与宪制平衡。全面管治权的制度化就是在建立“一国”与“两制”之间的法理与制度平衡，而融入式发展则提供香港社会对国家体制包含“一国两制”的背景性认同及“爱国者治港”的力量来源与基础。

全面管治权的制度化及融入式发展，根本目标在于形成真正适应于新时代的“一国两制”与基本法的新均衡状态。对这一新均衡状态的精神与制度适应，决定着香港“二次腾飞”的前途和命运。在这一过程中，有些“逢中必反”的“固化反对派”会日益边缘化及逐步丧失话语权和影响力，有些不能正确认识及调整的“普通反对派”会有失落感及挫折感，越来越多的普通市民及善于把握中国机遇及成功建立最低限度之国家认同的香港人会成为“新香港”的主体和优势群体，以及“一国两制”的真正可依靠力量。有道是，大浪淘沙，岁月流转，时不我待。

（本文原载于香港多维客专栏2018年3月4日）

-全面管治与高度自治的宪制结合-

香港回归以来，“一国两制”与基本法实施出现了两个意外：其一，中央管治权在港无法有效确立权威与认同，青年对国家更加疏离；其二，“民主回归论”下的“双普选”进程遭遇决定性挫折，出现青年“本土分离主义”。这两个意外对香港本地政治的微妙平衡都具有冲击效应，前者必然引发国家焦虑和国家进场，后者则直接损害香港法治与管治体系的现实秩序，二者之作用叠加就使得“一国两制”本身所包含的宪制妥协与制度共识逐渐呈现临界迹象，导致曾以“民主回归论”勉强黏合的建制与“泛民”阵营无法跨越和解鸿沟。2017 年本来应当是后“占中”的“和解之年”，甚至“民主党”主席胡志伟还抛出了“特赦和解论”，而新任特首林郑月娥亦有较为显著的“和解”意向。然而，2017 年香港政治继续分化分裂，中央循法进场及国际势力持续干预并行，本地政治力量无法自行解脱。

国家循法进场的突出体现除了若干次人大释法与决定之外，主要是日益聚焦一种成文法主义的基本法法理学的建构，以穿透香港严密的普通法壁垒。香港普通法的法系与法域归属是非常模糊的：其一，根据中国宪法与基本法体系，香港普通法属于成文性的基本法秩序的一部分，因而属于中国整体法律体系的一部分；其二，根据香港法律界的自我理解及基本法关于香港继续援用“普通法适用地区”判例的制度安排，香港普通法又具有以既往殖民统治法制及“普通法适用地区”法理来解释和具体化基本法的制度功能。基本法的“普通法化”虽然对维持香港法治与金融中心地位及保持香港地区与西方体系一致性贡献极大，但也同时加大了香港法治与国家制度体系的实质性疏离以及香港法律界的法治主义傲慢，其中尤以大律师公会的“普通法世界观”最为凸显。大律师公会 2017 年底关于全国人大常委会“一地两检”决定的“最大错误论”显示其未能真正理解香港宪制秩序的归属与性质，以及中央管治权的宪制监督者地位。香港法律界至今未能建立一种立足于国家成文法传统的香港法治理论，也就不能融贯地理解中央依据宪法和基本法的治港作为。

一、全面管治与治港再平衡

十九大报告提出中央的“全面管治权”与香港的“高度自治权”有机结合，是中央治港法理的再平衡，是“一国两制”初衷初心的凝练表达。“有机结合论”将成为中央新时代香港治理思维的法理基准。这是一种根据中国宪法和基本法的宪制结合，将中央的法定管治权与香港的高度自治权在法理与制度程序上的规范性连接。这一连接将确保香港基本法实施始终成为“一国两制”辩证功能最大化发挥的宪制保障，而不是为香港反对派想象的“完全自治”提供庇护。香港法治经由国家立法决断而继续存在及发展，是中国成文法律体系的有机组成部分。

中央对香港拥有完全主权，这一点连英国人都无法质疑，这也是中英谈判的政治基础。香港人对这一宪制事实也无法否认，因为无论是《中英联合声明》还是基本法都有明文规定。只是由于基本法在特殊的国际政治及国家改革时期受制多方，对香港做出了过多的自治授权，造成了中央与地方权力配置的结构性失衡。尽管邓小平在其系列论述中已有关于“一国两制”底线的设定，但日常治理常常达不到“底线”情形却仍然有威胁中央权威的效果。比如基本法尽管有第 18 条紧急状态条款，但香港反对政治通常达不到这种严重程度，但又很可能导致特区管治瘫痪及中央权威虚化。

自 1984 年以来，“一国两制”在香港呈现出三个历史发展阶段：第一阶段是回归过渡期，指 1984 年《中英联合声明》之后到香港正式回归之前的过渡期，以中央制定基本法及做出系列回归安排为主线，以港英的代议制民主改革以及香港反对派的早期民主化进程为辅线；第二阶段是治理调适期，即 1997 年香港正式回归后到 2017 年，包含回归初期偏重“两制”的放任治理及十八大之后的调整治理；第三阶段是有序融合期，即 2017 年十九大之后到“五十年不变”的实验周期终端，禀有中央管治权内涵的新法理与新政策逐步占据主导地位，改观既往中央治港的法理偏颇和政策失当。至于 50 年之后，以中国的现代化发展程度及港澳的融合进展，到时候也不需要大的改变。这种辩证的历史发展，是作为“一国两制”立法者早有预料及规划的。

“全面管治权”即诞生于第二个阶段的调整治理期，从2014年白皮书首次提出，到习近平“七一讲话”及十九大报告最终确认，已成为中央治港新方略的法理内核。这一法理概念表明：其一，中央拥有对香港的完全主权及依据宪法和基本法的法定治权，是香港日常管治权体系的法定主体之一，而不是仅有国防、外交等象征性或紧急性权力；其二，中央将依法治港作为依法治国系统工程的有机组成部分纳入国家治理体系，不会允许香港出现“政治回归、法律分离”的错位与乱序；其三，全面管治权的主要宪制功能在于重申国家主权权威、落实国家法定治权及建立针对高度自治权的宪制监督权，国家循法治港，只是弥补既往的权力缺位，并无越位；其四，香港的高度自治尤其是司法独立来源于中央的法律授权，是依法享有的自治，不具有对抗中央管治权的宪制地位。

二、基本法秩序的成文法属性

全面管治权为“一国两制”中“一国”的法理化及治权化提供合法性基础，同时也构成对香港宪制基础的重新解释。香港宪制基础是香港法律界认知混乱的主要来源之一，存在“联合声明说”“普通法说”“小宪法说”等不同版本，基本依循香港殖民统治法制观点与普通法立场来认知“一国两制”与基本法，因此无法认清香港宪制的真实归属与性质。1997年出现的“香港新宪制秩序”尽管在规则渊源与制度形式上可追溯至既往的普通法，也包括联合声明，甚至包括国际人权公约，但却经过了主权者的立法决断。“法律是主权者的命令”，这一实证主义的法理观成为中国法律体系的基本原则。香港普通法有效，不是因为它是普通法，而是因为主权者通过立法确认了它的效力。联合声明作为中英国家间协议，不可能成为香港地方自治的直接宪制基础，这是成文宪法理论的通识。“香港新宪制秩序”本质上是中国成文法律体系的扩展，这一扩展的主要标志不是有多少部全国性法律适用于香港，而是将香港普通法的效力根基建立在中国成文法的法理与权威之上。效力根基的重置，是香港法治属性的基础性变革。也因此，既往在香港普通法下较难理解的人大释法与决定就成了中国成文法秩序之效力实现及法制统一的重要保障性机制。

我们能够看到这种成文法文明对香港普通法的渗透与整合效应，香港法院对人大释法与决定的法理接受与适用就是两种法律传统互动整合的体现，也是香港法治“适度国家化”的良性进展。与法院对国家法定权威的制度性接受相比，香港法律界尤其是涉入政治颇深的大律师精英们就很难淡定了，他们想象及一直依赖的“司法完全自治”正面临国家的有序整合及监督，而他们梦魂萦绕的“双普选”因其过于理想化又极度自私的政治性格而陷入停滞。

对香港反对派精英而言，循着“一国两制”与基本法秩序的“完全自治”之路越走越窄，政治挫折感与意义幻灭感越来越强，以致于在多个层面呈现显著的颓势：其一，在人大释法与决定的每一个环节，香港司法与法治都受到了一次“国家法规训”而更趋合理化，香港法律界无法接受这一合理化，但又抗争无效，陷入精神痛苦；其二，“8·31”决定框定了香港普选秩序，经受了“占中”抗命的冲击，奠定了香港民主化的权威性宪制基础，使得“国际标准”“全民公投”之类的反对派政治武器陷于失效；其三，“占中”之后无“占中”，香港民意及公民社会对激进运动表现出反感厌恶，使得这种极端、大规模群众动员的政治手法面临“公信力危机”而趋于信用破产；其四，“一地两检”议题上的法理战与政治战进一步暴露香港反对派法律精英对“一国两制”的无知、普通法偏见及对民生福祉的“精英式傲慢”，对抗国家的同时脱离群众，造成政治上极端不利的尴尬境地，凸显了歇斯底里的精神躁狂，严重损害了大律师的理性形象与社会正义的代表性；其五，校园民主的劣质化与校园“港独”的冒起，比如港大学生会主席冯敬恩的暴力事件、港中文大学“港独”海报事件以及近期浸会大学普通话辱师事件，显示出香港本土青年的激进、轻率与不负责任，由“社会良心”蜕变为“无政府主义暴徒”。

从这五年来的央港关系及各自技战法来看，无论香港反对派发明或借用了多少新式手法，无论外部力量实际投入和预期多大，总体上的主线是：反对派节节退守，有效武器一一失效，而中央治港更有格局及分寸，在以基本法秩序权威控局的同时，强化基本法之成文法主义法理学的建构以及对香港法治与香港社会进行有序、合理的整合引导。十九大报告最具震撼性的突破是正式引入了“融入”概念，这在“一国两制”

实践史上是开创性的标志，两制“区隔时代”已经结束。维持“两制”“区隔”与回归初期偏重香港作为中国现代化与国际化基础性平台的枢纽定位有关，但在西方出现逆全球化而中国主场推动全球化尤其是“一带一路”命运共同体建构的当代，中国本身就是巨大的发展机遇和全球权力中心之一，更是地缘政治经济秩序的推动者，“一国两制”客观上出现了面向国家的强烈整合诉求。这种整合并非反对派想象的那种国家主义的强势干预，而是“一国两制”内含之国家理性及香港自身利益发展需求使然。总之，全面管治权内在于“一国两制”初衷初心，经由十九大而化为中央治港的主导方略，其与高度自治权的有机结合意味着基本法宪制秩序内部的再平衡，意味着中央更加自觉地承担起保障和引导“一国两制”全面准确实施及适应“新时代”框架与命题的宪制性责任。

三、整合时代的机遇与挑战

对香港社会尤其是反对派而言，这是殖民统治开启以来所未遇之地缘大变局和秩序大变局，是重大历史机遇，也是严峻竞争和挑战。

第一，随着中国全面对外开放及主场推动全球化与全球治理，香港的“国际化枢纽”地位将继续下降。与之相应，香港内部阶层矛盾更加凸显，结构转型的压力不断增大，预期将经历一个较为艰难曲折的战略再定位周期，但最大困难在于香港严重缺乏政治人才和战略人才，是一个管理精细但决断不足的城市实体。香港的“国际化”是英美系主导的20世纪全球化的产物，如今这一背景体系已出现逆全球化取向，不再作为全球化的唯一动力或标准。而习惯于在西方全球化体系中享受分工便利与制度红利的香港将面临日益深刻的定位迷惘和精神困顿。以“本土化”开展“去国家化”，实则也是对其“国际化”的一种精神逆反而日益陷入了乡土乡愁的后现代“小确幸”之中。恐惧竞争，害怕整合，不敢睁眼看“新世界”，这是香港之资本主义精神的自我背反。

第二，香港精英对国家新战略赋予香港的新使命缺乏深刻理解与把握，可能错失良机。习主席“七一讲话”提示过“苏州过后无艇搭”，暗示了香港转型机会窗口错失的可能性。国家对港新战略主要包括“一带一路”和粤港澳大湾区，其中“一带一路”意味着香港参与当前的新全球化，不占主导，不具决定性优势，能做多少是多少，这是香港“再国际化”的战略契机，而粤港澳大湾区则意味着香港的“国家化”，通过区域经济社会整合完成香港身份的重构及产业优势的就地转化，并通过“大湾区化”而融入国家。对于香港被更深挂接到国家“一带一路”倡议的列车及可能因深度融入而“消失”在大湾区的滚滚红尘之中，香港反对派精英所受之精神刺激及未来主义的幻灭感实则处于不断增强的累积期。香港精英对“微信入港”“支付宝入港”“高铁入港”的非理性反弹及与民生福祉的对立，表现了香港这一代精英的精神局限。

第三，依法治港和有序融合稳健推进，政治生态发生重要变迁，但香港反对派的主要政治意识形态没有进步，甚至出现了向“本土分离主义”的倒退。香港反对派受制于固化的意识形态及价值观，无法完整理解“一国两制”，无法克服自身的精神傲慢与处境困顿的巨大历史张力，无法对中国政治体制形成与时俱进的有效理解，无法准确判断和适应当前的国家整合、全球化与全球治理。反对派固执地将香港前途与命运和西方民主及相对封闭的港式“普通法心智”相连接，走不出已露端倪的民粹化、无政府化社运怪圈及“本土分离主义”的后现代式泥潭，无法激活与更新香港据以成功的“狮子山精神”及贯穿中国近现代史的爱国爱港传统，与国家的成文法文明及民族复兴大业形格势禁。

第四，内地民意对“一国两制”中的香港宪制特权安排与香港现实政治中的“反国家”取向愈发不能容忍，可能逐步触及这一体制安排的政治正当性基础。内地民意对国家政治的触动和影响将不断增强，政府的回应性也会相应提升，对“一国两制”的宪制检讨必在其列。如果香港自治特权依旧，对国家改革缺乏新贡献，政治社会层面持续“反中”，则体制变易并非不可能。

总之，这是“一国两制”的新时代，全面管治与高度自治到底是“有机结合”，还是“刚性拼合”，国家会给出从容时空，但香港自身的精神转型、管治更新、融入发展及政治和解与忠诚，是更为关键的决定性因素。

（本文原载于香港《多维 CN》2018 年 3 月号）

三

“两制”互动与融合发展

-“一带一路”与香港复苏-

后政改时期的香港，除了常规性地应对区议会选举与日常管治问题外，普遍沉浸在两种深切的忧虑气氛之中：一种是政改失败带来的民主化与社会运动挫折感，一时找不到方向；另一种是面对自身经济下滑的不安及国家开辟“一带一路”倡议框架之机遇，举措局促，孤芳自赏和积极参与之间的拿捏不定。如今的香港处于一种十分彷徨和低迷的状态，迫切需要一种积极的复苏。

我们看到，国家在政改与民主化议题上并未完全关门，而是保留有条件的开放和协商空间，在“一带一路”经济议题上则热切盼望香港积极参与，寻找新的优势和角色，恢复自信与从容。“一带一路”倡议是中国主导的区域经济新秩序，是世界经济的活力因素，不仅可以有效转移香港政改带来的挫折感与迷失感，还可逐步提供修复央港关系与两地族群关系的国家性通道。拒绝抑或参与“一带一路”，正是香港命运转折的最关键之处。新香港必须在与国家命运的协同互动中完成浴火重生，其核心指向大体包含三个层面：政治和解是前奏，经济参与是过程，精神认同是归宿。

一、政治和解露曙光

在政改挫折带来的短暂忙乱、彷徨与冷静之后，中央与反对派的政治接触与对话重新开启，其标志是港澳办副主任冯巍与“民主党”领导层会面及反对派议员受邀参加国家阅兵式。对反对派而言，从“占中”到政改投票已完整看到中央的政治底线及守护底线的政治意志，其社会运动能量及形式基本穷尽，不可能再循同一逻辑和方向进展。这表明自 2003 年以来“对抗到底”式的压力政治模式已然式微，香港社运转型迫切需要重新评估“协商政治”的意义及空间。

尽管有基本法作为宪制框架，央港关系长期高度依赖中央秉持的协商政治传统及其管道获得解决。但香港是法治社会，也是民主化社会，香港反对派精英习惯于以法治和民主的方式理解基本法及央港关系，但这是有限度的，因为基本法毕竟规定了中央的主权和系列管治权，无法支持一个“完全自治”的反对派政治理想。在常规的法治与民主手段无法达成目标时，反对派转向了社会运动，从常规的大规模街头示威游行到超常规的“占中”式的“公民抗命”。这里将反对派的此种路线转型称为“压力政治”。“压力政治”一度奏效，比如2003年反安全立法、2012年反国民教育等，但这只是一种不稳定的经验性法则，此次“占中”与政改使该法则失效。当反对派以压力政治倒逼协商政治时，中央治港方略开始相应调整，转向“法制政治”，即穷尽基本法中的中央管治权以重塑政治权威，彰显政治意志。“占中”与政改博弈实质上演变为反对派的“压力政治”与中央的“法制政治”之间的冲突与对决。

中央治港倾向“协商政治”，但前提是反对派保有最基本的对国家的政治忠诚及沟通合作意愿。反对派中的明智之士亦透过此次冲突看到了单纯社会运动式的“压力政治”的不足，这绝不仅仅是因为香港之体量与影响有限，更因为此种对抗模式与中国整体的政治精神相冲突。

所谓不打不相识，如今无论是“民主党”大佬，还是处于退党边缘的温和反对派，以及一般香港社会精英都开始理性自觉，从“压力政治”的迷雾中转型调整，留出与中央的协商空间，而中央在应对上亦不会真的穷究基本法上的管治权及白皮书式的“法制政治”。如此，和解之曙光已现。央港政治和解的基本目标是：反对派认同“一国两制”并转化为“忠诚反对派”，中央确认政改与民主化的政治承诺及其条件。政治和解是香港走出街头政治陷阱及谋求在国家大发展中之新定位的前奏与起点。

二、经济参与有优势

香港复苏，政治和解是前奏，但还是不够充分。“占中”运动并非基于纯粹的政治原因，还有香港经济下滑、贫富分化及信心不足的背景性因素。这些香港社会自身的矛盾不解决，政治和解就只能是浮于表面。中央的判断是，只有发展才能根本解决香港内在矛盾。这里涉及两个问题：第一，单纯经济优惠式的“政策输血”和依赖工商阶层显然不会带来香港社会的全面繁荣，反而可能加深社会矛盾冲突，这是既往治港的教训；第二，民主指向生活方式与价值观，与发展相关，但不可能被发展完全吸收和取代，应予正视。不过，无论是民主化还是经济发展，都需要基本的信心托底，否则误入歧途。

“一带一路”是香港的重大发展机遇，是香港发挥自身优势贡献于国家及受惠于自身的重大历史过程。香港与台湾不同，在经济参与上并无特别的政治困扰与体制障碍。我们看到，自国家推出“一带一路”倡议以来，香港从官方、智库、商界乃至一般民众都表现出积极姿态，但也面临着多重困扰，尤其是需要香港重新认识自身经济地位、国家经济实力与区域经济秩序变动趋势。香港有着经济全球化的多重优势和受益机制，但任何小规模经济体，无论如何发达，在这个以区域化为基础的全球化格局中，都必须不断识别、巩固甚至重置自身的经济体系立足点。港台地区经济既往高度依赖于英美经济体系，但随着亚洲区域经济的演化特别是中国经济的崛起，其体系归宿上的重置与整合已不容懈怠，否则可能贻误转型发展良机。

香港如转型调整得当，其竞争力提升与社会信心复苏大有可期。更关键的是，香港在经济上参与“一带一路”有着显著的比较优势：第一，高度国际化的金融服务体系，不仅可以成功承接与“一带一路”有关的投融资任务，巩固自身金融中心地位，还可指导推动中国内地自贸区金融的优化升级，服务国家现代化；第二，成熟的普通法体系与法治基础，可以作为区域性贸易仲裁中心与司法文明枢纽，既服务于“一带一路”的法治与纠纷解决需求，亦同步拉动国家法治的深度转型；第三，作为中国内地联系海上丝绸之路沿线国家的枢纽，重新获得经济发展机遇；第四，利用“一国两制”宪制优势及深港澳合作地缘与技术便利，形成港澳珠三角集群经济优势，作为“一带一路”与新香港发展的发动机。

新香港必须以新香港经济为基础，其转机就在于如何参与、贡献及分享国家之“一带一路”的发展机遇和红利。香港近日成立的“海上丝绸之路协会”是一个积极的组织架构，期待做好香港参与国家经济战略的“带路”作用。

三、精神认同在路上

在政治和解与经济参与的同时，我们还必须严肃地看到激进反对派与本土派的升级对抗。在香港经济遇冷以及内地单方面收紧“自由行”之际，仍然有“反水货客”行动，反映出香港部分势力在精神上与国家的严峻对立。本土搅扰、“港独”杂音……表明香港人的国家认同之路任重而道远。这些现象与香港的青年、教育、媒体问题密切相关。

精神冲突与对立，有时是真实的，有时是想象和建构的。央港在精神层面有历史观、治理体系、核心价值与生活方式上的结构性差异。正是存在这种差异，“一国两制”才有历史基础。不过，我们不能人为夸大这些作为“一国两制”前提因素的差异性，将差异绝对化。“一国两制”的智慧在于有着明确的宪法周期意识，深刻认知到制度差异是一个实践理性问题，可以通过相互尊重与沟通以及代际智慧加以解决。当然，央港精神冲突还有大量的信息不对称和舆论宣传带来的人为障碍，需要通过更密切交流来消解。

香港对国家的精神认同之路是双向过程，是“回归史观”取代“殖民统治史观”的历史过程，一方面是香港人的积极认识和融入国家的过程，另一方面是国家更现代发展带来的制度与文化吸引力。短期来看，两制差异似乎仍然很大；长远来看，“一国两制”必然结出融合互利的制度硕果。“一带一路”是将香港联系进国家体系的重要机遇，也是香港贡献及受惠于国家的通道，不能再从指缝中溜走。

（本文原载于香港《大公报》2015 年 9 月 10 日）

- 香港青年的国民意识危机及其化解 -

“占中”运动的重要政治遗产就是香港青年世代走上政治舞台，形成香港社运新生力量，在很大程度上冲击着既有的“泛民—建制”二元格局并深远影响到后“占中”重建，甚至对迫在眉睫的政改立法会闯关亦有影响。近期黄之锋在世界各地“串讲”香港“社运经验”及“接力街头对抗政治”，这不得不促使我们重新严肃审视后“占中”时期重启国民教育的必要性和紧迫性。

对香港青年国民意识危机的忧虑由来已久，今尤更甚。在设计具体对策之前，我们有必要对国民意识的理论定位及香港青年的国民意识历史构成展开相对细致的考察，才可能明辨原委是非，有的放矢。

一、国民意识的理论定位

国民（nation）并不是一个个体主义概念，而是一个整体主义概念。准确界定国民，需要将其放置于具有“家族相似”的近缘概念脉络中加以辨析。对与国民相关之系列概念的误解与误用，常常造成香港政治辩论无法聚焦深化。我们将首先通过“国民不是什么”的否定式思维来确定这一概念的基本属性。

国民需要在与臣民、公民、居民、人民的精细辨析中获取自身的准确内涵：第一，国民不等于臣民（subject），是整体自治（autonomy）而非受治（subjected）的政治主体，是近代民主革命的结果；第二，国民不等于公民（citizen），是偏于共和主义和整体主义的“想象的共同体”（安德森），这一想象也不是宽泛的文化认同，而是具有直接的政治认同意涵，而公民概念一方面被人权概念“去政治化”，另一方面凸显权利本位，削弱义务感和认同属性；第三，国民不等于居民（resident），是严格的宪法学概念，而不是税法学或行政法学概念；第四，国民也不完全等同于人民（people），前者有着人类学上的民族性

（national）特征，后者完全是政治哲学的抽象建构（卢梭理论）。

国民概念伴随近代启蒙尤其是法国大革命而发生，是对“nation state”的理论化，是基于民族（nation）而指向作为政治组织之国家（state）的特定理论过程，确定的是现代国家的严格的政治社会基础，西耶斯在论证法国民族的整体制宪权时有着精致建构。香港青年的国民意识问题因此可简要界定为：香港青年对自身归属于中华民族及其实证的政治共同体的认同程度。

二、“臣民—居民”模式的困扰

香港青年的国民意识危机有着深远的历史基础：首先是古典基础，即清朝的臣民意识（1842 年鸦片战争之前）；其次是近代基础，即英帝国的殖民统治居民意识（1842—1997 年）。这就构成了香港人精神意识中独特的“臣民—居民”模式。香港人在整体近代史中缺乏民族国家建构的意识、能力与体验，不能发展出正常的国民意识，与内地的百年互动所印证与维系的只是朴素原始的民族情感，而不是高级建构层面的政治认同。

香港基本法的核心概念仍然是居民而不是公民，偏重纯粹权利而不是义务，预设了一种去政治化的泛人权概念。香港从来不是一个“民族”，也不是一个“人民”，“香港人民”只是一种泛化而不严谨的便利称呼。“香港民族论”和“香港独立论”表明香港青年对恢复行使主权中“国民意识”建构的排斥。而国民意识危机的直接后果就是香港青年无法理解国家概念，亦无法从历史和政治命运共同体及真正共和主义的高度理解和认同中国的发展转型及其政治精神与体制。

150 余年的殖民史在涤荡香港人“臣民”意识的同时，确立了牢固的“居民”政治意识形态。这种纯粹“居民”的政治意识构成大致如下：（1）殖民史观；（2）冷战史观；（3）人权史观；（4）普通法史观；（5）普适民主史观。这些历史观要素混杂综合，构成了香港人的主体政治精神，而“爱国爱港史观”则相对处于弱势，香港的既有教育体系又根本没有承担甚至排斥“爱国爱港史观”的机制性落实。2012 年反国民教育事件并非孤立事件，而是这种纯粹“居民”政治意识形态的激烈反弹，其中生力军即为包括黄之锋在内的香港青年一代。

在排斥国民意识的“居民”意识形态之下，香港青年组织亦呈现出高度自治态势和社运生力军形貌。比如香港高度本地化的“学生会—学联”体制成为“占中”运动的强势领导因素。尽管后“占中”时期香港大学学会生退出学联，但这并非香港学运的分裂，而是青年激进势力寻求社运独立性的体现，这使得香港青年社运更加难以节制。严密的本地化还导致了香港青年学生对内地生的政治排斥，典型如2015年港大内地生叶璐珊参选事件，后者的共青团员身份成为“政治黑底”。几乎所有内地生都是团员，依此标准，所有在港内地生几成“异类”。这是香港青年政治的内在歧视倾向。学生会的法人化和政治组织化亦很明显。香港大学中山广场与学生评议会集会在彰显校园民主和学生政治参与意识的同时，也暴露出民粹化和激进化的不良倾向。学生代表以“社会精英”与“民意代表”的双重想象自诩，同时采取严格的团体自治和内部人控制，使得香港青年在个体意义上难以实现精神突围，难以与内地生及祖国进行积极的互联互通和互爱互助，培育国民意识。

回归以来历次社会运动中的香港青年人身影频频闪现。除了20世纪70年代末到80年代的前回归期短暂的“认中关社”（认识中国、关心社会）与“民主回归”（陈弘毅一代的香港青年）传统之外，香港青年运动渐然汇流入反对派政治脉络之中。近期香港学生抗议驻港部队访问港中文事件显示出他们政治话语的过时与国民意识的极度匮乏。

反思香港青年社运动力的来源，大致如下：（1）“黄之锋现象”，即未成年人的过度政治化和香港政治文明的异化，政治上的精致功利主义突破成年人范围限制；（2）港台民主青年运动的联动效应（台湾“太阳花运动”的影响等）；（3）香港价值观与生活方式的理想化以及对内地的妖魔化（教育与媒体的长期渲染）；（4）对“颜色革命”与后现代政治抗争技术的精致模仿（网络动员，“民主嘉年华”，政治行为艺术与青年人表现欲、成就感、意义来源的独特勾连）；（5）外国势力的隐秘支持与利益许诺；（6）弱国民意识条件下政治耻感的丧失。

三、走向“公民—国民”意识模式

“一国两制”前景及香港未来取决于香港青年政治意识的一场结构性革命，即从“臣民—居民”模式转变为“公民—国民”模式。这也需要我们对回归以来涉及香港国民意识之若干建构性概念的反思：（1）“港人治港”，符合地方自治原理，必要但不充分，容易滋生政治上的地方主义和地方本位，容易导向单纯的“香港认同”而不是“国家认同”，适宜修正为“港人治国，港人治港”，确立国家认同的第一认同地位。（2）“爱国爱港”，这是统一战线概念，适合于1984年之前对港英斗争需要及回归过渡期争取民心需要，但不大适合回归以来依据基本法的公民教育与国民教育需要，与香港社会主流文化之间存在一定张力，故应赋予新的时代内涵与法治价值底蕴。（3）“国防外交权力论”，这一度被认为是中央权力仅仅限于国防和外交。这只是政策文宣用语，不大符合基本法，也不符合现代国家的央地关系原理，造成港人极大误解。

再回到基本法。该法在建构国民意识上有一定的局限性，体现在秉持“最小变动”原则下的居民本位、权利本位与地方本位。基本法是实验性事物，自然有着变与不变的二重性。基本法演变应促进“一国”与“两制”回归常态，侧重建构和稳固中央应有权力及提升香港国民意识与政治认同。

确立香港青年“回归史观”与“公民—国民”意识模式的可行对策建议包括：（1）加强历史文化教育，弥补香港青年教育中近代民族国家史缺失的一环，对冲“殖民史观”的过强影响；（2）基于公民义务的增量立法，即通过国家单行立法，一方面从否定意义上阻断“港独”和“香港民族意识”（如“反港独法”），另一方面开放参军、公务员、外交官、内地法律服务市场等公民义务实践领域，通过“港人治国”体验扭转地方主义倾向，建立国家与国民概念和意识；（3）国际化战略倾向的支持：在“一带一路”的中国国际化和区域秩序建构战略中赋予香港青年更多参与机会，使之与国家产生日益强烈的命运共同体感；（4）研讨“国情课程”的常态化与多元化机制，即在香港青年教育中引入在内地进行的国情课程，作为必修课程加以推行，这绝不仅仅是夏令营式的体验之旅，而是严格国民教育的一环；（5）内地在现代化基础设施（民主、法治、人权等）上更加开放发展，更加自信向前，增强整体体制的改革力度与行为确定性，形成对香港青年的价值吸引力和远期期待。如此治港，内外兼修，则央港关系仍有改观空间，香港国民意识亦并非不可培育。

（本文原载于香港《大公报》2015年6月8日）

- 精英共识助港重回秩序正轨 -

香港基本法最危险的时刻不是“占中”，不是旺角暴乱，而是10月12日梁、游等“港独”候任议员的“宣誓辱国”行为。“占中”以非暴力的“公民抗命”追求“真普选”，对基本法与国际标准或有误解，但并未真正逸出基本法秩序轨道。旺角暴乱是激进本土派的自我标榜和独立成军的“试水”行为，打破了传统反对派的非暴力禁忌，但其中也包含了香港管治中的政策正义因素。“宣誓辱国”事件则不同，是通过民主选举进入建制体制框架的青年本土派与基本法及“一国两制”秩序的“精神决裂”和“政治宣战”。正是在基本法秩序遭遇最严重的精神危机之际，人大释法主动承担了遏制“港独”、精神自卫的宪制性责任。

或许是基于共同的秩序危机感，香港精英层尽管依旧有批评释法“干预”香港司法独立及中央“过分”强硬的指责，但总体上开始理解和接受中央介入行为的正当性。我们要注意近期香港两个精英群体的危机管理与反应：其一，传统泛民派，通过邀请彭定康访港，开始了反对派内部的政治纠偏和止损，重新树立“民主回归论”和体制内追求“双普选”的政治话语权及路线主导权；其二，法官群体，以香港高院原讼庭和上诉庭为代表，其在梁游案中的司法判决日益明晰地承认和依据人大释法内容做出解释和判断，自觉维护香港基本法的秩序共识与权威。

一、彭定康反“港独”的两面

彭定康号称是“最关心香港民主”的人士，这不是基于其对民主的特别信仰，也不是基于其对香港人的特别爱护，而是基于其所在的英国政治利益。香港现有泛民主派的政治基础与理念格局，和彭定康的“末代耕耘”密切相关。彭定康也一直影响着香港政治。陈方安生等在

“港独”泛滥、中央强硬出手的艰难时刻邀请彭定康访港，其本意在于救火和止损，因为正在发生的“港独”和中央干预都不符合其根本政治利益：其一，“港独”在传统“泛民”看来，非其不愿也，实不能也，于是理性地退而求其次，追求基本法下的“双普选”，而“港独”越发蔓延，反对派的话语权就越快易手于青年本土派，普选目标也就更加虚无缥缈；其二，中央以“港独”为理由进行合法干预并逐步建立健全中央管治权制度细节，极容易破坏传统“泛民”构想的制度蓝图及自我控制的基本法法理学。

实际上，“占中”和政改失败之后，反对派内部就存在两种路线斗争：继续执行“民主回归论”和体制内追求普选路线，还是直接诉诸“未来主义制宪冲动”而颠覆基本法和“一国两制”。由于政改失败，传统“泛民”实质上承担了内部政治责任，话语权和领导权日益萎缩，青年本土派开始尝试超越传统路线而以更加激进的纲领和行动实践其“港独”主张。2016 年 9 月的立法会选举结果表明，青年激进路线已经成熟，随后的“宣誓辱国”行为则是为了变本加厉抢夺反对派内部领导权。在青年本土派异军突起之际，中央的干预决心亦已形成，而传统“泛民”也在悄然布局压制“港独”势力的抢班夺权。

这就是彭定康“出场”的基本政治背景。作为香港泛民派的“精神领袖”，彭定康主动表达反“港独”的意见和理由，挑明“港独”有害于香港民主化的前途，这种特别的说服力和政治效果是传统“泛民”中任何一人无可比拟的。彭定康反“港独”是对传统“泛民”之“民主化路线”的“政治救赎”，存在两面性：其一，彭定康是在反对派内部进行政治纠偏和劝解，根本目的在于防止“港独”危害香港“民主派”根本利益及英国的操盘控局，这是需要加以警惕和清醒认知的；其二，彭定康所指导和代表的传统“泛民”阵营在民主理念与法治立场上毕竟与中央存在交叠共识，即任何政治发展必须基于基本法框架，这是中央可以借力使力及争取团结“泛民”理性力量共同反击“港独”的政治基础，要善加培植利用。彭定康反“港独”是为了拯救传统“泛民”于毫无前途的“港独”水火，绝非为了中英友好或中国的国家利益。为了凸显英国殖民统治对香港民主的“遗产贡献”，彭定康还有意突出《中英联合声明》的宪制性地位及英国人为了香港民主利益而进行的“政治斗争”，这从动机和史实上都存在可疑失实之处。

此两面性也塑造了香港“泛民”的双重人格：护“两制”而拒“一国”，在理性和利益上接受基本法但又以民主化实质性“重塑”基本法，更以对香港法律界及司法的实质控制力构造“两制”的“制度鸿沟”。香港司法也确实在“占中”判决上有效掩护和豁免了参与者责任，但梁、游的“港独”行为同时触及基本法秩序及“泛民”政治利益底线，也就不可能再受到特别保护了。“泛民”的反“港独”止损与香港司法的反“港独”判决之间存在政治逻辑的一致性，体现了香港精英层的理性共识。即便是从一己利益出发，我们也需要对香港精英的这种理性选择加以肯定。

二、香港司法的新法理学

与反对派内部的纠偏相比，香港司法也正在发生一次悄然的法理学转型。11 月 15 日，高等法院原讼庭做出初审判决，概括承认人大释法，径直解释香港法例上的宣誓条款，以“英雄所见略同”的判词曲笔委婉两全，在人大释法权威与香港司法独立之间采取温和而模糊的立场，但结果一样，剥夺了梁、游议员资格。11 月 30 日，高等法院上诉庭做出上诉判决，更加清晰明确地承认和适用了人大释法内容，并确认了释法的追溯力和普遍约束力，为同类案件之适用埋下伏笔。在梁游案告一段落之际，律政司正式启动对刘小丽宣誓行为的司法复核，预期议席悬空可能性较大。

回归以来，基本法秩序内亦存在两种法理学：其一是中央以立法者身份跟进阐释和守护的国家主义基本法法理学，但总体上不够系统成熟，也未达到香港法治社会所理解的法理学权威性、体系性与可接受性；其二是香港法律界与司法系统按照普通法方式发展出来的逐条和逐案的本地主义法理学，将香港的普通法身份与其政治上主权归属身份加以区隔，营造一种法律意义上的“地区独立”身份。

这两种法理学时有冲突和交锋，比如 1999 年居港权案中香港终审法院挑战全国人大常委会制度权威引发宪制危机，2004 年人大关于政改程序的主动释法引发争议，白皮书激起香港法律界反弹，“8・31”决定规制普选引发“占中”对抗以及本次宣誓释法引发“破坏香港法治”的指责，等等。回归十九年来，中央管治权与香港司法的法理学博弈有这样一个规律：中央以基本法上的合法权力或解释或决定时，香港司法则表现出较为正式的遵守立场。这表明，香港司法以其法理学的一般认知，较为倾向承认以合法形式宣示的中央权威及规范指引，而不大接受非正式的指示或干预。此次人大主动释法尽管遭遇各种非议，但在香港司法看来是合法而清晰的法理指引，是可以接受的法治形式的权威。中央若要理解香港司法及做好制度性互动，就要更多以法治思维和法治方式善用基本法上的中央管治权，理性践履依法治港的中央宪制性责任。

高院上诉庭在判决中开始修正其普通法法理学：其一，承认人大释法的程序和形式属于大陆法传统，香港普通法无权亦不可随意加以管辖和判断，由此凸显了香港普通法的大陆法前提和限定，也标志着香港普通法只是香港法律体系之一部分，有别于纯粹的普通法地区；其二，确认香港司法权来自基本法授予，不是普通法的一般原则，这就重新确立了基本法在香港法律体系中的至上性，彭定康及香港反对派意图确立的“本地法律凌驾性”遭到否决；其三，上诉判决认可人大释法及其释法说明的追溯力原则，解释与本文具有同等效力，从法律生效时具有约束力，但不影响先前判决，这意味着人大释法对香港选举秩序与宣誓秩序的规制已成为具有基本法地位的有效规范，成为香港法律体系的一部分，同时拘束香港所有管治机构和适用对象；其四，上诉判决确认了对人大释法无管辖权的立场，并不反对人大释法的适度常态化。由于中央管治权法治化行使与香港司法接受人大的法理性介入，香港基本法实施将逐步进入“中央管治权 + 自治三权”的新法治生成阶段，为香港持续繁荣稳定和法治巩固提供新的法理学基础和宪制权力架构。

三、香港善治接力前行

传统“泛民”的适度纠偏与回归，以及香港法官群体的责任自觉，构成了自“占中”与政改失败以来分裂社会条件下香港精英的新共识，即“一国两制”是最优框架，基本法是权利前提，一切政治目标应当置于基本法轨道内以和平方式追求。这一共识亦符合中央依法治港总体立场及香港社会多数民意，是中央与香港精英反对派的交叠共识。中央近日决定重发“泛民回乡证”，是积极释放善意与回应和解需求。当然，青年本土派不大可能接受传统“泛民”的回归路线，反对派的内部分裂会加剧，部分“泛民”可能脱离传统阵营而与激进派合流，香港政治总体上的“三分天下”格局不会改变，但激进本土派的政治空间和话语权将大大收缩。

然而，我们也必须清醒看到，被中央管治权、香港建制框架及“泛民”精英政治所排斥的青年本土派也会反弹造势，以街头运动升级化作为政治泄愤方式。当然，这就将香港政治博弈的主战场及竞争属性适当降温和降级了：从原初聚焦于“港独”和“未来主义制宪”的宪制竞争重新降格为治安秩序和政策正义层面的管治。由于香港社会的青年教育、传媒生态、贫富分化、经济下行及公共政策失当的总体情势并未结构性改观，特首选战又将点燃政治战火和激发反对派造势议题，此次精英共识下的政治降温与回归操作之实际效果可能较为有限，激进本土派的议题操作和社运抗争还将在一定范围内长期存在。但无论如何，从传统“泛民”的政治反击战以及香港法官群体的司法调适中，我们已经看到了香港仍有生机的城市理性及秩序自我调整净化的实际能力。梁、游的“宣誓辱国”仿佛是本土“港独”运动的一次“触底反弹”，使得中央和香港精英层感受到了真实而切近的威胁与疼痛，从而引起积极的治疗与遏阻行动。

此后，香港政治演化与善治前景仍有较多严峻议题需要凝聚基本法共识及理性政治意识而合力解决：其一，中央持续承担依法治港的宪制责任，以合法合理的权力行使和资源支持敦促香港管治机构积极承担基本法秩序责任，促进融合“两制”的共识型基本法法理学的成形成熟；其二，传统“泛民”与中央达成决定性的政治和解，就重启政改及体制内普选议题进行无障碍的常态化沟通，以“民主普选”继续挤压“本土自决”的政治空间；其三，在青年教育和青年成长成才上取得制度性和政策性突破，以香港与国家共同的力量与资源为香港青年提供观念纠偏与融入式成长的空间和管道；其四，香港司法更加侧重理解和转化基本法及人大释法中的国家法理与国家利益，更深刻完成香港普通法的国家法升级工程，成为基本法秩序更为权威和全面的护卫者；其五，议员补选与特首选举在合乎人大释法与基本法秩序前提下尽量展现规范性与竞争性，增强建制框架的民主认受性；其六，政府政策上兼顾发展利益与民生福祉，更加全面地评估和检讨公共政策失误与风险点，提升香港管治的政策正义。

（本文原载于香港《大公报》2016 年 12 月 3 日）

- 重夺话语权的“民主回归论” -

“站在历史巨人肩上”，香港“民主党”在回归二十年之间发表了一份长达 16 页的系统论述文件，对该党坚持的“民主回归论”进行重述。相比于 2016 年香港“公民党”的“十年宣言”，“民主党”的政治立场更为温和理性。“公民党”追求的是一种更为积极的“本土化”，“民主党”遵循的是基本法秩序内的更高程度自治。在香港政治光谱由“建制/泛民”二极对立日益发展为包括中间路线、极端“港独”路线在内的更多元谱系的条件下，“民主党”的“民主回归论”反而相对“中间化”了。

这份文件具有一些值得关注的特点与倾向，在继承“民主回归论”旧有思维的基础上又因应新情势而有所发展：第一，对香港民主运动与“民主党”历史贡献进行总结，指明“民主回归”是最现实策略立场，符合香港最佳利益；第二，以《中英联合声明》为香港宪制基础，以寻求国际持续关注与干预作为香港民主重要“支持因素”，对基本法的国内法属性认识不足；第三，明确反对“一国一制”，不支持“港独”，将“民主回归论”重新建构为一种承认中国主权框架、同时抗衡“一国”压力与“港独”冲击的中间性质理论，作为“民主党”在未来政治竞争中的基本立场；第四，确认实现无限制普选作为“民主回归论”焦点性目标及“民主党”奋斗进取的核心纲领；第五，继续维持“香港优先”和“香港利益本位”的认知习惯，对政治中国及其体制保持严厉批评和积极不认同；第六，对两地互动融合及中央“依法治港”的制度化取向持谨慎和批评立场。

在回归二十年之际，香港“民主党”以“民主回归论”重新凝聚本党及香港共识，相比于“公民党”的“积极本土化”以及青年本土派的“继续港独”行为要更加稳健理性，也对香港民主和香港根本利益更有责任感。我们注意到，在后“占中”的“港独”肆虐时期，香港“民主党”并未紧密追随，而是有原则、有条件地保持了观望立场和必要的政治距离。在青年本土派强势进入立法会及发动"港独宣誓"的背景下，"民主党"对"港独"引致国家威权干预的可能性进行了较为充分的估计，开始寻求与"港独"的政治切割，并借助人大释法对"港独"的压抑态势而重新夺回对香港民主的话语权和代表权，更有"民主党"主席胡志伟在特首选战之后提出"特赦和解论"。这是香港泛民主派内部进行的路线调校，是对后"占中"之暴力路线、"港独"路线的有限但重要的政治斗争。与"民主党"重回"民主回归论"相比，青年本土派反向行动，与"台独"结成"港台民主连线"以及更加露骨地寻求外国直接干预，在政治上表现轻率和不负责任。

香港"民主党"试图重夺香港民主运动话语权，将香港民主困顿命运从"港独"泥潭中解救出来，因为"港独"越发展，中央威权干预越深入，重启政改越遥遥无期。政治是可能的艺术，也是妥协的艺术，在这一点上，香港"民主党"之稳健理性的政治风格在香港诸多反对派团体中是一道偏亮的风景线。

不过，只是重述"民主回归论"的旧有内涵及固守僵化的国家理解尚不足以完全重夺香港民主话语权。其一，香港政治已有"极化"趋势，"民主回归论"之"民主"可能从而陷入"中间政治"困境，或重蹈汤家骅式"中间路线"的某种覆辙；其二，对香港宪制基础的国际法性质过分夸大，相对贬抑中国宪法与基本法地位，过大包容国际干预，这是对中国国家政治与基本法主权秩序的误解误判，不利于和主导香港政制发展的中央建立必要政治互信；其三，以"民主"价值凌驾国家主权、安全与发展利益之上，以纯粹香港利益思考"一国两制"，这是"民主回归论"内部缺乏必要国家观与国家认同的精神缺陷，此次重述未能更新国家认识；其四，对两地及两制融合的自然合理进程过分忧虑，未能真正把握"一国两制"的辩证性及香港利益与国家的深刻关联，对"本土主义"和"孤立主义"过分偏袒；其五，重申非暴力路线，守护和平秩序价值，但对违法"占中"未能真正反思切割；其六，关于央港关系及基本法修改的系列立场和主张偏于刚硬以及单纯的香港利益诉求，未能做到持平公允，对第 23 条立法、国民教育、两地融合等合理关切未能适当理解与回应。

总之，"民主党"的"民主回归论"重述是在香港社会撕裂与政治多元化背景下重新凝聚民主共识的一种积极努力，是一种新的中间路线，提供了打破现今政制发展僵局的一种思考方式与可能性。但因其国家观未能更新，对“一国两制”未能全面理解，固执香港利益而罔顾国家利益，能行之多远，并不乐观。

（本文英文版原载于香港《南华早报》2017 年 10 月 5 日，此处为中文稿）

- 大湾区成香港转型发展枢纽 -

在政治对抗与“普选民主化”陷入僵局之际，粤港澳大湾区正日益成为香港和解重建的新共识与转型发展枢纽。围绕大湾区的基础设施在不断完善，典型如港珠澳大桥及粤深港高铁。“一地两检”方案因其具有人大决定的宪制合法性及符合香港民意民生利益，故通过本地立法难度不大。大湾区已经日益成为香港人尤其是青年人理性思考未来的“最大概念股”。这些有转向自觉的香港青年不限于投资发展，还包括了求学、就业甚至置业定居等一系列安排。近年来关于香港人在内地享有“同等待遇”的诉求，不外乎是香港人希望“同等”融入内地及国家发展大局的心声。

就大湾区对香港及香港人发展的战略机遇而言，大致有以下三个层面需要说清楚，需要思考及配置到位。

第一，“大湾区”战略是国家新一轮改革开放的前沿战略，是香港机遇，但不专属于香港。国家的新一轮改革开放，以“一带一路”作为整合性倡议，以国内区域战略（如京津冀、长三角等）作为支撑性战略，大湾区处于这些支撑性战略的结构之中，因此不是坐享其成，而是竞争性发展。对香港而言，“一带一路”提供了一个“再全球化”的机遇，为香港经济体获取新一轮全球化之战略优势提供新机遇，而“大湾区”战略则具有地缘性、普惠性、整合性的特点，是香港社会各阶层均可参与的，提供的是香港深度融入国家的综合性机遇，是一种“再国家化”过程。注意香港角色是“参与”，因为大湾区当中不乏具有强大竞争力的城市，比如深圳。因此，香港要以竞争参与的主调及姿态从容思考和利用这一发展机遇。

第二，大湾区对香港而言是一次“从契约到身份”的历史发展与认同重构过程。就香港社会从 1842 年以来的内部发展而言，固然是梅因式“从身份到契约”的现代化过程，而且相对成功，建立起高度西方化的制度体系。但正因为香港在 1842 年即体系性脱离国家治理秩序而完全按照西方模式发展，故 1997 年回归就必然存在一个“身份再造”的命题与难题。“一国两制”的设计存在实用性和妥协性特征，早期之实践也偏重于“井水不犯河水”，偏重“契约”性的利益关联与尊重，缺乏“身份”性的认同建构与制度化。回归二十一年，香港青年人与国家之间的精神疏离，甚至本土“港独”的泛起，与这种“重契约，轻身份”的“两制”互动模式很有关系。因此，大湾区应“融合式发展”的国家战略而生，就禀有通过“身份”性建构弥补“一国两制”早期工程之不足的国家建构意义。进而言之，“同等待遇”的本质应为“公民待遇”，这需要首先在大湾区统筹实现，作为示范，以扩展至全国范畴。“大湾区”战略可以通过广泛的政策创新与制度供给，解决香港人的“公民身份”问题，通过使香港人融入大湾区而最终融入国家。从公民的“身份政治”立场，我们需要检讨及突破目前主要局限于“经济民生”层面的发展政策，而寻求在“公务行政”层面对香港人的吸纳，使香港人有机会真正参与国家治理与国家公共服务，包括国家向国际社会提供的治理服务。

第三，大湾区管理机制需要行政法上的创新，需要高于湾区的国家性管理机关提供国家政策与决策的持续保障。“大湾区”战略是国家战略的有机组成部分，需要与国家战略配合互动，这就需要国家战略视野的动态决策与控制。大湾区内部制度多元性凸显，产业分工及有序竞争协调难度大，规划细化及城市间协作涉及国家决策角色。因此，大湾区不能仅仅是“经济大湾区”，还必须是“行政大湾区”或“治理大湾区”，需要探索一种适合大湾区体制现实与决策管理需要的国家性行政机关。此种行政机关不取代地方自主合作与管理的基本模式，而是在地方决策不足以解决问题的条件下介入处理，遵循现代治理的“辅助原则”。若无国家性机构的制度安排，大湾区发展可能受制于制度多元性及过高的协调成本而被迟滞。

总之，大湾区已成为香港发展与青年前途的“最大概念股”，成为国家支持香港繁荣稳定及融入发展的主导性战略。但这一战略机遇不能取代香港人自身的身份自觉与能力竞争，也不能压抑内地有活力城市的发展利益，更不能脱离国家“一带一路”总体设计而偏安于地方一隅。大湾区规划即将出台，但大湾区对香港的发展机遇之实现却需要国家及香港审慎处理上述关于“战略精准定位”“身份建构”及“国家性管理机构创制”的三大基础性问题。

（本文原载于香港多维客专栏 2018 年 6 月 3 日）

-“一地两检”：是进步，不是倒退-

2017年岁末，全国人大常委会以专门决定方式通过了特区政府提交的“一地两检”合作安排，确认了这一方案的宪制合法性。于此同时，香港大律师公会以罕见的严厉声明指出，人大决定未提供任何法理基础及宪制合法性；香港著名政论作家林行止先生亦撰文论述“香港从此无法”，对于以“一地两检”为标志的人大决定及“一国两制”新发展表现出激烈的精神抵制与不适应症。

围绕“一地两检”的法律与政治争议似乎绕开了民意，其法理上的争执则触及香港普通法的自主性与中央管治权之主权属性之间的规范冲突。“一地两检”在经济上惠民，在政治上利于“两制”融合，在宪制程序上亦高度尊重香港自治权及香港民意，但却未能使香港反对派精英真正信任和信服。“一地两检”隐含的国家对香港的全面融合远比国家主张的全面管治权更能刺痛香港精英敏感而脆弱的“完全自治”神经。“一地两检”到底是进步还是倒退，取决于对香港普通法属性及“一国两制”发展方向的政治判定。

大律师公会的基本立场是：第一，香港普通法系属英国缔造的“普通法适用地区”，具有体系自主性，是香港法治的“基石”，基本法需按照严格的普通法方式解释和实施；第二，“两制”分立甚至分隔是香港法治与司法独立的应有之义。大律师公会历来对国家法治与权威性保持戒备心态，对人大释法与决定怀有抵触情绪，历来割裂理解“一国”与“两制”，其法治理想在于长期延续“殖民统治法治”而拒绝融入“国家法治”。由此，香港大律师群体回归以来逐步塑造出一种“普通法自由主义的基本法法理学”，这是香港普通法的法理学，与“一国两制”和基本法的立法原意及中央立场之间存在严重对立。这种法理对立几乎表现于回归以来的每一次重大宪制冲突之中，至今未能有效化解。对比中央2014年的白皮书和香港“公民党”2016年的“十年宣言”，其经纬分明处，历历可数。这是“一国两制”内部本就存在的张力，只是通过“一地两检”议题得到了集中爆发。

在香港普通法属性上，中央显然有着不同的、更符合“一国两制”的理解：其一，香港普通法是中国宪法及基本法授权之下存在的香港法治形式，其合法性与正当性取决于国家立法者的政治决断，因而属于中国法律体系的组成部分，而不是游离的“他者”；其二，香港普通法对殖民统治法治的继承、延续及对“普通法适用地区”判例与外籍法官的援用，是国家立法对香港特区的一种特权安排，不是其固有权利，也不能理解为香港在法律上继续系属于普通法体系；其三，香港基本法是关于“一国两制”安排的完整宪制方案，其中包含中央直接管治权、授权调整权及对特区自治权的全面监督权，而不仅仅是关于香港的“高度自治法”，对基本法条文的解释必须顾及中央的主权、安全与发展利益；其四，香港终审法院拥有案件终审权，但不拥有基本法条文的最终解释权，需要受到人大释法的指引和监督，这种宪制监督是维持“一国两制”内在平衡所必要的机制，也为回归以来的多次人大释法所证实；其五，“一国两制”下的香港基本法是一种实验性宪制，应根据国家发展及香港繁荣稳定需求而与时俱进，在大的宪制框架不变的前提下通过协商民主与中央的立法裁量加以增量式发展，回归以来的人大释法与决定较为良性地承担了这一宪制功能。

具体到本次人大决定，大律师公会抓住“基本法依据”以及“人大决定任意性”两点不放，未能理解“一国两制”作为宪制决策程序的特殊性以及“一国两制”的发展性。法律人的思维方式是条文主义的，需要有法典上的白纸黑字，这是职业习惯。但“一地两检”不完全是法律事务，也是政治事务，其宪制合法性表现在：其一，基本法制定之初未能预料到“一地两检”的立法需求，因而在条文上未能给出直接依据，但不等于没有基本法依据；其二，对基本法依据的寻找与解释需要结合“一国两制”的宪制目的进行，考察相关安排是否有利于香港繁荣稳定，是否减损了香港高度自治及居民权利自由，人大决定及其说明部分对此有过权威的解释和论证；其三，“一地两检”在程序上采纳“三步走”，符合中国宪制上的协商民主原则，也符合中央管治与香港高度自治相结合的正当性要求；其四，人大决定具有中国宪制上等同于国家立法的法律效力，是对合作安排合理性与合法性的确认和批准，是国家最高立法机关的一种立法裁量；其五，香港本地立法及司法复核需尊重、遵守及适用人大决定，而不具有宪制性权力审查或否决人大决定。至于大律师公会提及的“人大说了算”，只是“一国两制”与基本法上的规范原则，就像基本法规定香港终审法院在案件审理上“说了算”一样。任何法律秩序都必须有一个权威终点，只要这一权威合乎法律程序及充分考量相关合理因素之后，即可做出为此法律秩序所认可的决策。承认法治，就不能仅仅承认普通法的权威，还必须承认国家立法的权威。

总之，目前在香港本地出现的法律与文化精英的异议，体现了回归以来香港精英意识形态对“一国两制”发展演变的不适用症以及对“普通法至上”的虚幻法律想象。香港大律师们未能充分理解回归的“新宪制秩序”完整意涵，未能对“国家法治”产生最低限度的、职业化意义上的尊重与认可。面对日益崛起、自信及走向全球治理新时代的中国，这一群体的世界观、国家观与法律观就表现出极大的时代与本土局限性。“一地两检”在充分协商的合作安排、权威合法的人大决定及符合民意民生福祉的实质合理性共同支持下，最终成为香港融入国家高铁经济圈之标志性工程与历史界碑的时刻必然到来，而香港法律文化精英重新适应国家及重新理解“一国两制”的精神转型也不得不在路上。

（本文英文版原载于香港《南华早报》2018 年 1 月 8 日，此处为中文稿）

- “一地两检”方案是合法合理的最佳方案 -

“一地两检”方案于12月27日经过全国人大常委会审议批准并做出专门决定，赋予这一方案以国家立法上的宪制合法性，走完“三步走”的第二步，接着进入最后一步，即本地立法阶段。李飞主任称之为“一言九鼎”，香港社会也通常视为“一锤定音”，但香港本地社会尤其是反对派对合作安排包括人大决定的宪制合法性以及相关安排对香港法治与香港居民权利自由是否构成损害，仍然有较大争议和疑问。因此，正确解读这一决定及合作安排方案，使香港社会充分了解和理解人大决定与合作安排的合法性及合理性，对于明年上半年的本地立法及“一地两检”的顺利实施，有着重要的支撑和推进意义。本文即拟对人大决定及合作安排的合法性与合理性提出偏于法律层面的解读与分析。

一是广深港高铁的实质合理性：高铁经济圈与世界经济的“中国时刻”。广深港高铁是中国高铁经济网的南方延伸支线，其建设、规划有香港特区的主动参与、合作论证及充分的民意征求，符合“一国两制”关于区域合作及国家统筹协调的基本原理。高铁建设的相关公共决策符合香港基本法秩序及法治要求。项目的实质合理性能够支撑后续的管理制度安排。香港段通车后，香港经济体可以更加便利地接入中国经济体及“一带一路”建设，为香港经济注入新的生机与活力，也为香港居民尤其是青年世代融入式发展提供基础交通的支撑以及更加全面建构粤港澳大湾区“一小时生活圈”及相关的城市治理与公共服务“大区秩序”。

二是西九龙站“一地两检”是高铁香港段管理模式的最佳安排。围绕高铁香港段的管理模式，中央与特区政府及香港社会进行了长期的科学调研、比较研究和民主协商，最终确认在香港西九龙站设置“一地两检”安排是最佳选择，可以使“高铁成其为高铁”。如果采取其他安排，则高铁香港段仅相当于“快速列车”，其经济民生效益将大大下降。出于对香港经济民生根本利益的认知与维护，中央坚定支持特区政府依法行使高度自治权及开展地区间合作，中央对地区合作安排予以合法性确认及政策性支持。

三是人大批准决定的宪制性地位及合作安排的宪制合法性。人大批准决定在中国法律体系中具有国家最高法律效力，属于全国人大常委会行使最高决定权的具体法律成果，成为符合宪法与基本法的中央法律文件。这份文件不是在香港特别行政区全部区域实施，而是用于确认和批准香港与内地的口岸管理安排，确认内地口岸区设置与管辖的宪制合法性，因此不属于基本法第 18 条规定的在香港实施的全国性法律范畴，而属于对两地合作安排的合法性确认与宪制保障。

具体而言，这一决定及相关合作安排的宪制合法性体现在：

第一，合作安排属于香港特区依据基本法行使高度自治权的行为，不属于基本法第 20 条的"新授权"事项，也不属于第 18 条的附件三事项，人大决定对这一自治权行使的合法性予以审查和确认。

第二，合作安排的合法性基于这一安排对"一国两制"方针的符合以及对基本法之第 7 条（土地制度条款）及第 118、119 条（特区自治权之产业政策指导调控权）的遵循。

第三，"三步走"程序符合"一国两制"及基本法秩序，实现了中央全面管治和香港高度自治的有机结合，其中有香港特区政府的自主决策与合作协商安排，也有中央的审查决定，最终是特区本地立法的制度转化。这一程序符合基本法秩序及香港法治要求，能够很好地与香港本地法治相衔接。

第四，人大决定基于宪法和基本法对人大宪制地位与权限的规定，属于国家立法意义上的宪制性文件，其具体法律意义在于为合作安排及未来的香港本地立法提供合法性确认和支持。根据人大决定，合作安排已通过宪法与基本法的合宪性审查。这种来自中央的合宪性审查决定，有利于为特区政府本地立法提供法律与法理支持，也有利于在可能出现的本地司法复核中指引香港法官做出合宪判断，避免香港反对派滥用司法复核权及香港司法做出颠覆性判决。

第五，人大决定及合作安排在法律上拟制出"内地口岸区"，实施内地法律与管辖，是内地法律效力的自然而完整的延伸。这一安排有"深圳湾模式"作为先例，深圳湾的"香港口岸区"也是香港法律效力的自然而完整的延伸。"内地口岸区"在法律区域归属上归于内地，因此与“一国两制”下的香港法律体系没有重复调整的交叉关系，也无法律冲突。“一国两制”是一个互动融合的宪制框架，允许香港和内地为了香港繁荣稳定及国家发展利益做出合法合理的超区域制度安排。

四是合作安排的具体方案及管辖权的划分尊重香港法治，增进香港居民福利的同时不减损香港居民权利自由。合作安排经过科学论证与民主协商，包含了香港各阶层的诸多建设性意见，具有显著的民意正当性基础。争议的焦点在于合作安排是否会损害香港法治及香港居民的权利自由。从合作安排具体方案来看，内地执法人员仅限于在内地口岸区执法，不得跨境执法。与内地口岸区合法获取的管辖权相比，香港本地法律及香港执法管辖权对西九龙站区域有着更加广泛的覆盖，且具体执法与管辖标准之间有着充分的沟通协调机制。当然，西九龙站内地执法表现及法治化水平将成为香港社会观察评估内地法治进步程度与标准的“窗口”，因此需要内地相关部门在法律法规修订、执法人员遴选与培训、执法与司法合作方面下硬功夫，展现内地法治进步，也为香港居民更多使用高铁北上旅行及就业融入国家产生直接吸引力和安全感。

总之，“一地两检”方案已获得国家立法上的宪制合法性，本地立法预期将在明年上半年完成，明年第三季度通车将成为两地合理预期。在民意和法律的支持保障之下，反对派的反对造势及阻挠将很难奏效。“一地两检”标志着香港经济社会进入了真正的国家体系，这是香港回归后的又一个“深度回归时刻”，是十九大之后两制“有序融合”的先导。融合则两利，分离则两害。“一国两制”包含了两地两制合理合法走向“融合”。以“一地两检”为先导，香港对国家的融入将首先在粤港澳大湾区落地及实现，预期未来还将有一系列其他议题下的合作安排以类似“三步走”的方式实现制度化，更好服务于“一国两制”框架下香港以超出香港本地视角与思维的方式实现更大、更新发展的正当需求。

（本文原载于“思考 HK”2017 年 12 月 28 日）

- 新特首施政报告的和解意图 -

林郑月娥任内第一份施政报告于 2017 年 10 月 11 日发布，引起各界关注和讨论。这份报告延续了林郑月娥的以经济民生为主、青年发展优先、互动融合凸显、法治价值坚守的稳健施政风格，是对其竞选纲领的继续深化、细化与发展，切合了中央对港治理在秩序与融合方面的期许以及香港社会群策群力治理“过度政治化”后遗症的共识。这是一份兼顾各方诉求、稳中有进、具有可操作性与实践价值的施政报告，有望为林郑月娥任期施政的稳健有序开展提供基本指南并凝聚社会民意支持。这是总体评价。

这份报告有以下一些突出的亮点值得解读和分析：

第一，对“一国两制”及回归二十年国家治港政策的全面准确把握。特首精准认识到：其一，习近平“七一讲话”包含国家对香港发展与命运的特定理解，香港需积极回应此种理解；其二，“一国两制”长期来看始终是香港利益的最佳安排，有丰富的红利空间，但也需要香港主动努力，积极作为，不能错失良机；其三，香港人有责任反对“任何冲击国家主权、安全、发展利益的行为”，隐含对“港独”的零容忍；其四，确立健全的青年培育目标是香港可持续发展的基础条件，抓好青年就抓住了未来。

第二，“青年优先”的综合政策体系逐步成形。林郑月娥认识到香港的冲突化解与未来发展取决于青年世代的成长成熟，从而以“青年优先”来治理“青年失败”或“青年造反”问题，具体体现在：其一，确立健全的青年人格构成与培养目标，包括国家观念、香港情怀与社会承担三个要素，是对“爱国爱港”的完整诠释与发展，是对本土诉求的建制性回应与吸纳整合，是对青年之健全政治人格与社会人格的精准要素认知；其二，在本地教育、就业与成长方面给青年提供多项实质性支持计划；其三，开放政府咨询委员会及中策组改组岗位给青年，吸纳青年理性、负责任地参政议政，化解街头政治过热氛围及青年社运的挫折戾气；其四，提供计划安排支持青年参与“一带一路”与粤港澳大湾区建设，支持青年在超出香港范围的更大空间成长成才。

第三，政治议题继续维持审慎稳健立场。特首清晰了解到国家对第23条立法的要求和香港社会对普选重启的期待，但更加清楚单一议题的相关政治社会条件与范围并未改良改善，因而不宜贸然闯关，而是采取“先创造条件，后审慎启动”的立场。这种“双稳健”立场能够得到中央理解及香港社会支持。特别是经历“占中”对抗之后的香港社会及国家，需要有一个“政治冷静期”去重新思考和尝试接受国家安全的宪制必要性以及“8·31”决定内在合理性，包括以“8·31”决定为基础寻求民主化进步的可能性。国家安全与民主普选都是基本法上重要的宪制性目标与价值，是全面准确实施基本法的既定议题，特首的各项缓和性施政措施就是在弥合政治分歧，创造第23条立法及重启政改的必要条件。这种立场是可以理解甚至值得赞赏的。

第四，行政立法关系的结构优化。特首述及了自身对基本法秩序内行政立法关系的理解以及结构优化的主动作为与示范个案，以及因应立法会咨询与商谈诉求的正面回应。从特首施政三个多月来看，尽管冲突性事件与议题不断出现，但行政立法关系还是呈现了“回暖”迹象。个中原因，除了林郑月娥的稳健平衡作风之外，性别因素也有很大的缓和及柔化冲突的特别意义，比如“泛拉布”行为就很难针对女性特首实施，其中有“绅士文化规范”的制约。再者，林郑月娥是高度成熟的资深公务员，是香港社会培养认可的典范精英形象，每每出场都有典雅、庄重、美丽、慈悲、干练的气质，造成一种特别的“尊严气场”，这也是特首本人长期积累养成的政治软实力与软素质。这种综合素质构成，也是特首获得中央信任的重要原因。

第五，政府角色向“有为政府”的转型。特首明确提出政府处理与社会及市场关系时需要进行角色规范与功能的拓展，在传统的“服务提供者”和“监管者”之外，还必须逐步发展出“促成者”和“推广者”的角色，这是适应香港经济社会发展转型与国家战略需求的适时变革。这里要引入的是一种“有为政府”的理念，是法治保障下的服务政府与创新政府理念，而不是与“小政府”处于对极地位的“大政府”理念。香港的经济社会矛盾、法治条件、公民社会的成熟度以及香港公共财政的储备实力，完全可以支撑这样一个"有为政府"积极回应解决社会问题以及有效开拓发展空间。

第六，对国民教育继续推进的坚定立场与合理步骤。香港社会运动激进化和青年国家认同薄弱，与国民教育被污名化及长期搁置有关。尤其经过这几年的政治对抗与冲突，以及青年人在"本土分离运动"中的负面撕裂表现，国家与香港社会均认识到重启国民教育的重大意义。林郑月娥在施政报告中合理回应了国民教育强化实施的需求，提出了在2018/2019学年落实"中国历史"成为初中独立必修科以及继续完善基本法教育和师资培训体系，增加安排青年学生对内地与国家的交流、认知和融入。

第七，较大力度的政府机构改革及公众参与制度建设。特首是公务员出身，对于完善公务员制度、增强公务能力与激励以及引入公众参与提升决策民主化与透明度颇有热情、理念与具体操作经验。施政报告中多处涉及对政府机构内部职能调整与归并的安排，以及对中央政策组的改组，完善青年"自荐"式参与政府咨询委员会和新中策组的比例保障及优先政策，同时检讨政府公共政策制定程序，开放政府信息与数据以及提供更公正透明之程序以保障公众参与决策的权利与成效。行政过程的公众参与是"参与式民主"（participatory democracy）的重要内容与形式，是提升行政决策认受性和民主正当性的重要制度支撑。"公开、参与、问责"是良好管治的普遍原理，特首施政取向显示出对这一治理原理的准确理解与制度化力度。

第八，对香港法治与司法独立的自信与支持。特首施政报告正面回应外界包括国际社会对香港司法独立与法治的质疑，认为那些质疑不具有真正的事实基础，未能公正理解香港法治在"一国两制"与基本法秩序下的自我调整与巩固发展，也未能客观看待香港法治在应对社会运动和宪制危机中的基础性作用。特首重新厘清了法治在香港核心价值观与香港宪制体系中的最优先地位，以及为保障香港法治与司法独立，维护香港作为亚太、"一带一路"及粤港澳大湾区法治和法律服务枢纽地位而提供相关的政府政策支持。

这些突出的亮点与具体的政策思考和议程，需要立法会及香港社会的充分理解和支持。笔者认为这份施政报告是理性务实和富有建设性的，是因应香港经济社会转型与国家发展战略的可行方案。

当然，这些具体政策议题和项目之推进过程以及细节都可能激起具体的争议，特首施政不会如文件叙述或主观期待那样顺利，但只要抓牢“一国两制”与基本法准绳，面对真实的香港经济社会问题，以施政公心和公务勤勉面对立法会及香港社会，这份报告所期待的良好管治及经济社会协调发展的前景就会逐步呈现。

（本文原载于“思考 HK”2017 年 10 月 11 日）

- 十九大报告：依法治港和有序融合 -

十九大报告举世瞩目，因为中国已成为具有世界历史构成意义的负责任大国，中国的国家行为具有全球治理的指标意义。在鸿篇巨制的报告体系中，不同人群各取所需。香港社会对中国的全球治理通常不甚敏感，但对于报告中的涉港论述则是高度关注。

涉港论述主要集中于三个部分：（1）报告第一部分关于过去五年工作有专节“港澳台工作取得新进展”；（2）报告第三部分将“一国两制”作为新时代中国特色社会主义基本方略之一加以确定；（3）报告第十一部分专章论述“坚持‘一国两制’，推进祖国统一”。报告将港澳台合并论述，但又将港澳与台湾有所区分，这是因为港澳所涉乃“一国两制”内部的治理问题，但台湾所涉则是国家完全统一的结构性问题。

涉港论述存在如下值得认真对待的亮点：

第一，“全面管治权”进入报告，成为中央治港的新法理。五年来，中央面对香港社会围绕政改及“本土分离问题”的一系列挑战，对治港具体方略进行了适应时代与形势要求的调整，对既往偏重“两制”的治理思维与政策取向进行了检讨与修正，显示出对“一国”之法理与制度化的重心转移。“全面管治权”提法来自2014年白皮书，是对中央治港地位与权力的总括性概念，与之相对的就是香港依据基本法享有的高度自治权。“全面管治权”由国务院新闻办的政策用语正式被纳入党代会报告，表明中央对既往五年治港工作与方向的政治肯定，以及未来治港的制度进取方向。依法维护中央的全面管治权是“一国两制”全面准确实施的关键，是高度自治权的前提与保障。当然，中央的全面管治权是基本法秩序内的法定管治权，其制度化的重点在于完善针对香港自治权的“全面监督权”，同时对中央直管事项采取更加明确的法治化思维与方式。“全面管治权”成为取代“井水不犯河水”式两制隔离法理的新法理，是对“一国两制”完整法理意涵及基本法整体秩序的回溯与重塑，整体上有助于凝练一种关于基本法的“监督—自治”型共识法理学，打破既往“一法各表”的法理混乱状态与治理僵局。

第二，“长期繁荣稳定”是“一国两制”的政治伦理，是民族复兴的必然要求。中央治港，“高度自治”是宪制手段，“繁荣稳定”是根本目标，也是中华民族伟大复兴目标之一。这种将某个地区之“长期繁荣稳定”确定为国家民族之整体目标的做法，来源于特定的历史背景与“一国两制”的制度竞争逻辑。香港回归前已是“亚洲四小龙”之一，享有资本主义体系内的“繁荣稳定”，在殖民主义的制度外形之下，香港的现代化已到达相当高的程度。这种属于资本主义体系的“物质文明”与“制度文明”构成回归以来“一国两制”的起点以及与之对标竞争的基本参照系。收回香港，既包含着祖国统一的民族主义宏大叙事与历史进步意义，也包含着接受资本主义文明之挑战与竞争的制度博弈内涵。如果回归后的香港治理和发展不能确定性地优于回归之前，则难以证明“一国两制”的优越性，也难以间接证明社会主义制度的强大生命力和创造力。“一国两制”的制度竞争并不完全或主要不是在内地与香港之间展开，而是在中国与发达的西方之间展开。因此，香港之“繁荣稳定”就不仅仅是香港社会的成就维系，而成了国家治理能力及制度优越性的一种世界性证明。同时，在民族伟大复兴的条件下，香港的“长期繁荣稳定”又转换为国家民族整体进步的一项优先测试指标，表明中国的发展具有“共同富裕”的社会主义本质优越性，而绝对不可能放任香港“自然衰落”。为了香港的“长期繁荣稳定”，中央对香港事务的合法介入以及在国家“一带一路”倡议和“粤港澳大湾区”战略中相对突出香港的独特优势与角色，就是一种在新时代保障香港获取新发展资源和空间的战略统筹行为。

第三，“有序推进民主”再现，显示中央对香港民主化的期待与支持。香港民主化，具体而言就是香港基本法第 45、68 条规定之“双普选”的实现。中央在基本法中纳入普选，以及在回归后的普选进程中坚持“循序渐进”原则并充分凝聚香港社会共识稳步推进，是因为中央将香港普选视为“一国两制”整体制度实验的重要议题，同时也是着眼“五十年”周期中内地政治改革与治理现代化的可能需求而在一个可控的地方自治秩序中先行先试。香港普选，是测试“一国两制”与基本法之宪制合理性与完备性的绝佳议题。普选，对香港而言，是其回归后民主运动、意义政治及社会参与的焦点，是其自治民主发展的合逻辑延伸，但对国家而言则是一种特别意义上的“宪制试点”，是一种需要与国家之“主权、安全、发展利益”相平衡的地方制度议题。普选的“国际标准”与“基本法标准”之争，所折射的正是中央与香港地方在“普选”意义与方式理解上的差异。十九大报告重现“有序推进民主”，既释放了中央继续支持香港民主化的政治信号，也提示了民主发展的有序性。这个“序”既指基本法普选条款的“循序渐进”之序，也指“8·31”决定确定的具体普选秩序。能否回归这个“有序”，还是继续陷入“占中”和“本土分离”以来之过度政治化的“无序”，是香港民主化能否继续前行的政治要害。

第四，发展主义的历史观与治理观更加明确。在统筹规划香港进一步发展的论述中，“民主”是放置在“齐心协力谋发展、促和谐，保障和改善民生”之后的，显示中央在思考香港问题上的议题次序。中国自身的模式与经验可被凝练为一种“发展主义”，即相信历史与社会的矛盾冲突需要通过更充分的发展来加以解决，这是共产党人的历史唯物主义与辩证法史观推演出来的结论，也是改革开放40年的基本经验总结。香港社会之多方面矛盾，尤其是贫富分化、经济结构老化、青年发展受限等问题，中央认为与发展不足及空间局限有关，而不是与香港未能实现“普选”有关。聚集经济民生促发展，是中央真诚地以自身理解和经验对香港社会基本矛盾与问题的诊断和处方，也是中央治港在政策上的侧重与取向。这种思路与香港社会及西方社会的“发展援助”思路颇有差异，也与规则主义的形式法治观颇有差异。当然，“一国两制”之下的香港社会到底如何回应及利用中央的模式启发与政策利好，不是中央单方面能够解决的问题，也是香港社会发展思路转型调整的问题。这是“一国两制”内部的制度竞争与经验对话的“新时代”，相对自信的中央开始在不同层次与方向上试图推展所谓的“中国模式”。而对“中国模式”真正的历史哲学与社会科学的理解、解释与理论化，似乎才刚刚开始。

第五，国家安全领域信赖香港社会的补充责任论。十九大报告没有专门提及“港独”而提及了“台独”，港媒对此多有关注和疑问。难道是中央认为“港独”问题已经解决了？其实不然，9月初香港中文大学的“民主墙‘港独’”事件以及近期“港独”力量“重返校园”的社运动向，以及“港独”与“台独”的密切互动，表明这个问题并未得到真正的解决。不过，如下一些理由决定了中央在“港独”问题上的基本立场与取态：其一，反“港独”已经常态化，成为中央及涉港工作部门的基本任务，同时取得了积极的阶段性成效，因此没有必要再专门提及；其二，新特首在竞选纲领与施政纲领中清晰表明了反“港独”的社会治理措施与立场，中央需要支持特区政府依法施政；其三，2016年底人大释法以来香港司法的自我调整，尤其是在“港独”宣誓案、旺角暴乱案和“占中”改判案中对国家利益与公共秩序的法理肯定与兼容保护，显示出香港司法对反“港独”及维护香港稳定的积极宪制功能；其四，香港社会的“港独”余波（比如港中文“民主墙”事件）主要通过香港大学与社会自治（内地学生反弹反制、“十校长联合声明”、香港社会舆论制衡等）形式加以解决，显示香港公民社会的自我净化能力；其五，香港社会进入一个“休养生息”期，政治性议题相对淡化或后置，反“港独”有条不紊地形成了系列化的机制和经验。当然，中央在香港的国家安全领域必然继续承担最终的宪制性责任，这是一种优先信任和支持香港政府及社会处理“港独”问题的补充责任。如果“港独”出现了特区政府与社会无法解决的复杂局面，中央一定会依法介入，以及时恢复基本法秩序与社会稳定。

第六，以粤港澳大湾区为战略抓手促进香港再发展及融入国家。新全球化以中国为主场，这是香港近代史所未有之“大变局”。经过国家驱动、梁振英政府铺垫以及新特首接力推行，相关的区域发展战略已成为特区及社会发展的一个共识性方向，一系列的合作议题与政策规划正在开展。值得注意的是，这一次报告未提及香港在“一带一路”中的明确角色，而是强调以粤港澳大湾区为重点，梁振英所谓的“超级联系人”之说似乎未被中央重视和吸纳。如何理解这种论述取向呢？其一，报告指出“要支持香港、澳门融入国家发展大局”，这个“大局”首要包括的就是“一带一路”，只是基于国家整体规划，港澳只是参与者角色，而不是“超级联系人”或决定性角色，改革初期过度依赖港澳的发展阶段已经过去；其二，“粤港澳大湾区”战略是“一带一路”倡议的子战略，作为华南地区的创新科技中心与海陆丝绸之路交汇点而起到重要的“基地支撑”作用；其三，中国的国家发展是一列定时出发的高速列车，面向新的全球化地域和空间，港澳需要与中央对表而不是相反，这在客观上提示港澳需要有发展和融入的紧迫感，误了“班点”自己负责。依托国家发展战略的“有序融合”是香港在“一国两制”新周期里的发展指南。

第七，“一国两制”是长期的最佳安排。“一国两制”从回归过渡期及初期的“回归安排”逐步发展为一种关于香港繁荣稳定的“治理安排”。这种转变使得香港社会面临一种重新理解自身与内地、中国与世界关系的历史压力和实践紧迫感。1984 年《中英联合声明》及 1990 年基本法建构的香港自治制度是历史上最为优化的地方自治宪制。因此，就香港自身而言，尽管不是中英谈判的主体和参与方，但却是这场谈判的最大受益者。由此确定的“一国两制”框架成为香港宪制的最佳安排，也是其长期繁荣稳定的坚实基础。“五十年不变”之“2047 问题”其实并非现实化的“变法”问题，而是宪制检讨与合理化的内部秩序调整问题。香港有识之士亦明确承认，2047 年之后“一国两制”仍然是香港宪制最佳安排。十九大报告之规划是在“两个一百年”尺度中的战略安排，对“一国两制”作为最佳方案的重申是与“2049 中国”相关的。但这不代表中央对“一国两制”内部的具体制度机制不进行任何改变，因为一方面这是一个高度弹性化的宪制框架，需要不断根据新情况、新问题加以调整和填充，另一方面则是因为“繁荣稳定”成为国家的政治伦理，从而客观上需要国家获取适度的权力和权限来保障这一目标的实现。

第八，高度自治是权利与义务的复合体。报告提及“让香港、澳门同胞同祖国人民共担民族复兴的历史责任”，以及国家近些年在国家安全立法和“一带一路”倡议等法律与政策制定过程中对港澳宪制责任与义务的明确提及，这些论述表明“一国两制”下的高度自治不完全是一种权利，也是一种地方自身责任及对国家负有的积极责任。“一国两制”下的香港，既往不仅是“两制”讲得太多，“权利”也讲得太多，长期来看造成了香港的某种“偏安”“自私”等取向，在某些议题与时段上使香港成为国家治理与发展的负担，这些偏颇需要在“一国两制”的“新时代”予以矫正。

总之，“一国两制”是中国完成国家统一、推进治理现代化及自身全面国际化的“宪制杠杆”，在港澳台三地显示出不同的制度化模式与实践成效，其中香港最为典型、丰富及富有张力。十九大报告系统总结过去五年对港工作基本方略与成效，将“全面管治权”作为新法理，将“发展主义”作为新动力，将“有序民主”作为长期承诺，将“粤港澳大湾区”作为融合架构，将“高度自治”作为优先治理机制，将国家“两个一百年”战略目标作为定位与拉动香港转型发展的战略契机。由此，“一国两制”之香港模式开始进入“新时代”，一个“2.0版”的依法治港与有序融合的新时代。

（本文原载于“思考HK”2017年10月19日）

-“一国两制”港澳模式之比较-

“一国两制”澳门模式相对成功及经济社会更加稳定的主要原因在于：第一，葡萄牙在澳门殖民统治深度不够，对澳门精英缺乏吸引力，回归后亦基本没有施加干预，使得澳门回归及治理较为顺利；第二，爱国爱澳力量在澳门相对更强，为回归后治理打下扎实政治基础；第三，澳门社会经济结构、市民构成及国际影响力相对单调及可控，中央管治较为得心应手；第四，澳门基本法制定晚于香港，部分修正和调整了不利于中央管治的有关条款。这些历史及政治因素在港澳之间差别较大，因此港澳治理不能简单地横向对比，需要分别评估、诊断及治理。

香港回归后出现的一系列问题与挑战和英美势力持续干预、台湾因素及香港本地精英对西方文化的认可和忠诚有关，香港基本法之设计及回归后的初期治理对香港政治社会复杂性及国际干预强度估计和应对不足。近五年来，中央循着依法治港和有序融合的方向积极调整治港重心与方略，完整诠释及落实“一国两制”法理和政策内涵，已取得积极成效。

澳门模式有香港值得借鉴的地方：其一，在国家安全立法上承担对国家的责任和义务，是“一国两制”行稳致远的重要宪制保障，澳门先于香港完成；其二，缓行普选，聚焦经济民生及从制度上保障行政主导，是特区良好管治的基本经验；其三，融入式发展思维，对“一带一路”倡议及粤港澳大湾区规划持有积极参与和发挥独特优势的立场及实际作为，带动澳门社会融入国家发展大局，为青年人带来新的身份体验、认同和归属性成就。澳门模式在上述方面有着显著进展，香港社会应总结反思，克服困难，迎头赶上。

当然，香港模式中也有澳门需要学习的地方，比如更加优良权威的法治、自治而富有活力的公民社会、更高的国际化水平与对外交往能力以及在金融、专业服务方面对国家更大的发展支持作用。澳门回归十八年来，各方面表现良好，但潜在的经济社会问题也逐步凸显，甚至反对派政治也在抬头。澳门需要适当增强法治权威性及公民社会活力，经济更加多元化，社会竞争力及公民竞争意识需要进一步激发，这些面向仅仅在澳门本地是难以展开的，需要更大的空间与战略思维加以突破，幸好粤港澳大湾区提供了澳门模式转型发展的巨大历史机遇和空间。

总体上，澳门稳定超过香港，但香港活力及国际影响力超过澳门。这不仅仅是体量上的，也是结构与质量上的。对国家治理现代化及国际化而言，香港模式对国家制度与软实力的挑战更大，当然激励成长的契机也更大，不过香港模式内部矛盾重重，张力凸显，对国家依然抱有不信任感，有“本土分离”及“港独”运动，是需要严肃应对和处理的，否则香港的固有优势非但不能为国家所用，还会成为国家进一步发展的障碍。澳门需要进一步融入国家及参照香港某些指标与经验而提升国际化层次。港澳模式共同作为“一国两制”的发展先导，对解决台湾问题及祖国统一后的宪制模式设计的影响与塑造作用依然存在。“一国两制”在港澳台三地花开三朵，各自妖娆，是值得比较分析又必须分别进行个案深度研究的国家治理与现代化的典型案例。

（本文原载于“思考 HK”2017 年 12 月 21 日）

-新时代香港社会的多层透视-

十九大报告提出社会主义进入新时代及其十四点基本方略，“一国两制”位列其中。“一国两制”本来就是中国现代化与国际化总体战略的一部分，是中国主动打破冷战体系、融入并重塑现代世界体系的积极决断。“一国两制”在港澳台有着差异颇大的历史背景和制度化路径，其中香港模式之张力与典型性最为突出，对澳门模式之防患于未然有着直接先导效应，对台湾模式之结构闯关与宪制设计则有着正反两面的启发。

在香港看来，“一国两制”是“现状合法化”的长期安排，是“50+”的确定性历史过程，通常不会深刻解读这一安排背后的国家理性与谋略。但在国家看来，“一国两制”则是日日维新的，在大的宪制框架保持不变的条件下不断进行着两制对话与融合，且共同作用于国家的“发展利益”。

在国家所秉持的历史辩证法框架中，“变”与“不变”不是简单的矛盾对立物，而是辩证统一的，“不变”也是“变”的一个环节或因素，是“变”的出发点，是“变”的现实性根据。董建华先生的“香港好，国家好”以其敏感与直觉道出了“一国两制”的微妙与精妙，但大多数香港人并未深解其意。香港人不习惯于理解和运用国家的辩证法，而仍然以西方式的规则主义思维应对回归以来的多重挑战，包括来自国家层面的整合，如果规则不够用了，就诉诸“创造规则”的“公民抗命”。这也导致香港与国家对同一部基本法的不同理解，造成了“一法各表”的奇异现象，形成了“两种基本法法理学”的悖论。这种“各说各话”的情形在各自内部可能相安无事，一旦触及共同议题或争议性议题则难有共识。如果是基本法未明确预知的“一地两检”问题，则无法谈拢。作为政策商谈框架的“一国两制”是万能的，总能找到解决办法，但作为严格普通法传统下的“一国两制”则是处处受限的，因为双方并不真正共享同一个意义世界及制度方法论。根本上，“一国”的价值统合与制度监督功能并不充沛，导致“两制”在国家整合时代向“一国”回溯时将遭遇到一系列的概念尴尬与政策梗阻。这是新时代之“一国两制”香港模式“尴尬而有希望”的前景。

为更好地阅读和理解新时代香港社会的多重构成与张力，笔者拟从回归以来的政制发展、法治进步、社会变迁和文化演进四个基本层面简要勾勒二十年来的“变”与“不变”。

政制发展是香港回归二十年央港关系发展演变的一条主线，也是香港管治的核心议题，是“两制”根本差异集中体现的领域。回归二十年来，香港政制在“一国两制”与基本法秩序下循序渐进，朝着普选及民主化方面不断改革发展。但“两制”内含的政治理念差异以及香港对西方模式的想象与依赖，使得这一进程面临着巨大的不确定性和挑战。“占中”运动以此为主题，政改闯关是香港最靠近普选的时刻，但因缺乏共识与信任而最终失败。中央对香港政制发展持开放包容立场，将香港普选放在“一国两制”结构性演进的大局中定位和思考，使之与国家主权、安全和发展利益相协调，服务于国家发展和香港繁荣稳定的大局。香港政制发展包含着“一国两制”香港模式的丰富经验，因而是回归二十年之间聚焦讨论的中心议题。

香港是法治社会，回归二十年来，香港的繁荣稳定与高度自治在很大程度上取决于香港法治的权威而有力的保障。但香港法治属于英式普通法传统，基本法在设计上又将终审权授予香港地方，这就导致在社会运动与公共秩序遭遇重大冲击时，香港司法难以有效顾及国家的主权、安全和发展利益，显示出地方司法的局限性。“一国两制”在法治层面应逐步完善中央管治权的法治化，对香港自治权形成有效的监督制约，促进香港普通法的国家法转化。经历“占中”运动、旺角暴乱和“港独”宣誓，中央坚持依法治港，通过白皮书、“8·31”决定以及人大宣誓释法，有效规管了香港的选举秩序和宣誓秩序，完善了对香港自治权的宪制性监督机制，取得了香港治理上的重要观念与制度进步。香港法治在社会运动激进化挑战下面临一定冲击，但在其自身权威性以及中央监督和支持下，一种更加合乎“一国两制”原理与初衷的“香港新法治”正在生成。

香港社会是高度发达和西方化的社会，其与政制发展及法治进步之间的互动非常密切。回归以来，香港社会经历了一系列的发展演变，突出特征是社会阶层矛盾凸显，“本土分离主义”滋生，政党分化加剧，社会撕裂严重，共识基本面遭遇裂变。但香港社会亦有理性反思的重整力量，爱国爱港阵营及其社会组织能力也在增强，反“占中”与反“本土”运动中对香港“本土分离主义”构成重要制约。香港社会变迁是高度复杂资本主义社会的常态现象，同时叠加上了“一国两制”的制度复杂性以及内地与香港经济优势对比带来的巨大变化，更形复杂。修补社会撕裂成为新特首施政重点，是香港政制发展与法治巩固的基础性工程。

香港是移民城市，文化历来多元，但英式文化在精英层和教育系统具有主导地位。香港居民在回归之前较长时段分享着“难民世界观”，将香港作为短暂避难所和落脚地，但随着香港经济起飞和管治改良，香港居民日益产生定居感和归属感，本土意识开始孕育，本土文化开始成长甚至反向影响内地。回归以来，香港社会文化日益激进化，经由民主运动、保育运动而逐步达至“占中”运动、“港独”运动之类的激进运动，日益脱离了原初的本土文化基底，而诉诸一种民粹化和乡土化的后现代特征，成为一种独特的港式抗争性社会文化。政权交接与人心难归，是香港回归二十年的焦点问题。因此，文化治理和文化回归，是“一国两制”深入实践必须面对和解决的前提性问题。

1997 年，香港大学宪法学教授佳日思提出“香港新宪制”概念，但其论理更多依据香港普通法传统及西方一般宪制理论，对于“一国两制”之“中国性”的法理与实践内涵及潜力估计不足，甚至某些关键性理解是偏离“一国两制”与基本法原意的。2017 年，习近平“七一讲话”及十九大报告涉港论述提出了中央全面管治权与香港高度自治权的“有机结合论”，开启了依法治港和有序融合的新时代。这个“新时代”充满机遇和希望，也充斥张力和尴尬，但其前景是值得乐观期待的。我们需要更深刻地理解国家和香港，才能更好地把脉“一国两制”新时代的微妙而精妙的“新脉搏”与“新气息”。

（本文原载于“思考 HK”2017 年 10 月 30 日）

-一国为体，两制为用-

从法律层面看，十九大报告明确指出要严格依照宪法和基本法办事，着重强调宪法的地位，对港澳提出“宪制责任”要求。这在“一国两制”既往论述与实践中并不凸显。对“宪法”之本源地位的法理聚焦与确认，是“一国两制”实践进入“有序融合”时代的突出表征。自20世纪80年代以来，“一国两制”提供了解决港澳问题及应对回归后宪制治理的科学方法论，其指导意义不限于落实为具体法律秩序的基本法，还包含“两制”互动融合的规范性期待以及“两制”对“一国”的回溯性意涵。比较而言，基本法是规则化的“一国两制”，但并未穷尽“一国两制”的全部内涵与规范性，而“一国两制”依托于中国整体的宪制秩序，以“八二宪法”为中心规范展开，具有顶层统摄、支持及推动基本法秩序合法合理发展的“宪制根本法”地位及功能。香港人尤其是秉持普通法传统的香港法律界以基本法作为理解香港宪制秩序及法治体系的唯一尺度，是有失偏颇，不够充分的。

在“有序融合”的新时代，需要以宪法及“一国两制”宪制原理来廓清系统法理，重塑“基本法秩序”。这显然有利于港澳社会在新时代纠偏调整，在权利义务相平衡的法理原则角度上，重新理解“一国两制”，更好地维护港澳地区的长期繁荣稳定及继续对国家发展做出独特贡献。

除了始终全面准确贯彻“一国两制”“港人治港”“澳人治澳”高度自治的方针，报告还强调应该把全面管治权和高度自治权有机结合起来。这也是首次把“全面管治权”写入中央最高政治报告中，其目的是推动港澳特区实现宪制秩序的重塑，促使中央对港澳的管治与监督行为实现合法化与制度化。这不仅是对十八大以来中央对港澳工作的系统总结，还为港澳地区指明了下一步发展方向。

宪法是国家治理体系中最高的根本准则，基本法根据宪法制定。基本法是将“一国两制”的战略构想具体化为法律秩序，既是中国法律的一部分，又有别于内地的社会主义法律体系。宪法更多体现“一国”的价值观和政治架构，是基础和根本。而基本法则更多体现“两制”，与作为主体的宪法有所区别，却又兼容、镶嵌在整体宪法秩序中。“一国为本，两制为用”成为对“一国两制”更具中国古典政治哲学意涵的透彻理解。

宪法作为基本法合法性的基础和来源，具有监督、指引基本法全面落实“一国两制”的规范性作用。严格按照宪法和基本法办事既要求中央和特区的行为符合基本法，同时又强调基本法的解释和发展要符合、尊重和落实宪法。

宪法权威的树立，在港澳社会治理过程中能起到塑造国家认同的作用。根据十九大报告，我们不仅要塑造一种基本法爱国主义，还要塑造一种宪法爱国主义，塑造高于“两制”的共同的爱国主义，为共担民族复兴大业准备精神条件。在当今多元化的世界及文化语境中，身份认同是共同难题，通过宪法塑造认同是共同规律。这也是“一国两制”能否保持全面准确贯彻、港澳社会是否能保持长期繁荣稳定的关键所在。以前，在基本法实施过程中，“一国”及国家宪法的地位和角色表述并不是很清楚；在实践和制度落实上，措施和力度也不够到位。特区本地的教育扭曲、法理偏差和错误的文化理解及言行，造成了港澳回归后的一系列冲突，客观上需要进行法理纠偏和观念重塑，而宪法与基本法教育及“全面准确实施”是不可或缺的制度抓手。

此次十九大报告对港澳明确提出“宪制责任”的要求，有利于港澳社会在权利义务平衡的法理原则角度上，重新理解“一国两制”，合法合理承担地方对国家的制度责任。依照宪法和基本法办事强调了港澳承担的宪制责任和义务，使得港澳能够通过本地努力，维护国家的主权、安全和发展利益，例如创造条件与氛围完成第 23 条立法、援引本地法律资源及检控措施遏阻本土分离势力、推动国民教育系列改革等。这种宪制责任也有利于港澳在“一国两制”的战略构想下，发挥地区优势，支持和参与国家现代化和国际化建设，在“一带一路”和粤港澳大湾区建设过程中，调动整个社会的力量，不断向“一国”回溯和融合。

“一国”之治权面向的核心概念是“全面管治权”。全面管治权在 2014 年 6 月国务院新闻办公室发表的《“一国两制”在香港特别行政区的实践》白皮书中首次提出。中央的全面管治权是基本法秩序内的法定管治权，其制度化的重点在于完善针对特别行政区自治权的“全面监督权”。这不是要取代高度自治权，而是要弥补原来在“一国两制”实践当中“一国”缺位及“治权化”不足带来的中央制度抓手的若干短板和缺陷。仅靠高度自治权是不能充分保障“一国两制”全面准确发展的，中央有宪制性责任承担起“最后责任人”的制度角色。全面管治权是宪法和基本法赋予中央的宪制责任。把全面管治权和高度自治权结合起来，才能防止“一国两制”实践偏离主线、节外生枝，以及防止出现根本背离性的本土“港独”。

全面管治权的提出使得“一国两制”的运行始终在立法者的初衷初心范围内，对“本土分离主义”进行强有力的回击，牢牢把握中央对港管治权及确保爱国者治港。这样既能保障港澳的繁荣发展，又能保障国家继续运用香港的制度杠杆，深入推进现代化和国际化进程。全面管治权和高度自治权相结合才能全面准确落实“一国两制”，推动、协调香港融入国家发展战略，发挥香港在实施“一带一路”和粤港澳大湾区建设中的积极作用，对港澳自身竞争力提升和未来的转型发展也能起到推动作用。

今年是香港回归祖国二十一周年，也是澳门回归祖国十九周年。中央政府始终贯彻“一国两制”初心，严格依照宪法和基本法办事，认真履行宪制责任，为港澳的繁荣稳定发展提供了坚实的保障。迈入新时代的港澳，应该充分理解和接受中央全面管治权的合宪性，将之作为特区宪制秩序的重要组成部分，以及在权利义务平衡的法理原则角度上，承担起对国家主权、安全与发展利益的必要宪制义务。

（本文原载于香港多维客专栏 2018 年 1 月 16 日）

- 香港的 21 世纪历史密码 -

香港曾经是内地的“就近课堂”，但香港优于内地者，基本为西方现代性之“干货”，而内地的学习过程将过渡到一个“六经注我”的主体性阶段。港台“引路人”或对标意义的相对下降，所反映的是百年中国现代化与制度转型的结构性进展。

中国与世界的关系呈现出日益辩证与自主的节奏，“中国性”是理解香港问题的“新密码”。但“西方现代性”的“旧密码”并未完全失效，或者仍然在较长时段内构成中国文明崛起的主要制约因素。而香港是否能够及时转向把握以“中国性”为内核的 21 世纪“历史密码”，实现一个主从位置及主体性内涵的结构性置换，是香港是否可能在 21 世纪继续留在“一国两制”框架内及世界历史舞台上的真正要害。

香港正是处于这一新旧“历史密码”的转换阵痛期，国家与本土派有着对香港不同的历史理解与愿景，展开了面向未来的激烈宪制竞争。港中文“民主墙”事件就是这种“同床异梦”之深层精神阵痛的发作。愤怒撕下海报的内地女生，其行为绝非仅仅是校园民主内部的分歧意见之争，更是有国民教育背景和国家发展期待的内地人民与缺失这一背景与期待的香港居民之间的理想性差异和冲突。

这一事件将香港所处之“一国两制”内部的分裂性特征充分暴露出来。这种精神分裂性不是近几年社会运动激进化的结果，而是长期潜伏于香港社会内部的历史复杂性以及在中西关系上的“国际化”站位决定的。1997 年之后的“人心回归”本质上是香港作为历史游子的“返乡”过程。香港学生越拥抱“港独”，就越决定性地拒绝“返乡”，这种拒绝表面上是香港教育之过，本质上则是西方社会根深蒂固的“文明优越论”在香港的投射与远期发酵。

与“港独”直接冲突的是基本法秩序本身，其背后是中国的主权国家意志。“港独”不是什么一般性的宪制上可容许的言论自由，与国家统一并不处于对等的对话平台，而是违宪违法行为。“港独”是违反基本法与“一国两制”，甚至也违反《中英联合声明》的行为。尽管“本土化”论述有不同版本，但在根本逻辑上并不排除“港独”。事实意义上的不支持“港独”和价值意义上的反“港独”及认同国家，是完全不同的政治基础，香港社会的政治暧昧与吊诡由此可见一斑。

也因此，我们看到了“一国两制”的另外一种实践取向，就是明确地依据基本法给出的空间展开一场“国家建构”运动，一场关于国家权威重建的政治补课运动，这一运动的基本支撑是依法治港与经济融合。

依法治港是要全面准确实施基本法，将高度自治权置于一个相对严谨的国家宪制秩序之中，不仅政治上可控，而且法律上可塑造。作为一种规范化调整中央与地方关系的国家建构行为，这一取向十分符合现代国家的治理原理，比如美国就不断通过联邦司法审查（尤其是扩张解释“州际贸易”条款）对州权形成决定性宪制优势，确保美国的国家统一及联邦治理目标的实现。美国从邦联条款到联邦宪法再到林肯的宪法修正案，所走的是一条不断强化国家建构及有效约束地方分离的宪制国家化道路。这一道路对于美国的自由与繁荣起到了政治奠基的作用。所谓崛起的大国不可能分疆裂土。19 世纪 60 年代美国南方分离势力在一个崛起的美国面前诉诸分离，终于破坏了美国建国宪法中分治南北的制度，客观上使得美国国家建构进程加速。殷鉴不远。

可以预见，法治将日益成为国家治理香港的主要制度方略。已经有香港人敏感感受及表达出香港法治“威权化”的倾向，其实这里面存在误解：其一，香港法治的公正性在世界处于领先地位，对于严肃而职业化的香港法官而言，如果一味放任“抗争权权利”，拒绝任何关于公共秩序及国家利益的兼容考量与保护，那么必然与一个崛起的大国及基本法内合理的国家建构进程发生规范性冲突，其结果必然是损害香港繁荣稳定及破坏香港所处之“一国两制”的政治基础；其二，法治必有权威，这权威亦为国家所分享及支持，因此国家利益因素纳入香港法治不是所谓的“威权化”，而是香港法治出现了“国家权威”的理性自觉，是一种法治进步；其三，香港法治是基本法秩序下反对“港独”及维系香港民主化与宪制秩序平衡的最后自治武器，如果香港法治不作为或作为不当，则属于一种严格的宪制上的失责。

经济融合的故事沿着“一带一路”、粤港澳大湾区等国家战略快速展开，而西九龙站的“一地两检”则是香港被整合入国家新战略的基础设施连接点。高铁网就是权力秩序网，这一地缘政治学与政治经济学的宪制内涵，香港反对派完全明了，因此不惜冒着触犯香港民众利益的风险加以反对，理由是反对派的目标与国家整合战略发生了直接冲突，反对派对于整合后的香港生活图景完全丧失想象与规划能力。三十年河东三十年河西，香港人“北望神州”时的绝对优越感陡然切换为局促惊惧感，操持熟练的“西方现代性密码”似乎不大奏效了，而对中国政治与发展的“中国性密码”又是完全陌生的。这已不仅仅是认同转换的问题，甚至是整个世界观的重置，其所激荡起的“文化震惊”或“文化休克”在香港是有现象学根据的。注意，这里不是在讲泛泛的中华传统文化，而是现代竞争语境中精英化的公共文化。叶荫聪先生在《争斗式民主与公共文化：关于香港政治的观察》一文中细致梳理了香港政治文化的公共性危机，而吕大乐教授则在《尴尬的香港，仍在准备中》感慨香港仍未自主发展出一种真正基于“一国两制”的完整论述。

香港习惯于“旧密码”中的规范及成就，但这一切在今天已遭遇国家体制模式的重要挑战与整合压力。香港不是孤处欧美腹地的“小国”，而是中国的一个地方行政特区，无论多么特别，最后都必然要跟上国家发展的高速列车。树欲静而风不止。国家不可能允许香港脱轨（“港独”），也不可能放任香港孤芳自赏而日益衰落，因为这里不是别的什么，而是“中国香港”，国家承担最终治理责任。

在香港学生歇斯底里的“港独”发声中，香港大学校委会主席李国章先生怒称“港独”学生是失败者（loser），更有建制派何君尧议员声称要对“港独”“杀无赦”。这些“港独”学生不是能力上的失败者，他们之中仍然有大量的优秀人才，但却可能是时代精神上的失败者。而导致这一“死角”效应的不仅仅是香港自身的原因，也有国家治理上的不足。国家如果不提供香港青年融入国家的全面、公正、平等制度管道以及持续展现国家改革的规范取向，又如何穷尽追问香港青年的离心倾向呢？幸好，国家治港在“法治”与“融合”方面已经确定了正确的战略方向。

当然，香港新旧“历史密码”的转换是国家治理现代化与中西关系结构变迁的一个绝佳指标器，从而也是香港研究所具有的宏大理论意义的基本根据。因着这些缘故，香港研究需要进入一个“国家建构”的新时代，“一国两制”需要明确的国家维度，在此共识与秩序期待下，香港的一切问题才可找到解决的根本方案。对精神上无家可归的“港独”学生，不要简单谴责为失败者，因为谁都失败沉沦过，也不要“杀无赦”，要精解病理，治病救人。

（本文原载于香港多维客专栏2017年9月18日）

- 融合发展是港台治理共同方略 -

“纽伦港”中的香港是世界金融中心，但历史上从来都是帝国秩序边缘；台湾是宝岛，但历史上也从来都是传统帝国与殖民帝国的拉锯点与断层线。崛起的中国作为主权主体治理港台，所遭遇的不仅仅是宪制内部的规范设计与实施的常规问题，更是文明冲突与宪制重构的世界历史转向问题。

近期港中文“民主墙”事件纷纷扰扰，“民主墙”亦异化为“港独墙”。这显示出香港回归以来在“青年认同”指标上出现危机，“一国两制”内部的“分离”倾向未见好转。香港各界在反思教育政策和法治底线的同时，也颇感“一国两制”实践似乎进入了某种“新时刻”，就是不能再简单放任“两制”各行其是了。增强“一国”对“两制”的宪制塑造与有效连接，似乎已成共识。

在香港重塑“国家认同”的时刻，对台工作也进行了观念性调整，从“和平发展”转型为“融合发展”。“一国两制”本为台湾统一而设，优先应用于港澳，在宪制逻辑上存在一种“区隔主义”，即尊重“两制”历史与现实差异，采取宪制性区隔安排实现双赢与和平过渡。但区隔只是技术和实践理性，不是最高目标。什么是最高目标呢？就是宪法的国家同质性预设，任何宪法如果不能自觉地认知和促进国家共同体之有机融合，都只是施米特所谓的“宪法律”，而不是具有根本法意义的“宪法”。

“一国”是“一国两制”宪制的“宪法”，是支配具体宪制条文的根本法。“九二共识”表述的也是这个根本法意涵。但是，民进党严重偏离这一核心意涵，全方位对大陆采取“离岸”政策，寻求渐进性“台独”，已涉嫌严重违宪。这样的话，马英九时期的“和平发展”共识已不合时宜，具有“统一”意涵的“融合发展”更具宪制正确性和现实政治的针对性。

就香港而言，基本法虽然解决了香港回归与国家统一问题，但深层次的“融合”问题并未解决，“人心回归”仍是悬案。为什么会是这样呢？基本法制定之初，内地正面临改革开放艰难摸索期，香港代表高度发达的资本主义社会文明，是内地现代化与国际化的绝佳窗口与平台，因此香港对国家现代化的特定效用超越了一切宪制上的规范原则而成为基本法立法者的核心国家理性。贯穿香港基本法的根本原理不是所谓的“对峙”或“分而治之”，更不是“井水不犯河水”，而是立法者在改革宪法思维下独特的国家理性结构：国家对香港的非常规授权与香港对国家的持续有用性的理性结合。中央是依靠这一国家理性做出基本法政治决断以及说服内地人民理解香港之“宪制特权”的。这一点，香港同胞必须清晰明了地把握。“一国两制”与基本法秩序绝非天赋，更不是香港作为谈判主体争取到的法定权利，也不是英国人的外交努力结果，而是中国立法者的主权决断且作为立法者保留修正权。

从近几年的中央治港方略调整来看，“一国两制”内部的实践重心明显发生了从偏重“两制”向突出“一国”的转变，无论是“8·31”决定与人大释法的宪制设限，还是“一带一路”与粤港澳大湾区的经济整合。中央的判断在于：随着国家的全面发展与国际化，香港旧有的有利于国家的作用方式需要转型，香港积极融入国家才能既保证自身繁荣稳定，又能有力地回答如何继续对国家有用的根本问题。从区隔主义转向融合主义，也是治港方略的核心意旨。

比较而言，香港之“融合发展”是基本法内的治理转型问题，而台湾之“融合发展”尚不具备必要的宪制前提，需要通过“融合”本身促进两岸实质统一之政治条件的形成。但在具体治理观念与行政管理措施上，“融合发展”会在港台之间产生相似性和可模仿性。“融合”的基本观念前提是：其一，港台同胞是严格的中国宪法上的公民；其二，对港台同胞的管理不能继续采取“准外国人”的安排，也不能单纯依赖“高度自治权”（香港）或“事实治理权”（台湾），而需要国家更主动的调整与作为。一些技术性的制度机制改变已经发生，比如“台胞证”与“港澳回乡证”可自助取票的管理机制。但这还不够，需要进一步推进港台身份证件的“公民化”和内地条件下的“平权化”，使之有平等的“融入感”。更进一步，国家的公共政治过程与公共服务职位体系必须对港台居民平等开放，使之具有“国民”身份与实质权利地位。

融合发展需要双管齐下，既需要通过国家与地方的适当互动开展，也需要国家的“单方”行为加以推进。融合发展将使港台居民产生全新的国民身份意识与认同取向，使得其在内地（大陆）的就业与定居就如同在港台内部一样，是一国之内的地域性选择。

当然，这一过程会造成港台本土派甚至港台社会的巨大恐惧和忧伤，“小确幸”、后现代的乡土乡愁以及歇斯底里的“分离主义”都可能发生，但大国崛起不可能长期包容和放任内部既存的过大差异和张力，必然通过积极的国家建构与宪制再造完成对地方多样性的再嵌入与再整合。历史时间与主场效应决定性地转向主体大陆一边，中国与世界的关系开始由中国的“单方”入世转为中国对世界的介入与重构。在世界历史天平的快速倾斜中，在21世纪以来的世界新秩序对1500—2000年这五百年西方主导秩序的反动与重构中，东方的世界历史正在展开，而中国处于这一历史运动的真正核心位置。港台作为西方文明秩序深植（殖）亚洲内部的小体量代表，正在发生重新嵌入亚洲秩序的历史变迁。这一过程残酷无比，因为一切都将重新理解与构造，告别的要回来，贬低的要重看，自以为终结的并没有真正发生。当然，这不是秩序范式的截然断裂，中国以其文明性格与历史命运，所进行的必然是一种积极的历史综合。

港台所融入的不仅仅是一个民族国家或党国，还是一个重新生长的文明国家。这是命运，是巨大的历史机遇和秩序新生。

（本文原载于香港多维客专栏2017年9月14日）

四

社会变迁与认同重构

-当“占中”已成往事 -

——写在“占中”运动一周年之际

“占中”一周年之际，香港反对派团体试图“二次占领”但并不成功，至多构成一种“纪念”形式。“占中”运动呈现了香港社会最大强度的社运动员与对抗形式。“公民抗命”的下一步就是武装斗争，极个别极端团体也曾试图朝此方向引导，但终于宣告失败。即便是“占中”形式的“公民抗命”，亦不可能原态重演。因为香港社会已清楚看到中央政府的原则与底线，已清楚看到单纯诉诸对抗政治的无效与无力。

当“占领”已成往事，当广场激情终于退却，当国际干预和本土化迷雾渐然消散，香港社运模式已到了必须反思转型的历史时刻。李柱铭与黄之锋之类的香港社运两代代表人物近期访美遇冷，亦显示出香港政治进一步的“去国际化”。新香港的定位与发展需要告别昔日迷梦，从容焕发回归祖国与再创新历史的香港精神。

一、辩证看待殖民遗产

在香港反对派看来，“占中”一周年之际的九月是一个“黑色九月”，张晓明的“特首超然论”和陈佐洱的“去殖民化论”使得港人尤其是反对派重新面对曾经的殖民史与回归史，重新面临“选边站队”的精神与政治决断。双方的精神冲突被日益建构为“去殖民化”与“去中国化”的立场冲突。不过，这对反对派乃至于一般港人来说实在是太难了，因为殖民史对他们而言既是侵略与屈辱史，也是“现代文明发达史”。英国殖民统治者带来了完备的贸易、金融与法治体系，这是香港据以安身立命的历史基础。因此，“去殖民化”如果不指明去除何种意义上的殖民化，容易引起港人误解和反感，而这无疑将导致港人身份意识危机和认同上的模糊化。

因此，当官方指责殖民之恶而要求完全的“去殖民化”时，反对派回报的同样是决绝的“去中国化”，从而在国民意识与本土意识上造成了断裂的鸿沟，难以逾越和沟通。但实际上，泛泛地谈论“去殖民化”和“去中国化”都是值得商榷的立场，即便作为论辩策略亦需从效果角度加以严肃反思。笔者以为，根据香港的现代历史与香港人身份意识的构成特点，必须辩证看待殖民遗产。事实上，“一国两制”与基本法的根本逻辑起点就是一种关于香港殖民历史的辩证观，即肯定和继承殖民遗产中的合理因素，批判和改造其中的不合理与不正当因素。如果彻底“去殖民化”，那就应当完全批判一切殖民遗产，搞“一国一制”。显然，“一国两制”的设计者采取了辩证法立场，而不是僵化的完全批判立场。

“占中”运动确实反映了香港人的国民意识危机，其中对殖民史观的“玫瑰色记忆”和留恋也是事实，但我们不能因此就走向另外一个极端，认为殖民遗产完全是负面因素。对待香港的殖民遗产及香港人的政治认同问题，必须继续坚持“一国两制”的辩证法，向香港人讲清楚：第一，英国殖民统治历史的双重性，即侵略压迫和制度建设两面展开，需要区别对待，且说明殖民制度建设的根本目的在于大英帝国的殖民利益；第二，“一国两制”和基本法已经肯定和继受了殖民遗产的合理因素，批判改造了其中的不合理因素，因此香港管治包括政制发展必须以基本法为准据；第三，香港社运表现特别是“占中”运动引起了包括香港社会在内的整体中国对香港人国民意识与认同的深切忧虑，因此适度批判香港人意识中的殖民主义残留以及建构一种更加稳健的香港人国民意识，是中央和香港地方共同的国家建构任务；第四，“去殖民化”不以改变香港价值观和生活方式为目标，不突破“一国两制”和基本法框架，而只以抑制过度西方化和本土化的“去中国化”意识为要旨。

二、从容推动社运转型

香港社运模式自 20 世纪 90 年代政党政治兴起以来即以“压力政治”模式逐渐发展成熟，以“民主回归论”为基本路线，追求以合法手段促进香港早日普选，同时以香港自身理解的基本法框架（普通法自由主义）来严格限定中央管治权对香港自治体系的渗透与改造。这一社运模式以本土民主社团、立法会反对派议员联盟、青年学生组织以及与之相联系的外国基金会、本港自由派传媒为基本组织网络，香港本地“公知”积极参与塑造和推动了这一社运模式的发展成熟。

这一“压力政治”模式在2003年的反第23条安全立法和2012年的反国民教育事件中得到充分检验和发挥，一度成为香港社运的成功典范，成为香港民主网络和公民社运的力量源泉。然而，2014年围绕特首普选的“占中”与反“占中”对抗以及最终的失败和政改搁置，导致这一模式基本破产。“占中”落幕于2014年12月中旬，历时79天，对香港反对派和中央而言，皆可谓创剧痛深，其政治社会后果至今仍在央港两方各自消化。“占中”失败后，反对派也试图重启“占领”，但从未获得成功，此次一周年之际的“重新占领”亦告失败。这并非偶然，因为曾经支持香港“占中”的社运模式、组织网络、民意基础甚至国际势力之立场与投入，已然发生极大变迁，反对派中的激进团体尽管心有不甘，亦无可作为。

另一方面，泛民派主流政治人物开始严肃思考社运转型方向，或者退出原有政团走“中间路线”（汤家骅等），或者积极捕捉并回应中央释放的政治和解信号与善意（刘慧卿等），尽管还看不到“忠诚反对派”的具体成形，但朝着这一方向的各种政治努力值得积极评价和乐观期待。因为香港是法治和开放社会，民意通过周期性选举严格塑造着具体的政治版图，当香港问题日益“去国际化”而成为一个“一国两制”与基本法下的地方性治理问题时，反对派除非已打好“激进到底”以及随时“政治移民”的决心，否则必然在理性上需要寻求和解与新生，以便存留其在香港社会和基本法秩序内的合理政治资源与空间。即将到来的区议会选举以及明年的立法会选举，是引导泛民主流派转向和平理性的重要政治压力。

更关键者，香港社会有识之士已然清晰判明，香港作为体量微小的政治与经济体，在大国政治博弈中的棋子与筹码作用在不断下降，既无法作为美国制衡中国的决定性因素而获得美国的持续政治支持，亦无法仅仅依凭自身力量而实现“港独”迷梦。“国际干预”和“本土独立”均是悬崖之路，而“泛民”之理智者当然懂得悬崖勒马之道理，这正是香港社运转型远离“占中”模式的命门所在。

三、以发展解决认同难题

积极的发展心态是香港摆脱目前困局的基本出路。香港社会自身政治矛盾以及央港矛盾，有许多层面可以还原为经济社会问题，也就是经济发展与社会分配问题。这些问题可以通过香港积极参与国家“一带一路”倡议以及充分利用自身在粤港澳区域一体化中的技术性优势来获得解决。

既往惠港政策安排的受益面相对狭窄，局限于权贵化的工商阶层，这反而加剧了香港的贫富差距和对中央政策的误解。此次之香港参与，应更多顾及中下层尤其是青年人的创业发展机会，使得这些曾经的“占中”主体力量能够从国家发展中获得实际收益、成就感和积极体验，如此才能根本扭转国民意识危机。历史认识问题很难通过原则性的政治辩论或灌输教育来解决，消化旧有历史的最好方法就是“以历史对历史”，即通过吸纳原主体参与新的国家建设与自身发展，来创造一种关于香港人和国家之间的“新历史”。文明的奥妙在于人有记忆，有记忆就有历史，有历史才有文明。香港人的认同难题，必须通过香港人的“新历史”创造过程及具体体验才能消解，也就是将“玫瑰色的殖民史观”最终溶解于“紫荆色的回归史观”之中。以发展解决认同难题，是对包括香港人在内的中国人之历史创造精神与爱国精神的根本自信。邓小平之所以在那个年代那么自信地提出并具体设计了“一国两制”与基本法框架，正是秉持着一种面向未来与实践的大历史观与政治时间智慧。“一国两制”的“新历史”才是终结或升华香港人之殖民史观的最合理正当的药方。

（本文原载于香港《大公报》2015 年 9 月 30 日）

-“占中”并不如烟-

——写在“占中”运动两周年之际

转眼间，“占中”已过两年。对于这一香港社运史和民主史上的里程碑事件而言，我们仍然需要时时回望和揣摩其来龙去脉和深远影响。“占中”爆发时刻，笔者亲历观察，曾诚惶诚恐，如履薄冰，唯恐运动失序和过激而损害“一国两制”与基本法大局，终结香港回归以来的繁荣稳定秩序。彼时可谓香港最危险之时刻。尽管运动和平退场，但笔者在《香港政改观察》一书中确信“香港政改未完待续”。一年前，“占中”一周年之际，笔者以“当占领已成往事”作为反思文题，殷切期望中央与香港反对派修复裂痕，从“占中”对抗样式后退至基本法秩序内寻求普选和民主进步。笔者亦殷切期待香港民意可以充分理性化而在后“占中”期间以“票债票偿”方式果敢站出，为自身整体命运选择一个合法、稳健的未来。然而从区选、“新界”东补选直到立法会大选，青年本土派在香港民意中的支持度和影响力不减反增，蔚然而成香港新政治版图的强势第三极。

“占中”的违法性因素得到继承，非暴力因素遭到突破，体制内普选目标遭到搁置，而活跃、成熟及脱胎于这一运动的青年本土派则日益以一种决绝的“未来主义制宪建国”冲动逸出基本法轨道。两年之间，“占中”运动对香港法治、民意与价值观的解构和反向建构效应日益发酵凸显，成功扶正“本土主义”，远程支持“港独”，系统完成“泛民”新老更替。更替者，并非人员与纲领全换，而是青年本土派之理念与行动具有优先性和强势发展预期，存在渐然取代和诱导跟从之势。香港政治文化与社会运动急剧激进化，是“占中”负面效应的潜伏后发作。在香港，“城邦论”影响深远而成为青年本土派的集体无意识，建构出一个想象中的“城邦共同体”。

在立会选战与“雷动计划”之后，“占中”倡议者戴耀廷撰文号召

“功能组别是下一个战场”，是的，确实是下一个战场，选委会选战和特首选战皆与此有关，“双普选”也梗阻于此。可是，功能代表制正是基本法建构的精英民主制的核心原理，对“一人一票”式的直选及其政制因素构成结构性制约和平衡，而“一国两制”与基本法的内在平衡系之甚深。在基本法宪制未系统重构以充分安顿“国家主权、安全与发展利益”之前，追求完全废除功能组别及纯粹直选制改革，不可能顾及国家政治安全感及央港宪制平衡。“占中”背后的“国际标准”式普选，是一种无视国家与宪制前提及其核心关切的独立政治体普选，超出了“一国两制”与基本法的制度容量与界限。即便今后重启政改，如何在制度安排上兼顾平衡地方普选与国家利益，仍是对博弈双方的严峻考验。2015 年政改并非完全失败，而是停在了“五步曲”之“第三步”，是一份未完成的政改答卷，未完待续。

我们尽管可以充分区分“占中”与“本土分离”的种种差异，但人员、理念与组织似乎还是那一拨，只是战略战术在转移升级，马甲、口号和冲锋陷阵者有所重组。

法治损害是“占中”两周年主要后果之一。两年前，“占中”运动在悲愤、猜疑与误判中登场，在对抗、无望和动摇中退场。两年后，香港裁判法院在“占中”判决中以“公义动机”因素轻判，成就黄之锋、周永康、罗冠聪之青年“民主派”政治声誉，变相承认其“公民抗命”之“道德正当性”，并凌驾于香港法治权威性之上。法官以青年社运之“民主与公义”面向而持同情理解之立场，比附美国民权运动的司法道德，但其未充分意识到香港宪制之地方性与从属性，以及轻判模仿对“本土分离”之违宪取向的纵容效果。法官一方面以“公义动机”因素裁判，一方面又选择社会服务令作刑，似有逻辑矛盾。因“公民抗命”成立则为最大之社会服务，难道需要普通之社会服务令予以补充证成抑或证伪？法官习惯援引普通法先例作准，却无视基本法秩序之整体已陷入本土“港独”运动的侵蚀与冲击之中。两年以来，“占中”判决对“占中”运动之道德正当性的肯认和形式违法性的轻忽，所伤害的正是香港法治本身及“占中”派赖以生活的繁荣稳定的社会秩序。司法轻判表明，某种司法道德及其法理学传统得到了维护，而基本法秩序遭到了结构性破坏。

民意在香港社运变迁与对抗升级中继续分裂。在香港社运传统中，

“占中”是一个分水岭，前有合法游行示威及反对派常规对抗，后有暴力激进行为与“本土分离主义”。立会选战中，民众是直接投票者，可是其政治心智、意志及其表达并不自然和真实，受到媒体、民调、“雷动计划”、“弃保策略”等选战技术的多重干扰、塑造与强制切换。选民与代表之间的真实联系与相互理解，在制度和技术的重重操控下已然失真。很多人的投票可能受到隐秘利益交换的影响而失去自主判断，青年“首投族”则更多为理想与信念而投票，投的不是具体个人，而是某种对现状的不满和对未来的憧憬。反“占中”模仿“占中”而起，短暂奏效，长期不能维持，亦不可能阻却“本土分离主义”之崛起。民意是民主政治的最终依据和计量尺度，但民意本身具有无定形和不确定性。民意至上是现代唯意志论政治哲学的结果，以卢梭理论为精致体系，以潘恩理论为战斗号角，但却缺乏审议品质与对制度保守性的充分估计和尊重。民意在逻辑上的至上性导致了实践政治的二律背反：一方面，民意如圣女般受膜拜，一人一票是相互承认的绝对正当法则，是强者对弱者、精英对大众的臣服礼；另一方面，资本、政党、法律和政治惯例又在不断“强奸”民意和“制造”民意。大众民意具有民主的极致性，亦具有多数人暴政和少数人操纵的可能性。特朗普的民粹主义威胁是民意与民主皮肉分离的活剧。遗憾的是，全世界的精英政治都在大众民主面前不断丧失代表正当性，连老牌精英民主国家英国在“脱欧”公投中都难以幸免。选战、传媒与当代民主理解习惯，如柏克曾经批评的那样，总是倾向于使精英代表的理性心智与判断力屈从于大众审美和乖戾性情。“占中”以来的香港民意未能充分凝聚理性共识，而是在传媒与政党操作下更加对立和撕裂。香港民主化亦恐难以摆脱民粹化的倾向、过程与阵痛。

价值观的剧变与核心价值的解禁也是“占中”两年以来的显著变化。“占中”之前，尽管存在一定的游行示威、议会“拉布”与街头抗争，但法治秩序井然而权威，社会对于暴力、“港独”、“本土主义”等偏狭与偏激观念及行动并不高看，置于边缘。可是“占中”打破了违法禁忌，旺角暴乱打破了暴力禁忌。如今，法治权威实际上正在消解，本土派固然敬畏法官，但并不敬畏法律尤其是基本法。法官之司法立场与人权法理学的局限，造成了社运人士对法官权威与法律权威的分离性认知，其怪异后果可能是：香港司法独立可能依然存在，但基本法权威逐渐消解，司法成为社运激进化的道德牧师和制度保护神。今日香港之核心价值，似有从法治理性向斗争伦理的转向，“本土无罪，造反有理”可能成为青年一代的座右铭。与法治价值屈从社运取向相比，香港青年的成才观与奋斗意识也在发生畸变，起身于“本土分离主义”的青年议会新星及社运新代表可能成为青年世代的“成功榜样”，而传统的“狮子山精神”及合法的自我奋斗伦理可能屈居边缘。再者，随着“本土主义”泛起，青年世代拒绝在国家的国际化进程中积极参与和获得成长，而是局促于一方面留恋旧式殖民主义的“国际身份”，一方面埋头挖掘香港之“想象共同体”的“历史与历史观”，而断然将香港意识隔绝于整体中国的历史和政治之外。对过去和乡土的过度留恋造成了一种独特的群体悲情意识与偏狭心结，从而与日益开放和国际化的国家成长背道而驰，也与宽厚深沉的中国文明传统及其政治生命形格势禁。梁天琦的“食品正义”与朱凯迪的“土地正义”，其深耕之处固然有本土情愫，却与法治及现代性存在很大张力甚至冲突。乡土性只有放置于妥切的国家宪制与现代性框架内才可获得恰如其分的意义与生存，对此的盲视是“占中”以来香港本土派国际视野的结构性缺陷。

总之，“占中”两周年余波未了，新一届立法会即将履新，选委会选战与特首选战云谲波诡，香港内部管治举步维艰，司法道德化与政治化悄然自反，中央治港忧虑更趋严重。这一场由“占中”带来的“文明代理战”与精神博弈将进入新的一节。国家不后退，发烧的城邦不退烧，“占中”的对抗延长线在香港的政治几何学作业上不断延伸。何时云卷云舒，月明风清，还需要审慎观察以期，真诚应对以求。

（本文原载于香港《大公报》2016 年 9 月 29 日）

-“占中”“违法达义”的悖谬 -

近期的香港法院对黄之锋等“占中”案进行了改判加刑，尽管刑期仍然偏短，但引起了香港反对派的巨大反弹。反对派一直对于香港司法很有信心，认为与自身的价值观及政治诉求基本一致，是其对抗国家干预的有力武器。然而，“占中”案改判让他们感觉到这个想象的“武器”反刃相伤，由此莫名恐惧，羞急难安。事实上，这是中央“依法治港”及香港法院之司法理性的“交叠共识”正在生成，反对派所谓的“公民抗命”在中央及香港法治体系中无法取得正当性，也无法取得制度性同情。

法院在判词中明确提及反对派之“违法达义”有害香港法治与公共秩序，对青年人之判刑目的不在于惩罚，而在于阻遏同类模仿。法院一改初审判决中对“公民抗命”与青年社运的同情偏袒立场，开始冷静地思考“占中”运动对香港法治与公共秩序的危害，站在司法保守性的理智立场上重新评估原来过轻的“社会服务令”判决，而改判为短期监禁。反对派随后以“政治迫害论”及游行示威施压，国际媒体与势力也加以声援。

在反对派按照传统的内外联动套路对准香港法院及特区政府之司法立场时，香港法律界与香港社会表现较为冷静与坚决：其一，大律师公会和律师会发表联合声明，重申对“公民抗命”危害法治的不认同以及参与者承担刑责的合法性；其二，特首及律政司长开展合理化的危机公关，澄清有关检控行为出于法治动机，不涉及政治打压；其三，香港主流媒体反应相对客观公正，民意并未简单跟随反对派造势立场。香港法治在多方博弈中不是被削弱了，而是被巩固了，香港社会更加理解相对于社会运动的激进化，公共秩序与法治是更为重要的核心价值观。

反对派在抗争中颇有援引宗教性情感的倾向，比如戴耀廷、杨岳桥等人的解释显示出对青年人“占中”行为之“崇高神圣性”的某种鼓动与肯定，而黄之锋母亲的声明更显示出浓烈的宗教情感。这提出了香港社会的另外一个问题：宗教正确与世俗法治的关系。这在西方被称为政教关系，曾经长期困扰西方社会，最终通过政教分离与世俗立宪加以解决。香港社会的基督教化程度颇深，这是其确立西方价值观与生活方式的精神基础，但是如果在世俗法律秩序中频繁而不加节制地动用宗教动员和宗教情感，有可能产生一种歧视其他宗教信仰以及蔑视世俗法律与生活秩序的不良倾向。因此，此案暴露出的香港社会运动中的宗教政治化问题，值得关注。

反对派以“违法达义”为荣并将之与“公民抗命”相关联。但是，香港“占中”运动之“公民抗命”缺乏符合这一传统的基本要件与真诚性：其一，香港社会宪制完备，普选民主循序渐进，体现保守改良的英式政治精神，“占中”抗命破坏这一宪制美德传统，缺乏实质正当性；其二，“占中”参与者本应按照“公民抗命”传统认罪及服刑，所谓“求仁得仁”，但获刑者百般狡辩及企图逃脱罪责，显示出并非真诚追求更高道德目标；其三，香港社会不是存在种族不正义或政治专制的缺陷型社会，“公民抗命”在香港的引入本身就是一种误导和误用；其四，香港法治是优先于其他价值的核心价值，“占中”参与者对此缺乏基本的尊重与共识，显示出对香港社会与政治性质的误解误读，沦为单纯的政治模仿行为；其五，“占中”运动造成的道德政治化及其严厉性，尤其是青年“本土主义”的兴起，变相导致普选闯关失败，损害香港民主发展。

总之，“占中”运动是港式“公民抗命”及其背后的国际运作与宗教动员导致的一场政治对抗事件，加重了香港社会的政治撕裂和青年社运的无序化、激进化、民粹化、暴力化。特区政府依法检控骨干参与者，维护基本法与香港法治权威，而法院秉公司法，批判性调整初审判决对“抗争者权利”的偏袒，发展出香港社会运动类司法判决的“公共秩序法理学”。“占中”“违法达义”未成，香港法治“拨乱反正”有为。经此考验，“一国两制”与香港基本法在香港社会的法治权威将得到进一步巩固，香港普通法也将更加理性地平衡保护抗争者权利与公共秩序。因此，不会出现以黄之锋案为由头的“二次占中”，香港民主与法治将经由此案达成新的观念与制度平衡。

（本文原载于香港多维客专栏 2017 年 8 月 28 日）

-旺角事件的政策正义与拐点效应-

2016年2月8日晚间，香港旺角发生本土激进派组队与警方暴力冲突事件，警方受伤人数及袭击者被捕人数甚至大大超过了2014年的“占中”事件，而其影响亦在复杂发酵之中。旺角暴乱事件似一柄利剑刺破了香港的新年喜庆气氛，将人们早早地拖入后“占中”与后政改的严峻政治对立之中，与特区政府及全社会寻求重建、和解与发展的共识努力相对峙和对冲。事件发生后，香港主流舆论普遍谴责袭击者暴力，支持警方及特区政府依法维护秩序，惩戒暴行。特区政府快速跟进处理，将事件定性为社会暴乱，相关检控与诉讼程序迅疾开展，显示强劲的民意基础与香港法治的高度权威性。

事件起因于香港食环署大年初一例行的“扫荡执法”，针对的是富有香港特色的无牌“鱼蛋”小贩。本土派在政改失败后一方面不满于中央和特区政府的强硬立场；另一方面亦迁怒于泛民主派的整体温和路线，对“占中”的非暴力底线不以为然，而汲汲于测试“勇武路线”的政治社会效果。与去年反水货客等“轻暴力”相比，此次旺角事件中本土派的作为可谓“勇武路线”的彻底展现，但也同时暴露了这一路线在香港法治文明体系中的例外角色与边缘地位。这是一次有一定组织性和机缘性的“鱼蛋”暴力抗法事件，而不是任何意义上与香港民主健康发展有关的“鱼蛋革命”。

甚至，此次暴力事件因其暴力性和本土性过分突出而丧失了对“占中”之非暴力“公民抗命”德性因素的有效继承，蜕变为一种“前现代”歇斯底里式的以“本土性”对抗“现代性”的野蛮抗争。“本土特色，勇武捍卫”也因此成为空谷绝响，成为香港社会运动激进路线的终极拐点。以香港的理性民意和权威法治，断不可能再允许类似暴力蔓延。

一、不是“公民抗命”

事件发生后，如何解释和转化成为各方角逐的亮点。这也确实是“要命”的政治资产，反对派如何继承是一个很大的“坑”。官方立场是暴乱定性，法治追惩。这一立场在香港的法治文明中具有“政治正确性”。由于涉及较大规模袭警及危害公共安全，其审讯与定罪预期要比“占中”更严厉。反对派采取了二分策略：一方面遵循香港主流的和平价值观与法治文明，同声谴责暴力；另一方面则聚焦政府的公共政策责任以及一般的管治失当问题，各打五十大板。也有学者及外媒试图通过将此事件作为非法“占中”的续篇而予以正名，甚至已直接命名为“鱼蛋革命”，由此推波助澜而接力开展香港的管治权争夺。必须承认，旺角暴力事件的直接责任主要在于执行“勇武路线”的本土激进派，反对派主流因此也必须与之切割。但是，反对派所揭示的特区政府的公共政策责任亦不可忽视，否则类似暴力事件的隐患与导火索就不可能消除，个案性的刑事惩罚亦不能有持久效应。

但是如果我们仔细分析两次事件的过程与特征，就会发现旺角暴力事件并非“公民抗命”之“占中”运动的继续，甚至构成一种反动和倒退。笔者承认“占中”运动在某种程度上培养、激发和放大了本土激进派的社会影响、组织网络与行动能力，但“占中”运动本身并不支持暴力抗争。我们可以试着归纳两次事件的差异特征。

第一，“占中”事件由本港主流精英（学者、学生、政治社会精英）领导，按照西方相对成熟的“公民抗命”模式开展，有明确的政治目标（普选）和非暴力的政治德性，而“鱼蛋”事件则缺乏主流精英参与，也无政治理想表达和非暴力原则节制。两者是香港社会运动之和平路线与暴力路线的典型代表。

第二，“占中”事件涉及违法，但属于中低度违法，而“鱼蛋”事件涉及的是重度违法，涉及《公安条例》规定的暴乱罪。

第三，“占中”事件之动员与开展具有全港性、民意性和社会运动有序性的现代特征，而“鱼蛋”事件则具有非现代的暴力性、局部性与无序性特征，代表了香港社会运动因“勇武路线”而发生的非理性化和“前现代化”的倾向。

第四，“占中”事件在反对派内部有较大共识，民意甚至司法对此有一定同情理解，因而未引起反对派之严重分裂和严峻的刑事惩罚，而“鱼蛋”事件之暴力取向则冲击了法治文明的最底线，站在了香港民意和法治的容忍极限之外，有可能引发反对派与本土激进派的明确切割和分裂以及香港司法的较重惩罚。

第五，主导“占中”事件的反对派精英对“一国两制”与基本法有一定的认受性，与特区政府及中央存在合作空间与可能性，而“鱼蛋”事件的主导者诉诸激进的“本土主义”情感、想象与政治目标，与基本法体制直接冲突，难以合作。

由此可见，“鱼蛋”事件不是“公民抗命”式的“占中”运动的继续，而是背叛了包括“占中”在内的香港社会运动之和平路线的主流传统而走上了暴力路线，其不仅不能分享“占中”运动所可能内涵的“道德正当性”，还必然拖累香港社会运动的理性声誉和正面形象。“鱼蛋”事件既是一次对特区政府管治能力与公共政策责任的警钟，也是一次对香港社会运动的警钟。香港社会运动如对此仍遮遮掩掩，不予切割，则和平路线将彻底断崖，暴力路线将更趋主导。排除暴力和压制本土激进派，因而成为香港社会运动与反对派“自我救赎”的严峻课题。

二、“食品正义”与政策供给

在旺角暴力事件的善后过程中，谴责暴力和法治追惩显然是不可缺少的，因为法律若无权威，自由必然沦丧。然而仅仅止步于就事论事的个案性惩罚却不足以有效治疗该事件暴露出的香港管治难题与政策正义问题。

在众多反思该事件起因的分析中，香港学者梁志远先生在《一颗鱼蛋何以引发新春骚乱》一文中关于香港特区政府的“小贩政策”的追溯与检讨颇值得重视。这涉及到香港管治政策中的“食品正义”（food justice）问题。

事件发生后，内地民众很轻易联想到这是港版的“城管与小贩”难题。不过，与内地不同的是，香港的执法人员似乎非常弱势，其执法力与制暴力显著受限。原因很容易查找：香港警察在法治与自由媒体下执法，且社会组织监督与抗争甚力，故长久形成了“打不还手，骂不还口”的软性（文明）执法风格。然而，这种经由现代法治和公民社会过度“驯化”了的警察执法也可能导致对必要的秩序责任和权威性的偏离，其结果可能是矫枉过正，纵容违法。此次事件应引发香港警察与社会反思：法治并不意味着警察绝对放弃暴力，大体良善的法律不仅是警察权的“铁笼”，也是警察权之秩序功能的合法性支撑与程序指引；警察滥用暴力固然可恨，怠于履责亦属恶行。

回到梁先生的分析，他将矛头直接指向了特区政府在小贩经营权政策供给上的失当责任。该文从港英时期的小贩政策演变考察切入，分析了特区政府对小贩的“扫荡”政策之确立与“小贩合法化”政策动议之迟滞，指出本土派对小贩之支援行动前已有之，而此次暴力升级属于特定情势下的激发。应该承认，梁先生的分析具有政策启发性，能够适当引导我们去反思事件的背景因素与治疗方案。特区政府确应在恢复秩序与法治追惩之后，借助此次事件契机严肃检讨香港的“小贩合法化”政策方案，快速推进兼顾小贩生存权、本土文化特色保护与生活方式保全及城市规范管理秩序等多层次需求的政策制定进程，提供“小贩合法化”的政策空间、法例框架甚至财政补贴，从政策根源上化解香港的“城管与小贩”难题，切割本土激进派与小贩民生问题的事实链接，压缩本土激进派可操作的议题空间，有效消除警民冲突的风险点。

当然，对于大年初一的旺角鱼蛋粉，本土激进派消费的是“本土特色”，小贩们关切的实际是“经济生存权”。我们不能仅仅关注对本土激进派的法治追惩，也不能停留在个案性地解决“小贩合法化”政策问题上，而是要将检讨的视域适度扩展至香港后政改时期聚焦经济民生的重建工程。我们注意到政府在重建努力中更加侧重“创科局”之类的高端产业布局和宏观参与“一带一路”，而相对忽视包括小贩、无业游民、失业待岗人士、竞争力偏弱人士的“低端就业”需求。所谓“经济民生”，在“经济”一端必须在政策上通盘检讨和研发适合中低收入与竞争者的产业框架，在“民生”一端也不能止步于扩展社会保障，而是需要培育自主创业与自由就业的政策基础与环境，使得人人可奋发生存，在有效的政府保障基础上寻求美好生活。当然，这涉及香港经济复杂的结构调整，必然对目前以房地产和金融为寡头结构的官商体制构成冲击，经历巨大的政策调整博弈的阵痛。此外，这一新公共政策的推进与生效仅仅依靠香港自身的力量也不足完成，必然需要与深圳、广东乃至整个内地市场互联互通。随着经济形势逆转，香港人也需要逐步打破旧有的本土优越感和封闭自足意识，到更广大的内地谋求发展。今后如出现批量化的香港“打工仔”到深圳打工谋生甚至在深圳买房落户，也属正常，甚至是香港人心态调整与奋斗生存的积极信号。

三、社运与管治的拐点

回望香港历史，乱后有治，甚至有更大的繁荣。乱者，如人体发烧病变，是社会病态的最集中暴露，虽予各方以极大压力和创伤，却也提供了严肃诊治的良机。香港历史上的“六七暴动”可谓香港传统左派的“勇武路线”，但其带来的并不是香港的持续动荡，而是香港的“黄金时代”，是港英政府和香港民众在危机刺激下各自反思奋斗、建设新香港的更大默契和实践。

香港“本土主义”显然是此次事件的精神总根源。“本土主义”兴起固然与反对派的民主化运动路线有关，二者之间是政治同盟军。但香港的“本土主义”还有更复杂的因素，即对香港城市化与发展主义的一种反动。笔者曾有幸在“占中”运动前后在香港大学法学院从事为期一年的访问研究，每日往返于香港大学校园，受到这种“本土主义”情绪的极大刺激和感染。港大学生会控制的校园电视台及其社团活动经常以香港本土特色为主题，比如 2014 年 6 月前后围绕“新界”东北拨款法案而惨烈“拉布”期间，香港大学就出现过以该地区农村风貌与生活方式为主题的艺术展，学生与乡土艺术家共同营造了一种在精神上可分享的“一念天堂”（张贴于港大宣传栏的配诗画作）。后来的中环街市搬迁与特色鱼蛋粉店关张，也引发了学生与市民的深切忧伤和惆怅。

这些“新界”农村、郊野公园、离岛风光、港岛鱼蛋粉、旺角小商铺共同组成了香港本地人的身份认同因素，而这些因素在资本与公权力合谋的“发展主义”政策冲击下日益消散，其所引发的是一种香港人关于自身共同身份认同与生活方式的现实焦虑与未来恐惧。对未来的身份危机引发了本土激进派的过于浓厚的“在地乡愁”和过于激烈的“勇武捍卫”。从精神类别上看，这种对乡土性的过度焦虑是现代化与城市化过程中必然的伴生物，甚至在内地仍以发展为主旋律、全民共同致富的氛围中亦产生了“看得见山，望得见水，记得住乡愁”的共同情绪与政策表达。不过，这毕竟是一种“前现代”性质的情绪，如果不加节制、引导和驯化，可能会成为本土激进主义的精神病灶，成为一种极具破坏力和毁灭性的“病态浪漫主义”。

特区政府对这种基于本土生活记忆和对未来之恐惧的本土情结，需要非常谨慎智慧地回应和处理，既不能以粗暴的“发展主义”和威权法治予以一味打击压制，亦不能盲目妥协纵容而助推更严重的激进主义和民粹主义。面对香港发展过程中出现的保护与发展、本土与国家、政策与政治、民主与民粹相互交织的复杂情势，特区政府要升级管治智慧：第一，在治标的层面以公共政策检讨与改进为主，寻找社会矛盾风险点，提供优化的社会保障方案与对接中下阶层的就业保障与产业序列方案，提升政策正义；第二，在治本的层面，勇于承担和正视香港未完成的民主普选课题，寻求在适当时机合法而合理地回应香港“民主派”的普选诉求和重启政改愿望，发挥中国古典的“治水智慧”，有效疏浚而非湮堵香港社运与社会怨气及戾气的“民主淤积陷阱”。

（本文原载于香港《大公报》2016 年 2 月 16 日）

- 香港立法会补选的政治再平衡意义 -

2018 年 3 月 11 日，香港立法会补选，但由于同日举行国家宪法修正案表决，因而补选的影响和意义似乎被部分遮蔽了。与国家修宪相比，补选只是一隅小事。但二者之间还是有所牵连。国家修宪将十九大报告规划的“两个一百年”及中华民族伟大复兴的新理念、新共识写入宪法，形成了一种带有强烈“新时代”特征的“新宪法秩序”，构成对“八二宪法体系”的重大发展。而香港立法会补选则关涉香港本地民主发展及如何应对融入国家的“一国两制”新主题。“一国两制”是国家宪法秩序与治理体系的重要组成部分，也必然伴随整个国家的体制演变而呈现出新的样态与取向。

从补选投票率及结果来看，建制派夺回功能组别议席，在九龙西取得直选议席的突破，标志性本土派姚松炎落败。按照补选 4 席之2：2的选战成绩，建制派继续在立法会维持多数派地位及分组点票的多数优势，有助于巩固基本法确立的“行政主导”体制及“一国两制”原初设计中的“爱国者治港”原则。联系在 2018 年初完成的立法会议事规则修订对“恶意拉布”的适当规制，我们有理由期待香港立法会之规范运行和对“一国两制”与基本法全面准确实施的更好支撑。

补选源自系列 DQ 案，涉及的是 2016 年 9 月香港立法会选举中本土派势力空前崛起及在就职宣誓中的辱国宣“独”行为。本土派议员以选区或界别的“小众”基础并依赖基本法的制度保护，公然反对其议席与政治自由得以成立的宪制前提，公然破坏“一国两制”在香港的政治信任基础，公然向中国整体的宪制秩序与主权意志宣战。这一行为是后“占中”之“本土自决派”不断蔓延滋长的结果，其危害之烈甚至可能超过“占中”本身。因为“占中”尚且是通过“公民抗命”的表面正当性追求一种基本法上更优化的普选框架，而“本土自决派”则反对基本法整体秩序本身，试图通过更激进的社会运动及在选战中对建制框架的强势渗透，逐步刺破及颠覆“一国两制”与基本法的宪制基础。如果说反“占中”是维护香港法治的基本权威及防止管治权旁落的话，反“本土自决”则是在保护整个“一国两制”与基本法秩序的存在前提。因此，这一次“后 DQ”的补选，就具有重新测试香港选民意愿与取向的指标意义。

从参选状况来看，有些非常显著的“本土自决派”参选人直接被选举主任 DQ，相当于提前淘汰，制度化淘汰，无法进入选民的选举清单，比如“香港众志”的周庭。但也有诸如姚松炎在最后时刻过关，进入九龙西直选程序。当初放姚松炎“入闸”，建制派颇有不平之意，认为特区政府有意偏袒或放水，甚或有激烈意见认为政府内部有“坏人”。但其实这样的安排或许有着更大的收益：其一，让有着“本土自决”色彩的标志性人物“入闸”，通过选战及民意再测试，起到一种政治与社会教育的特别作用，比如此次姚松炎落败对香港宪制秩序巩固的意义就要大于直接在提名关的 DQ，当然这是有一定风险的；其二，香港的政治生态是一个多方力量实质性平衡的格局，本土派有着无法忽视的政治社会基础，比如这一次姚松炎的实际得票仍然超过了 10 万，与当选的建制派候选人郑泳舜相差不大，如果选举制度完全隔断这些选民的意见表达，或许可能刺激出更激烈的社会运动。此次九龙西的双方对决，建制派险胜，但其指标意义突出，标志着多数选民对 DQ 案之合法性与正当性的实质认可，以及对“本土自决”立场的有距离对待。当然，姚松炎的 10 万票也说明，香港“本土自决派”并未退出历史舞台，在香港多方政治势力中仍然具有相当的力量与影响。

其他选区或界别的选举也引起了一定的关注。比如港岛区的泛民主派候选人区诺轩以 13 万多票当选，但在选举过程中遭到建制派揭发其存在蔑视基本法及“亲日派”“台独倾向”等嫌疑，存在政治上“不爱国”的具体事件与表现。这种揭发既是选战过程的一种攻击手法，比如对方也会攻击建制派短处，但也暴露出香港选战中对“爱国者”标准执行上的实质性困难。这种困难是历史与制度共同造成的，与香港社会的复杂性有关。在“一国两制”之下，香港之华洋杂处的社会构成及港英时代的基本制度框架得以保留，基本法对香港本地自治体系中的“爱国者”标准与要求是相对宽松的，甚至放任香港本地法治加以认定，这就与一种偏向世界人权公约及普通法自由主义立场的司法哲学紧密联系在一起了。由于第 23 条立法未能完成，香港法院基本援引“普通法适用地区"之判例标准来判定有关案件，以及香港选举法例中对涉及国家忠诚的参选标准之实际规定与执行上的错失，导致香港回归二十年来已实际形成了一种"过度包容"的选举文化与制度性惯例，因此像区诺轩这样的"亲日派"便仍然大行其道及高票当选。这也显示出香港本地之"泛民"政党无法实质认同及追随国家利益，而仅仅以本地之政治利益为限，甚至为了与建制派竞争而无节制地接受不同外国势力的多种形式援助。而同样在政治自由的一般规则下，这些"外援"的性质与实质影响很难公开透明及获得有效的法律规制。建制派对此类候选人在既有法制条件下自然只能道德化揭批，而无法实质性期待法律程序加以甄别、限制及追责。当然，如果区诺轩过于自信而以既往被DQ之"本土自决派"议员的类似"低级方式"违法宣誓，则在既有的人大释法与法院判例之下必然触网而终。估计当事人不会如此轻率。

比较而言，"新界"东的"泛民"候选人范国威大比分胜选，并不意外，而建筑园艺界的谢伟铨较大优势当选也在意料之中。同样参选建筑园艺界的外籍人士司法文则颇引人注目。这位荷兰籍人士1984年来港，在香港读书与经商，娶香港人为妻，2006年以来代表香港"公民党"多次参选功能组别议席及区议会议席，败多胜少，类似"玩票"。外籍人士可以参选及当选香港立法会议员，这源自基本法第67条的明文规定，但总比例不得超过20%。基本法这样规定，是尊重香港作为国际性大都市的人口状况及政治历史，同时也对获得香港永久居民资格的外国人提供了某种"特权性"的政治保护。当然，由于香港回归以来选举政治不断"本地化"，实际参选成功的外籍议员少之又少。这是"一国两制"下香港地方选举政治演变的自然规律。不过由于香港有着健全的法治体系，外国人包括取得永久居留权的人士在香港实际享受到的法律保护与自由权利，与其所在国籍国并无多大差别。

回到此次补选，建制派有进展和收获，但立法会内双方的基本盘依然保持大体稳定，而且选举投票具体结果显示出香港的"本土自决派"仍有相当政治实力和选民基础，而香港法律对参选人的"政治资格"也很难形成具体的忠诚要求与约束。这些暴露出来的问题是历史性和制度性的，需要逐步通过国民教育、依法治港、有序融合及围绕"一国"利益保护的具体立法来建构切合新时代"一国两制"与基本法全面准确实施的完备文化生态与制度体系。按照香港法律，还有两个被DQ的议席将会随着有关司法程序的完全终结而适时启动。再假以时日，香港的区议会和立法会选举又将大规模启动，后续还会有更引人瞩目的特首换届选举。连番的选举政治既是香港民主化的具体体现，但也显示出对政治社会资源的过大消耗及对发展利益的某种耽搁。这涉及对选举民主与发展正义根本关系的重新思考。这是整个西方政治现代性的要害问题，香港只是一个具体的表现角落。

2018 年，除了选战，还有林郑月娥特首推展的“发展正义”相关管治革新工程，以及国家层面的“一带一路”与粤港澳大湾区具体融合性规划，而“一地两检”本地立法及港珠澳大桥通车也将标志着香港经济体与社会更紧密联系于整个国家的治理与发展体系。近些年的央港政治冲突既是“一国两制”内部既有矛盾的发酵演化，也是“两制”在法理、管治与发展模式上的竞争与整合，总体上对香港的政治改良与社会发展而言是一种积极的促进反思与转型的契机和因素。由于挂接上国家发展及国家治理体系的“大车”，以及民意理性思定及精英转向调整，香港的明天似乎正在变得“柳暗花明”。

那么，补选之后的香港立法会当适应整个国家发展演变大局而于“一国两制”及基本法全面准确实施的“新时代”努力承担起应有的民主审议与“两制融合”促进责任，有效治理“恶意拉布”，创造政治和解与合作的更好氛围，推进完成与法治巩固及发展正义有关的立法议程，回报选民、香港及国家。如此，本次补选的政治再平衡意义才能充分凸显，香港立法会整体上的审议品质与公共理性也才能充分释放。

（本文原载于香港多维客专栏 2018 年 3 月 12 日）

“自决论”无法为香港带来前途

在“港独”组织化和本土意识蔓延的特定氛围中，方志恒等反对派中青代于4月21日联署发表《香港前途决议文》，其目标在于回答“2047香港二次前途问题”，其要旨在于以“自决”保“自治”，行动方式限定于非暴力抗争。这一主张与方志恒先前的“香港革新论”高度相关，反映了反对派精英层在与中央互动受挫及本土激进派内部竞争压力下的“积极本土化”的纲领与路线选择，可谓之“香港自决论”。这一“自决”论述并无直接的“港独”诉求，因而与“港独”派拉开距离且容易得到香港部分民意的理解与支持。然而，“自决论”包含着对香港历史与宪制基础的错误理解，包含着为“港独”储备纲领与组织网络的前奏，包含着进一步恶化央港关系及逆转“两制”互动融合的反动性。

“自决论”根植于香港“本土主义”，对“一国两制”与基本法采取了一种过分偏重于“两制隔离”目的的解释，并要以体制内外的政治行动和话语建构实现香港的“永续自治”。在方志恒等“自决革新派”看来，唯有高扬本土价值及坚持政治抗争才能保障高度自治的高度性和永续性。然而，这种“隔离主义”的香港“自决论”势必阻碍香港与内地之间的自然融合的进程，阻碍香港对国家战略发展进程与框架的参与和贡献，阻碍香港居民之国民意识和政治参与的提升，阻碍基本法下香港居民之“双普选”权利与法治的落实与维系。“自决论”最大的困难在于高扬本土性与国际性，而有意忽略了作为基础和中枢的国家性。由于缺乏清晰稳健的国家观与国家宪制概念，缺乏直接的基本法依据，“自决论”本身的理论与政治前途很可能是一种准“港独”理论，而最终失却其凝聚香港社会共识、保障香港高度自治及抵制激进“港独”的理性诉求。

一、自治不是“自决”

香港“自决论”意图以“自决”保“自治”，但实际上自治恰恰是对“自决”的一种宪制性排除和替代。无论从历史还是宪制角度来看，“自决”这一概念都不适用于香港。

“自决”在国际法与宪法上的产生源于一战后期对重建政治秩序的原则性思考。一战导致若干帝国的解体，在帝国的废墟上散落着错综复杂的多民族力量，它们已不可能按照旧帝国模式重新整合起来，但是根据什么样的原则建立一种政治秩序来整合这些力量并实现和平呢？美国总统威尔逊和无产阶级革命领袖列宁分别提出按照“民族自决”原则来重建政治秩序。在一战问题解决后，民族自决原则并未退出历史舞台，而是扩展应用于20世纪波澜壮阔的非殖民化运动，作为被殖民民族或地区寻求独立解放的指导原则。在非殖民化基本完成之后，民族自决原则日益衰落，但在某些国家被转化应用于内部的分离公投运动，比如加拿大的魁北克、英国的苏格兰和西班牙的加泰罗尼亚，但前提是所在国宪法允许公投程序合法启动，而不存在单方面的地区自决权。

由于现代国家多为多民族国家，因此作为一战后秩序重构及非殖民化运动特殊产物的自决原则在基本完成其特定的历史使命之后已然受到理论上和具体宪制上的种种限定，而日益弱化和转化为一国宪法之下的自治权和政治参与权。从比较宪法看，自治地区寻求政治自决的运动，常常处于违宪和分离的边缘而遭到所在国宪法和政治体制的严正抑制。从自治回溯自决，是一条反历史和反宪制的运动路线。

具体到香港，其在历史与宪制上不具有“自决”地位，亦从无“自决”实践。排除香港“自决权”的宪制性安排包括：第一，20世纪70年代初中国动议联合国将香港从“殖民地名单”中取消并获得成功，此举排除了香港以殖民地身份寻求独立自决的国际法基础；第二，1984年《中英联合声明》之谈判主体不包括香港，不搞“三角凳”，排除了香港作为独立国际法主体参与地位谈判的法律基础，而声明之内容亦体现了对中国主权无可置疑的承认与支持；第三，1990年基本法属于国家立法，对联合声明之内容加以法律转化并体现了立法者的主权决断意志，包括增加普选条款，香港据此取得高度自治地位。

1997年前的香港受英国殖民统治，但不是国际法意义上可“自决”地区，而是以不平等条约从中国割让的领土，1984年联合声明确定了回归事宜，是中英之间直接的国际法权利义务安排。1997年之后的香港是基本法下的自治地区，基本法保障并支持香港居民的高度自治权，但绝对不支持所谓的“自决权”。香港“自决论”以一种过激的政治手段（“自决”）去维护一种合法的政治权利（自治），是一种学理概念上的混淆与模糊，是混淆视听的选举造势策略，对一般香港民众有较大的蛊惑性。而严格推究，“自决论”只能属于一种接近“港独”的革命理论，而不可能是一种维护“一国两制”与基本法的宪法理论。谋求香港自治地位的合法巩固，其正途只能在于回归基本法框架，而且需要以正确理解的、完整的基本法作为思考与行动的前提。“自决论”假托的基本法是片面理解的基本法，是填充了太多“本土价值”、历史误解与前途臆想的基本法，因而不可能作为其保障自治地位的真实宪制基础。

二、本土不是“反中”

香港“自决论”内部存在一种深切的“历史悲情”，即第一次前途谈判（中英谈判）中香港无代表权和主体资格，基本法五十年不变是中央单方面规定，2047年将见证“香港人民在二次谈判时刻的自决权觉醒”。贯穿“自决论”的主线是香港人民的“主体正当性”与“本土价值的文化正当性”，但这两重“正当性”都是可疑的。

“自决论”者没有在严格的宪法意义上使用“香港人民”。根据中国宪法和基本法，香港存在的只有居民而没有人民，其中居民可分为永久性居民和非永久性居民。基本法使用的就是居民概念，而居民只是税法和行政法上的概念。在适用于香港的国籍法上，香港居民还可称为中国公民。由于现代宪法接受的是人民主权概念，因此谈及“某某人民”时，通常对应于一国整体之人民而不是任何一个部分或地区的人民。不过，由于人们日常的语言使用习惯，地区群体有时也称为“人民”，比如作为旅游标语的“江苏人民欢迎你”，但这只是一种人类学的通俗称呼，而不是宪法学的严谨用法，更不表示“江苏人民”具有自决权。同理，“自决论”者所称的“香港人民”也不具有严格的宪法学内涵与地位，而只是一种人类学的通俗称呼。“自决论”者宣扬“香港人民”

的主体性，与“香港民族论”的民族性建构意图是相同的，不能不加以辨析批判。

至于“本土价值”的正当性，也需要辩证看待。经由“本土分离主义”的反复催逼，香港的公共文化与意识已产生了显著的变迁，“本土”逐步确立了其“文化正确性”的地位。“公民党”的“十年宣言”也被“分离主义”者牵着鼻子走，言必称“本土”。即便是建制派，在香港本土文化变迁以及选举政治压力下，也不得不对“本土价值”表态拥护，只不过相对注意区分健康的“本土意识”和病态的“本土意识”。“本土主义”是典型的地方主义，强调部分之于整体的自主性与自治性，这具有合理的成分：第一，任何人都是具体地方的人，都分享着该地方的基本价值观与生活方式，因而地方性构成了人性普遍基础的重要部分；第二，任何人又不可能局限于具体地方而不与外部世界尤其是所属国家发生政治、经济、文化的联系，以一种超越地方性的国家性价值来连接与整合地方性价值；第三，具体到香港，“爱国爱港”之“爱港”就是一种爱护香港的、朴素健康的本土意识，是建制派的本土主义，而“爱国”是对“爱港”的连接与整合，二者共存而一贯，体现了健康互动的央港关系之精神构成，从而成为“一国两制”与基本法的道德正当性基础。“自决论”片面宣扬“本土价值的正当性”，是对“爱国爱港”之有机联系和“一国两制”之道德基础的人为割裂，违背了从联合声明到基本法所贯穿的香港角色定位及香港与国家政治关系，造成了以“本土”来“反中”的扭曲效应。

“自决论”反映了香港反对派精英在寻求和建构自身政治身份上的迷惘与错失。在全球化时代，每一个充分发展的自由人都必然包含着三重身份因素：本土性（local）、国家性（national）和国际性（international）。通常而言，一个人基础性的语言和文化修养来自本土，进阶性的政治认同与责任观念来自国家，而超越性的自我发展与提升来自国际。事实上，现代性本身意味着本土渐然衰落，国际尚未定型，而国家成为统合多元本土性及扩展支持国际性的最重要的公共领域和组织行为体，离开国家的本土乡愁或国际浪漫主义都不可能成为健全之政治意识与实践的有效基础。以此观之，香港人的政治身份建构出现了关键性的缺环，即偏执国际与本土两端而轻忽国家之中枢地位。由于缺乏对国家宪制及国家观的体验、体认与认同，香港人尤其是青年人几乎不可能形成明确的对国家的义务观念，更不可能理解“主权、安全与发展利益”在基本法实施中的相关性，而一味以“权利、自由和自决”作为全部的政治想象物和价值链。没有能力理解国家，没有能力理解基本法的国家法内涵，没有能力建立法律上和道德上对国家的最基本的义务观念，是“自决论”之政治身份想象与建构的最大软肋，也因此使得《香港前途决议文》本身不可能有“前途”。

三、隔离不是前途

“自决论”体现了一种过时的孤立主义与隔离意识。在“两制”与两地发展融合进程中，香港反对派产生了一种深切的焦虑意识和丧失感，即自身优越性的丧失和对未来之生活方式保有的不确定感。在中央及香港开明人士积极推动“两制”与两地融合的同时，香港反对派却祭起“井水不犯河水”的主张，坚决反对任何形式的融合与干预。

“井水不犯河水”必须放置于回归过渡期内特定的历史语境下理解，当时的主要考虑是香港的繁荣稳定主要依靠香港自身制度和经济优势，中央只在香港请求时提供援助，而且内地改革还需要多方面学习香港，故维持香港在高度自治条件下的“样本”式存在是一种双赢选择。然而，时过境迁，香港今日之经济发展日益依赖于内地政策空间以及国家发展战略的支持，香港在内地日益开放条件下已不具有垄断性的连接内地与外部世界的枢纽地位，而国家在安全与发展利益上也需要加强“两制”整合与国家利益的制度性保障。因此，“一国两制”的实践重点已经发生转移，从回归初期的“井水不犯河水”逐步转向融合发展的互动主义。香港的新经济必须借重国家的“一带一路”倡议，香港必须克服“一地两检困境”设法尽快融入内地的高铁经济圈，香港也需要对国家改革发展做出新的独特贡献来深化巩固其继续享有高度自治权的正当性基础。

“自决论”者关于香港前途的思考却是反其道而行之。基本法五十年不变是基本法的明文规定，但“自决论”者曲解了这一规定，未能把握其主旨和精髓：第一，“五十年不变”反映了内地改革开放的实验主义逻辑，将“五十年”设定为基本法的实验周期，其实验内容包括行政主导制、司法独立，也包括“双普选”，更包括香港人之“爱国爱港”身份认同的确立与巩固；第二，五十年到期时，除非经过正式的修改程序，基本法所有制度安排继续有效，这是宪制法理的内在要求；第三，“五十年”是一个宪制检验周期，表明基本法经过较长时间之实践磨合，需要进行相应的修改，而其修改权限明定于基本法第159条，中央掌握修改主导权和决定权，但香港有民主参与权。“2047时刻”基本法依然在中国宪法支持下高于香港普通法律之上而成为最重要的宪制基础，不存在“二次前途谈判”和香港内部“自决”的空间。

“一国两制”是一场宪制实验，是制度建构的时间与空间的组合艺术。香港的高度自治权来自中央通过宪法与基本法的授权，是有明确法律限制的地方自治权，而绝对不是高度政治化的“自决权”。这一自治安排属于例外性的国家特别宪制，其存续的正当性理由在于：其一，积极理由，即权利义务平衡原理，香港对国家的改革发展继续发挥特殊作用与贡献，使国家与全体人民受益，使国家有理由说服其他地区和人民相信“一国两制”的价值与正当性；其二，消极理由，即政治认同与效忠原理，香港承担最低限度的国家忠诚义务，不以本土危害国家，不谋求分离和独立，不长期成为国家安全漏洞。明乎此，“自决论”者挖掘香港自治剩余资源的方式与方向显然是南辕北辙的，从而不可能给香港带来新的生机、发展与理想前途。

（本文原载于香港《大公报》2016年5月4日）

-“港独”是对“一国两制”的背叛-

享有繁荣稳定和高度自治的香港，有一群人试图突破“一国两制”与基本法秩序框架而谋求“港独”，是近些年香港社会运动激进化、民粹化以及青年化的负面后果，值得国家与香港社会严肃对待。曾几何时，“港独”本是一个禁忌性话题，因为香港作为高度自治的特别行政区享有充分的自由与法治，也从国家发展与政策倾斜上不断获利，无必要打破这一优良宪制安排。但从香港“保育运动”转为“本土运动”以及“香港城邦论”与“民族论”一路狂飙以来，香港政治文化与社运路线日益超出了既往的“民主回归论”轨道，寻求激进的“港独”分离目标。“港独”直接违反了基本法，是对“一国两制”的政治背叛，也对国家主权、安全与发展利益构成直接威胁。国家从“一国两制”与基本法立场出发，对“港独”实施零容忍，是为了维护国家与香港的根本利益。

“港独”兴起有着复杂的历史与政治原因。其一，基本法建立了一种高度自治的地方宪制，国家主权在香港未合理治权化，国家权威无法具体体现及深化，客观上便利了“港独”分离势力之话语权与行动空间的建构。其二，香港特区未能如期完成第23条立法，香港法律体系存在对“港独”行为的管制漏洞，未能对“港独”的萌芽与发展起到必要的制度防范和威慑作用。其三，香港司法以普通法传统和权利本位法理学为主要特征，未能在社运类裁判中合理兼顾国家利益，更有外籍法官对基本法整体秩序的罔顾，由此对“港独”倾向及行为起到纵容作用。其四，“港独”在“民主运动”与“本土运动”交替掩护下获得一定的政治庇护与纵容，更是借助“占中”运动趁势而起，以批判与超越姿态对传统“泛民”的“民主回归论”路线展开话语竞争与代表权争夺。其五，香港相对于国家在经济上的下滑，以及自身贫富分化、青年人上升空间狭窄化，成为“港独”情绪的催生因素。其六，香港本地教育体系高度西化，国民教育未能合理开展，青年国民认同逐渐弱化。

2016年9月香港立法会选举，青年本土派夺得7席，基础选民达到40余万，是其政治崛起的显著标志。但“港独”力量未加自我节制及错误估计中央反弹管制力量，终于在立法会宣誓风波中遭遇人大释法及香港司法的有力遏制。尽管如此，“港独”在香港与国际层面仍然存在一定活动空间与影响力。

我们需要合理剥离“港独”与香港政治话语中的“本土”及“民主”，以便团结香港大部分民众和力量共同反对“港独”，维护“一国两制”与基本法。本土意识从20世纪60年代末期即已孕育发展，最初曾作为反对港英殖民统治、确认香港之“中国人身份”的积极文化意识，但最终香港回归，这种意识开始将政治矛头对准中国本身。香港本土意识与本土运动和香港的“保育运动”密切相关，这本是一种朴素自然的爱港意识，但却逐步在反对派操作下成为切割“爱国”与“爱港”的精神性议题。本土不等于“港独”，但在逻辑上并不排除“港独”。我们欢迎“爱国爱港”式的健康“本土主义”，反对“分离独立”式的激进“本土主义”，同时对诉诸香港本地保育价值及政策正义的“本土化运动”予以政策性理解与回应。

关于“港独”和“民主”的关系较为复杂。“港独”兴起早期，香港泛民派容忍甚至支持了这一力量的逐步发展，但随着青年“港独”派取得政治地盘、本土话语权及国际代表权，以及国家以“港独”为由进行的强势干预，香港泛民派感受到了“港独”对香港民主事业与利益的直接而根本的威胁。2016年人大宣誓释法后，“港独”力量受到遏制，“泛民”开始寻求与“港独”切割。近期“民主党”的政策文件《站在历史巨人肩上》明确反对两种倾向：“一国一制”和“港独”。泛民派认识到，“港独”激进分离与国家威权干预将互为行动理由，这种取向将危及或影响香港享有的高度自治与香港民主前途。“民主党”将“港独”“本土自决”形容为“风险赌博”及“不可能前途”。但是，泛民派仅仅与“港独”切割还不足以转化为“忠诚反对派”，其在这份宣言中对香港宪制基础、政治中国属性以及基本法整体理解上仍然偏向于忽视“一国”，不能合理认识和尊重“一国两制”中的国家主权、安全与发展利益，仍然以单纯香港视角与利益本位看待“一国两制”，其视野与政治心智并未与时俱进，获得突破，因而不可能给香港民主运动以积极希望。如果说“港独”是对“一国两制”的背叛，“民主回归论”的固化思维则是对“一国两制”的偏离。

从香港整体管治情势来看，民意厌倦“港独”，香港司法亦在“港独”宣誓案及旺角暴乱案判决中开始适当建立反对“港独”的普通法先例，这对遏阻青年人追随“港独”激进运动有一定的正面价值。香港社会经历过去几年的“过度政治化”，修补撕裂及和解重建是社会共识，“港独”势力很难再次鼓噪起一定的民意支持，如果硬性蛮干，很可能为中央干预、司法惩戒及民意抛弃给出行动理由。至于“港独”势力寻求国际干预等，更加重了香港推进第 23 条立法的必要性和紧迫性。当然，也不能完全排除“港独”势力在常规技战法无法奏效条件下诉诸恐怖主义行动的可能性，中央和香港特区政府对此需要做出预案，完善相关法律基础和反恐机制。

治理“港独”，最关键的是中央要适时调整“一国两制”的实践重心，从既往的“相对隔离”转向“互动融合”，从宪制及具体政策上打通香港青年北上发展及融入国家的制度通道，使其有机会进入国家公共服务系统及通过为国家服务催生“中国公民”的身份认同。“一国两制”有充分的制度空间和弹性来应对“港独”，但也需要香港社会一起共同行动，共担责任。

（本文原载于《人民日报》海外网专栏 2017 年 6 月 26 日）

-爱国爱港史观的重建期待-

习近平主席在香港“七一讲话”开篇即用相当篇幅回溯香港与中国的历史，凸显了对殖民主义的批判和对民族正义观的弘扬。在2017年的特定历史时刻，中国领导层如何看待1840年来的百年近代史以及香港的历史性质，是一个关系“一国两制”之历史观与国家理性的重要问题。

习主席的历史回溯之线索与立场非常清晰，有助于中央及特区政府开展对青年的历史和政治教育，以重塑其国家认同，逐步建构一种主导性的“爱国爱港史观”。

其一，近代史的“苦难”意识。讲话中多次提及“苦难”“屈辱”“悲痛”等归属于中华民族的集体情绪和历史体验，这种民族性记忆的重新规整有助于打通百余年殖民统治史对香港与国家命运共同体意识的文化与政治隔离，也有助于从源头处清理构成香港人核心政治意识的“殖民史观”与“本土史观”，推动一种合理而适当的“去殖民化”，重建爱国爱港史观。中国近代史，整体上是屈辱苦难史，也是民族团结与建设的发达史，但苦难是基本氛围与背景，是民族奋斗牺牲的历史动因。

其二，对殖民主义的“批判”意识。“苦难”意识是中华民族的一种身体化的历史体验，但如何对待及转化这样的“苦难”意识，各民族却有不同表现。中华民族是有尊严和文明自信的民族，面对殖民主义带来的深刻苦难和屈辱，出现了此起彼伏的救亡图存与维新革命运动，但这些爱国主义进步运动不是一种精神上自我放弃和屈服的“全盘西化”运动，而是“中学为体、西学为用”式的自主性革新与改良。与学习西方先进经验相伴而行的是，中国保持着对殖民主义侵害行为的严肃政治批判立场。这种批判既是对自身遭受苦难的本能性反应，也是对殖民主义两面性的理性意识，更是使中国成为被殖民国家解放斗争的重要领导力量。对殖民主义的批判意识及其文化成果本身就是香港匮乏而亟需的“去殖民化”素材与营养。如何讲好中国近代史中的“反殖民主义”国家故事，使香港青少年具备对国家近代史的完备理解与认同，是香港国民教育的关键议题。

其三，基于党的领导的“奋斗”意识。在讲话中，习主席凸显了中国共产党之“建党”与“建国”大业的历史创造性意义。党的领导权是历史形成和人民选择的，这是一个客观事实。面对鸦片战争所揭开的中国半殖民地史，习主席的概括是“写满了民族的屈辱和人民的悲痛”。这似乎成了中华民族无法摆脱的历史命运，之前每一次的救亡图存运动，无论是洋务运动、戊戌变法、辛亥革命还是后来的国民革命，都在列强干预和内部四分五裂的政治消耗下归于失败，民族苦难命运未能改变。中国共产党的建国大业实现了中国人民在历史与政治上的完全出场和站立。因此，完整的香港历史观应适度容纳与国家命运密不可分的党史与党的基本理论，这是“一国”对“两制”的必要精神统合。

其四，辩证务实的“一国两制”国家理性。香港毕竟受过英国的殖民统治，禀有英国政治社会文化的构成性特质，尤其是主导社会文化的香港华人精英对英国文化的吸收与内化达到了相当的程度，而且香港社会的治理架构也是英国式的。面对这样一个“极度”西化的社会，如何设计宪制框架及进行具体管治，是一个重大挑战。习主席简要回溯了香港回归谈判的历史及“一国两制”在促成回归和形塑基本法秩序上的国家理性，彰显了共产党人的辩证务实思维以及在发展演变中解决矛盾分歧的历史唯物主义观念。“一国两制”成为一种“以时间换空间”的政治实验。

其五，对爱国爱港史观重建的积极期待。基于上述历史回溯与史观清理，习主席提出了如下三个基本判断：第一，香港的命运从来同祖国紧密相连；第二，回到祖国怀抱的香港已经融入中华民族伟大复兴的壮阔征程；第三，香港同胞同内地人民共享伟大祖国的尊严和荣耀。这样的判断既是对中华民族百年奋斗史的浓缩与升华，也是对“爱国者治港”之宪制原则与历史自信的合理延伸。

总之，历史观回溯的根本目标在于促进一种“爱国爱港史观”的生成及主导化，以对冲消解 150 余年形成的殖民史观和依托殖民史观对抗国家的“本土史观”。这对香港政制发展前途亦有重要启发，即香港反对派如不能与时俱进更新历史观，转化为“忠诚反对派”，从“背向国家的民主观”转为“面向国家的民主观”，则其政治命运、政治利益甚至香港民主前途都会受到严重损害。缺乏历史共识，缺失国家认同，是香港反对派之“民主回归论”的重大精神缺陷，习主席的历史观论述或许有助于香港社会在“一国两制”的新阶段觅寻到精神转型的正确方向。回归二十年，香港的“精神成年”或许仍有前路要走。

（本文英文版原载于香港《南华早报》2017 年 7 月 12 日，此处为中文稿）

- 香港政治文化的公共性危机 -

香港政治文化在近年来的社会与政治运动中发生了重要变迁：“占中”突破了违法性禁忌，旺角暴乱突破了暴力性禁忌，“港独”诉求突破了“一国两制”与基本法的宪制底线。如何理解这些政治文化的变迁现象？如何看待香港“本土自决派”的“制宪冲动”？如何评估香港民主的文化基础？

香港岭南大学的叶荫聪先生从文化政治范式的角度提供了解析这一现象的三重进路：政治自由主义的公共文化范式、左翼的争斗式民主范式以及“自决论”范畴的制宪权范式。这三种范式并非孤立存在，而是相互联系且存在此消彼长的竞争关系，分别可以对应香港政治文化中的部分现象与因素。作者之理论分析颇具功力，已经超越了一般的文化政治评述，而具有了政治哲学和宪法学的深度，尤其是文末点出香港“制宪冲动”与中国整体主权意识及其正当性的关联。

叶先生以“礼崩乐坏”切入论题。何为香港政治之“礼乐”呢？就是香港核心价值观，也就是所谓的“公共文化”，即作为整体社会与秩序黏合剂的公共理性。这是罗尔斯政治自由主义的视野和抱负：以自由民主作为政治文化平台吸纳与整合多元文化因素，形成共识性政治秩序及其稳定体系。从文化要素和制度组件来看，香港治理体系与自由民主秩序高度吻合，尤其是自由市场和法治更是居于国际先进行列。

但这些标准化组件是否真的组构成了一个自足的自由民主秩序了呢？作者的答案是否定的，并援引罗永生的“虚拟自由主义”加以剖析。香港的政治文化“礼乐”并不能完全笼罩和驯化社会内部的反对力量，根源在于香港并非自足的政治实体，而只是“一国两制”下的自治体，因而政治自由主义范畴内的香港“一制”不能够完整解释和处理香港政治演化中的严峻冲突，尤其是涉及国家安全、政改和主权的重大议题。换言之，香港的政治自由主义只是“治理”（governance）意义上的，而不是真正“宪制”（constitution）意义上的。也因此，作者最终诉诸制宪权与人民主权，也代表了香港反对派激进化在文化政治上的想象与突破。

左翼的激进民主范式其实不够激进，仍然是“自由社会主义”范畴内的文化与政治竞争。这可以解释为何反对派一方面诉求“自决”和“港独”，另一方面又积极参加建制性选举。这种行为有政治机会主义的面向，也有争斗式民主的内涵。若争斗成功，参与者也可能放弃更激进的方案。“本土激进派”参与立法会选举就是这种争斗的体现，但遭到选举确认书及人大释法的排斥，可能激发失败者重上街头，诉诸某种具有“革命”意涵的“制宪冲动”。

香港政治文化从虚拟自由主义的公共文化中蜕变，出现了中等强度的争斗式民主和高强度的“港独制宪”冲动，这使得香港政治文化的公共性危机日益凸显。作者提供的三种分析进路都极具启发性，便于理解香港政治冲突的具体性质与后果，但作者未能进一步深入“一国两制”之学理与制度逻辑层面展开论述。作者朦胧感知香港政治文化的公共性需要借助整体国家宪制的公共性进行理解和安顿，但却未能就国家政治文化公共性提供适宜的诠释与分析。因此，“一国两制”或许需要严肃面对“两制”的公共文化整合与国家认同建构问题。这个问题单靠香港无法解决，也回不到自由主义的原初“虚拟”之中，而需要“一国两制”改进版的文化基础与宪制安排。但香港的文化与政治正确是否能够恰当容纳对“国家”的理性而客观的讨论与接纳以及叶先生是否愿意接着“往下讲”，不得而知，颇值期待。

（本文原载于香港《二十一世纪》2017 年 2 月号）

- 香港反对政治的“疲态”转型 -

香港反对政治历来是一种“弱忠诚”的传统，早期是模糊接受“一国两制”的“民主回归论”，后期则经由“占中”及“港独”而发展为“去中国化”的“本土分离论”。这一不断激进化的民主社运路线与中国的大国崛起处于同一历史周期，其前景与困顿在冥冥中似有注定。

香港反对政治的高潮是2016年9月的立法会选举，本土派夺得7席，基础选民高达40余万。彼时香港本土派不仅在本地政治中迅速崛起且碾压传统“泛民”，更有在国际空间垄断香港民主代表权和话语权的政治意志。“台独”看到了这一运动的政治联盟资源及潜力，不断加大联动和援助力度。戴耀廷在立法会选战结束后著文称：“功能组别是下一个战场”。然而，2016年10月12日的立法会宣誓风波及随后的人大释法根本扭转了这一被“乐观期待”的“本土化”进程，“一国”的法理与法律行动刺激反应，陡然加速。随着本土派议员“2 +4”被DQ以及香港法院在判词中对“一国”法理的高度确认，不仅本土派选战优势被结构化对冲，更使得反对派一直稳定控局的香港司法也发生了他们不愿意面对的“国家化”调适与转型，香港“新新宪制秩序”（相对于1997年佳日思的所谓“新宪制秩序”）加速形成。

香港立法会近期讨论“一地两检”无约束力议案，反对派“拉布”热情与花样大大衰减，呈现疲态。事实上，“占中”失败之后，香港整体民意都在反思转进，求稳求安，不愿“透支”给反对派的激进运动，更不愿破坏自身已经享有的自由秩序与福利生活。香港宪制完备，稳定繁荣，不存在“暴政”前提，这是该地不可能发生与其他转型地区类似之颠覆事件或政治悲剧的根源。“占中”后的青年“本土运动”虽然一时风起云涌，更有旺角暴乱之宣泄和立法会选举的战绩，但这些人的政治理论与战法毕竟幼稚，对国家意志、国际形势与本港民意流变缺乏深刻体察与理解，终于剑走偏锋，在“港独”宣誓冲突中遭受重大挫折。

为提振士气及寻求新的政治论述和议题优势，反对派在特首选战中积极“造王”（曾俊华）以及通过林子健案做短促突击，均无济于事。相反，中央政府、特区政府和建制派在这些大体同类的“刺激—反应”或危机管理过程中日益成熟，更多运用法治思维与方式解决问题，更多依靠香港本地社会的民意与理性实现再平衡。过去五年，香港反对派的政治挫折不断增加，而建制派及中央的政治成熟有了较大提升，对“一国两制”的整全论述及“融合发展”的战略调整日益清晰定型。

“拉布”本是议员特权，在香港独特的二元政治格局下演变为恶意消耗的议会非理性，民意对此本早有怨愤。“一地两检”顺时应人，在经济利好、高铁生活圈以及国家发展战略中均给出香港位次与机遇，更便利香港新一代居民走出机遇和空间相对狭窄的本地，在更广大的国家发展空间中寻求全新的身份认同与成长成就。反对派既往一系列的“妖魔化”论述，在显著的民意实用主义与国家整合主义面前显得十分单薄虚乏。因此，甚至有“泛民”议员发出明显的和解信号，不参与“拉布”，以及正面肯定新特首的施政作为。

当然，香港反对政治的疲态化，其扭转的根本还在于国家发展的大势。中共十九大确立了新时代的世界观与发展战略，这不仅是国家治理方案，也是全球治理方案，整个世界都在思考中国对未来的意义及与中国的合作空间。“中国+”成为全球治理与经济发展新思维。香港社会尤其是精英阶层不可能抱残守缺，一叶障目，必然会对这一大形势之变迁做出理性回应和适应。笔者近期读到香港“中间派”代表之一袁弥昌先生在《明报》的文章《当香港自由主义遇上中国地缘经济》，其中提及对这一形势变迁的战略理解，以及香港资本主义“反向”学习内地社会主义以加入“新全球化”的必要性与紧迫性，显示香港青年精英的理性思考在日益清晰化及成熟化。

特朗普访华对香港社会亦有震撼。中美签署2535亿美元的贸易大单，这不仅是一种贸易上的互惠安排，更是一种对两国之权力地位与秩序的相互承认。贸易与和平及发展直接相关，中美经贸关系的再平衡有助于中国争取到更长时段的和平发展周期，有助于中国对“一带一路”倡议的更从容的布局及展开。与中美全球性的贸易及权力秩序再平衡相比，香港地区作为西方干预中国的个案因素的地位与价值将进一步下降。台湾地区的国际价值也在快速缩水，这从近期 APEC 会议上台湾代表宋楚瑜的诸多尴尬中足可见证。

在“港独”方面，经历国家层面严厉的反“港独”综合施压，以及社会民意的冷淡化，操作空间已大有缩减。此外，西班牙加泰罗尼亚公投独立的夭折及伊拉克库尔德独立运动的逆转，均显示国际社会对“民族自决权”之法理与政治正当性的理性反思以及对公投式民主激进负面效应的合力管控。这些事件也是对“港独”的有力打击。

这些内外因素都共同作用于香港反对政治，使其呈现疲态以及诉诸理性调整的“和解”取向。这也给中央对港统战及依法治港的稳步推进提供了战略性契机。中央治港除了主权性控制主题之外，更关键的是身份认同的“人心政治”。而人心政治不仅仅是国民教育问题，更是国民管理问题，是香港人的中国公民身份真正成为平权依据、有效法律身份以及参与国家公职服务体系的宪制基础。“一国两制”在新时代需要有新内涵和新气象。借助反对政治的疲态化及国家政治的刚健化，“一国两制”的“第二春”或“2.0 版”正在路上。

（本文原载于“思考 HK”2017 年 11 月 17 日）

- 香港的校园民主现象学 -

香港的校园民主历来被视为香港公共文化的一部分，以及香港反对派引以为荣的精英文化建制。笔者曾在“占中”前后长达一年时间访问研究于香港大学，除了对其学术国际化深有感受并受益良多之外，对香港的校园民主亦有近距离观察：校园闭路电视的特色节目编排，中山广场的学生评议会议与时政论辩会，“民主墙”的涂鸦海报与政治化表态，学生会选举的有模有样与本土专横，校内事务参与和决策的高调身影甚至暴力化，以及对香港社会运动的引领塑造，等等。

这些活跃于校内外的校园民主本应当成为“一国两制”与基本法秩序的守护力量之一，本应成为国家及特区互动发展的协同力量之一，然而，香港校园民主正日益蜕变沉沦为颠覆“一国两制”与基本法、宣扬与动员“港独”运动的青年平台网络。看看各校“民主墙”上单调划一的“港独”宣传以及空洞乏味的价值宣示，这样的民主质地已经虚浮无比。

这几日，一位内地女生的勇敢行为引起了多方关注。她来自内地，在香港中文大学读书，未敢留下姓名，但却勇敢地揭下了中大“民主墙”上的“港独”海报并用英文与“港独”学生论辩。论辩视频中，这位女生躲闪无助，折射香港校园氛围之蜕变。女生孤身抗“独”，而且非常害怕遭到“港独”学生的网络暴力，但她还是站出来了，巾帼不让须眉。这是一种认同国家并维护最基本政治道德底线的勇气。网络上有些人称这是“小粉红”，是一种无知无耻的污蔑，并不真正知道这位内地女生到底在做什么样有意义的事情。

这位女生的孤立行为暴露了香港公共教育和公共文化的国家认同漏洞。香港教育塑造的不是中国公民，而是反国家的分离分子。香港从教师到学生，无法完成政治人格中最关键的“国家性”塑造。对国民教育的无理性抵制，对言论自由和院校自主的无节制滥用，终于酿成了严重的“港独”分离运动和青年教育恶果。而特区政府及香港社会既往并未足够重视及付诸行动。

还有两个事件可以充分印证香港“校园民主”的低劣化：其一是不少未成年中学生加入激进的社会运动，破坏了民主政治的“成年人”底线；其二，香港教育大学有人在蔡副局长丧子之际“弹冠相庆”，毫无人道人性，只是因为蔡是推动国民教育的健将。

“港独”大学生自诩为“天之骄子”，“代表”学生与社会，而且无节制滥用其言论自由，并不理解这样的行为已违反基本法及香港本地刑事法律。这种精神困顿与败坏实在来自于香港教育体系内部的局促狭隘和不负责任。

中大管理层进行了积极干预，反对“港独”，但也支持言论自由，只是说明言论有界限，但到底是什么界限以及如何维护这样的界限，语焉不详。在学生会的压力下，校方竟然声明拆除“港独”海报需要“得到学生会的共识”，校方完全罔顾法律及自身教育管理责任，屈从于“港独”学生的民粹化压力，诚可悲也。

香港“校园民主”的现象学是一幅混乱不堪、秩序扭曲的图景：

其一，反“港独”需要得到“港独”学生会的“共识”，霸道的校园民粹式民主凌驾了基本法与教育管理者伦理及责任。

其二，言论自由有边界，但就是没有任何具体机构和人员来划定这个边界，最后变成说说而已，不了了之，变相纵容。

其三，香港高校是基本法保障下的依法自治，是国际化的教授治校，但如今日益演变成过度政治化的“学生治校”。

其四，香港公共教育没有“国家”和“义务”，只有“权利”和“本土”，最后只能引导青年走上激进对抗的不归路，由刑责提供最后的教育和惩戒。看看旺角暴乱和“占中”的参与者，看看黄之锋现象，即可明了。

其五，对“港独”言论，香港发声各方大多套话套路，圆润无比，原则模糊，无人具体行动，无人承担责任，无人主动检讨，无人真正道明危机，最后只有内地女生冒险抗“独”。

反“港独”是“一国两制”的底线，是一项众人事业。香港“校园民主”已经异化，严重损害香港高等教育环境及青年成长条件，需要反思改革。但论道太多并无实际效用，还需要知痛者自己疗伤，需要香港特区政府的检控行动，需要香港司法的严正裁判，以法治方式划定校园民主、言论自由和院校自主的法律界限，使之不成为颠覆“一国两制”与基本法秩序的破坏性力量。

如果不及时行动会怎么样？有一天，香港民主的墓志铭上只有两个字：“港独”！老派“泛民”最钟情的香港民主事业可能毁于“港独”，这是他们最痛心的。面对香港公共教育和公共文化的“反国家”危机，香港必须通过足够有力的公民社会行动与自治法律行动进行自救，否则贻害无穷，“一国两制”与基本法宪制必然遭受根基松动之祸。

（本文原载于香港多维客专栏 2017 年 9 月 9 日）

- 香港应从容面对内地的技术文明 -

“三十年河东，三十年河西”，这句颇富历史辩证法智慧的谚语，用于描述三十年来香港与内地技术文明之变迁可谓精到。香港人从来没有想过：其一，内地的高铁比美国快；其二，内地的移动支付比西方信用卡方便。但这一切忽然成为了摆在面前的基本事实。

对“一地两检”的反对，已经不是理性的经济与民生层面之论辩，而成了一种歇斯底里的本能性对抗。香港反对派恐惧于任何可能增强内地与香港互联互通的基础设施，害怕因此导致香港丧失自以为是的优越感和自主性。这只能是一种过分脆弱的精神病理。关于支付宝入港，则有《苹果日报》专栏女作家悍然发文声称“文明人”只用信用卡，不用支付宝。这位女作家抱残守缺，不知道移动支付提供的全面便利更加代表了一种新时代的技术文明，使得互联网技术发展惠及每个阶层的每个人。而且，很多香港居民也很欢迎支付宝。这就尴尬了，这位代言性的女作家竟然悍然站在了香港居民消费者群体之对立面，这在香港公共文化中是多么严重的政治不正确啊！

这位“支付宝作家”其实不如台湾那位“茶叶蛋教授”，因为后者尽管同样无知，但并未直接伤害台湾民众的感情和利益。当然，二者也颇有相似之处，即对于内地（大陆）的经济发展与技术进步始终抱持一种巨大而固执的偏见，满足于历史过去时的优越感和现状固化的“小确幸”，变得保守，变得害怕竞争、变化与新事物。港台由现代化技术文明的倡导者走向无视基本发展事实及欠缺新全球化趋势认知的“鸵鸟”，让人唏嘘不已。

目前的“一地两检”正按照政府既定的“三步走”方案进行，11月18日已由粤港双方签署了合作安排，下一步就是12月底全国人大常委会的批准，明年初进行香港本地立法，赶上明年第三季度正常通车。与反对派五花八门的污名化不同，香港法律界的反对方式颇为奇特，以“无基本法依据”为由加以责难。从法律形式上看，全国人大常委会及特区政府之决策行为需要法律依据，但这里的法律依据不仅仅是基本法，还包括宪法。也因此，全国人大常委会的批准决定就很可能是同时以宪法和基本法为根据。

即便单论基本法，无论是之前讨论中出现的“无根据说”或“间接根据说”（比如第 18 条或第 20 条），都表明基本法制定之初并未充分料想内地有如此快速发展以致于需要将香港连接入内地高铁经济圈。也因此，纯粹从基本法规则角度进行法源寻求，就可能犯了法条主义错误，既未能将宪法与基本法理解为一个整体，也未能将基本法之规则与原则理解为一个整体。基本法之原则，需要从“一国两制”的国家理性获得理解。这一国家理性，笔者曾概括为：国家对香港的非常规授权与香港对国家的持续有用性的理性结合。由此观之，“一地两检”就不仅仅是解决香港人出行便利问题，也是解决香港如何在“一带一路”新时代继续贡献于国家的问题。

原则上，“一国两制”支持一切有利于香港和国家双方利益的制度安排，只要基本法上未明确排除，都可以根据实际情况加以制度续造。也因此，“一地两检”的法律依据，就是宪法相关条款、基本法原则及基本法规则（间接依据）共同构成的规范群。这是一种融合目的解释与体系解释的法律解释方法。而一旦“一地两检”最终完成所有法律程序，“一国两制”的“高铁时代”就真的来了，“本土分离”与“港独”的空间就会变得无比狭小，更多的香港青年人就会更方便地北上寻求新身份与新发展。特区政府与香港社会日益清晰理解了这一可欲前景，这就使得反对派的反对变得日益不得民心，法条主义的形式论辩也变得日益虚浮苍白。

关于支付宝入港，以及同步开展的微信支付入港，是一种互联网市场行为对香港社会的刺激。那位女作家提到的“文明人的信用卡标准”可能确实构成了工业时代技术文明的一个阶段，但绝非最前沿的阶段，更不可能是最终阶段。从其行文和基本判断来看，这位女作家应该是没有用过支付宝，也基本不懂这类移动支付技术，对香港消费者实际偏好更是无从掌握。政治上的偏见和技术上的无知，共同造成了这位女作家的蒙昧，而蒙昧绝非文明人的标志，恰恰是落后的表征。更关键的是，香港普通消费者更接受、更喜欢，这就会造成少数“过时文明”的卫道士站在多数实用主义的民众对立面。这种公共生活的奇特画风映射出香港社会精神深处的局促不安。但这位女作家既然深受西方“文明”教育感染，就应当充分相信市场与消费者的力量，或者秉持一种“没有调查就没有发言权”的科学实证精神，亲自使用一下支付宝并与信用卡的体验做比较，然后再说句公道话。

总之，香港反对派此次所反对的高铁“一地两检”以及支付宝系统，恰恰是中国引领世界新技术文明及新全球化的基础性交通与金融设施。香港反对派在新技术文明最关键的部位犯下常识性错误，显示出其反中国化、反智化、反现代化、反全球化的多重非理性特征。与内地之全球化及技术发展的积极态度相比，香港显得日益保守和局促，这再一次证明历史确实是辩证发展的。

（本文原载于香港多维客专栏2017年11月20日）

-香港“本土分离主义”的蔓延与治理 -

“一国两制”是中国宪制与国家治理的重大创新，是改革的实验主义精神与古典治理的多元一体智慧相结合的产物。香港基本法是这一宪制创新的第一个法律结晶，也是最具挑战性和示范性的治理实验。“一国两制”蓝图中，香港居于澳门、台湾之间，其实验成败，兹事体大。然而，这一治理实验正遭遇香港“本土分离主义”的严峻挑战。经历“占中”与政改的双重失败后，香港管治与经济社会发展并未如中央预期的那样转向“经济民生”，而是继续沿着政治对抗路线升级蔓延，逐步形成了一种从理念、组织到行动的“本土分离主义”运动。这一运动的最极端形式是直接的“港独”诉求，其次是主张2047年“本土自决”的“准港独”诉求，再其次是不与“港独”直接关联的、广泛的“本土价值观”的确立。“本土分离主义”直接威胁“一国两制”和基本法的合法性与稳定性，必须对其加以透彻的精神分析与对策设计，有效遏制其激进化、暴力化、民粹化的恶性蔓延态势。这是后政改治港的重大挑战。

后政改时期的香港，除了常规性地应对议会选举与日常管治问题外，沉浸在两种深切的忧虑气氛之中：一种是政改失败带来的民主化与社会运动挫折感，一时找不到方向，激进暴力无序蔓延；另一种是面对自身经济下滑的不安及国家开辟的“一带一路”建设框架之机遇，举措局促，孤芳自赏和积极参与之间拿捏不定。如今的香港处于一种彷徨和低迷的状态，迫切需要一种积极的复苏，需要寻求进一步推进“一国两制”的战略枢纽和抓手。

国家在政改与民主化议题上并未完全关门，而是保留有条件的开放和协商空间，在“一带一路”经济议题上则热切盼望香港积极参与，寻找新的优势和角色，恢复自信与从容。“一带一路”是中国主导的区域经济新秩序，是世界经济的活力因素，不仅可以有效转移香港政改带来的挫折感与迷失感，还可逐步提供修复央港关系与两地族群关系的国家性通道。拒绝抑或参与“一带一路”，正是新香港命运转折的最关键之处。新香港必须在与国家命运的协同互动中完成浴火重生，其核心指向大体包含三个层面：政治和解是前奏，经济参与是过程，精神认同是归宿。这是香港复苏的“三部曲”，而以“一带一路”为主要框架的经济参与则是盘活央港关系与新香港发展的战略性枢纽。可见，遏制“本土分离主义”与以“一带一路”为战略抓手提振香港经济之间存在内在关联，需要双管齐下，协同共进。

一、精英困顿与“自决”冲动

本土主义本是任何政治体内部单元的自然政治情感，也是建构升级为国家认同意识的阶梯和基础。在“爱国爱港”的政治叙事中，本就存在与国家认同相协调的、健康的本土主义。可以说“爱港”就是香港的本土主义，而且应当是“爱国”的自然政治基础。然而，香港近年来愈演愈烈的“本土分离主义”却以“爱港”反对“爱国”而将本土意识引向“港独”或者所谓的“自决”之路，这是香港“本土主义”及其政治意识的内在畸变和异化。香港人的政治意识以国际性和本土性两相确证，直接接通，而严重缺失了国家性与国家认同这一最为关键的意识环节。

在政改受挫和央港失信的特定氛围下，“本土分离主义”以其“暴力美学”“理想外观”和“抗争激情”而一扫后政改时期反对派的困顿沉寂，引领青年世代追求超越“一国两制”与基本法的“港独”目标，呈现出政治悲情与行动误导，并极大挑战了传统反对派精英的体制内政纲和非暴力路线。2016 年初的旺角暴力事件和“港独”组党行为，表明香港“本土分离主义”已作为有一定民意基础和政治挑战能力的“新反对派”形象登上香港政治舞台。其不仅活跃于街头巷尾的一般性社会抗争之中，还积极谋求国际化以及在区议会、立法会两级选举中扩大存在，并严重威胁和裹挟了传统反对派精英的“积极本土化”，造成香港反对派政治意识光谱在总体上的激进化，由此造成基本法秩序的管治危机和“一带一路”倡议的落地困境。

香港传统反对派的精英式困顿充分体现于“公民党”的“十年宣言”的叙事风格和路线调整之中。香港“公民党”建党十周年，其纪念宣言在篇幅与"本土化"深度上远超前例，标志着"公民党"在政改失败及本土激进派的双重挤压下已做出了"积极本土化"的政治决断。这一决断尽管有着九月份立法会选举的现实政治压力因素，但也反映了"公民党"政治理念的内核及其合逻辑的展开。与学苑及本土激进派相对赤裸、原始的"本土主义"乃至于"港独"主张不同，"公民党"的"本土主义"带有宏大历史叙事、精英政治风范和隐晦政治修辞的特点，因而至少在中产阶级层次具有更强的解释力、说服力与吸引力。"公民党"骨干多为香港法律界精英，其知识面与政治悟性在一般学运或本土草根派之上，其政治修辞与政治策略值得认真对待与分析。我们对待"公民党"的"十年宣言"，不能以"准港独"或"变相港独"简单判定，尽管其实质政治理念与"港独"有契合点，但毕竟尚未发展为直接的"港独"主张，而容留有一定的向体制内回转的余地。尽管"公民党"在"宣言"中多处表达了对中央和香港现行体制的不信任，但他们中的多数人仍然是熟练于谈判妥协的法律人，是可予对话的香港中产阶级某种意义上的政治代表。我们要注意区分"公民党"的"本土主义"与"学苑"、本土激进派之类的"本土主义"，在戒备其"港独"转向的同时，不放弃以"一国两制"和基本法为框架的政治沟通与合作的真诚努力。

方志恒等香港中青世代于4月21日发布《香港前途自决文》，呼应了"公民党"的"十年宣言"的总体取向并更加清晰地展现了一种超越"一国两制"与基本法的"自决"冲动，成为一种"准港独"式的"本土分离主义"。"自决论"对"一国两制"与基本法采取了一种过分偏重于"两制隔离"目的的解释，并要以体制内外的政治行动和话语建构实现香港的"永续自治"。在方志恒等"自决革新派"看来，唯有高扬"本土价值"及坚持政治抗争才能保障高度自治的高度性和永续性。然而，这种隔离主义的香港"自决论"势必阻碍香港与内地之间的自然融合的进程，阻碍香港对国家战略发展进程与框架的参与和贡献，阻碍香港居民之国民意识和政治参与的提升，阻碍基本法下香港居民之"双普选"权利与法治的落实与维系。"自决论"最大的困难在于高扬本土性与国际性，而有意忽略了作为基础和中枢的国家性。由于缺乏清晰稳健的国家观与国家宪制概念，缺乏直接的基本法依据，"自决论"本身的理论与政治前途很可能是一种"准港独"理论，而最终失却其凝聚香港社会共识、保障香港高度自治及抵制激进“港独”的理性诉求。

“自决论”体现了一种过时的孤立主义与隔离意识。在“两制”与两地发展融合进程中，香港反对派产生了一种深切的焦虑意识和意义丧失感，即自身优越性的丧失和对未来之生活方式保有的不确定感。可以说，“本土分离主义”是香港走向精神封闭和保守、背离自身开放多元传统的一种局促病态的暂时性精神现象。

二、政治和解探寻出路

事实上，对于香港“本土分离主义”的精神困顿与失控之虞，中央亦深感棘手难为。繁荣稳定本是中央对港庄严承诺，而本土激进派亦深明此等“投鼠忌器”之理而愈发横行无忌，在香港普通法治惩戒无力和中央管控无处着手的政治法律空隙中钻营谋利。这一奇特扭曲的“政治红利”空间形成了对香港反对派各路人士的病态吸引，而不经意间消解了他们自身从政抗争的政治道义感和底线伦理。

政治和解仍然是重要的，如果没有围绕重启政改的和解以及中央与香港反对派底限互信的搭建，香港只会在“继续抗争”中加快衰落，香港管治将无力回天，中央的保持香港繁荣的承诺势必落空。由此波及台湾，深切损害国家的软实力、政治威信和整体统一复兴前景。张德江5月中旬视察香港，不仅仅带来关于“一带一路”的经济利好，还带来了央港政治和解的橄榄枝。

“本土主义”由相对和平的“公民抗命”走向暴力化的“社会抗争”甚至“港独”，与政改失败给香港人带来的普遍的政治挫折感、对中央的不信任感以及对未来生活方式与价值观维系的恐惧感有关。政改失败后，反对派精英提出重启政改，近期中间派智库“民主思路”访京团团长汤家骅亦再次提出重启政改要求。政改失败就像个打气筒，不断往“本土分离主义”这个政治皮球中打气。治港当考虑拔除门芯，切断气源，使“港独”泄气和边缘化。为此，从疏解香港民众怨气、抵消本土激进派“自决”“港独”的操作空间来看，重启政改应早做预案。中央和香港特区政府要勇于承担和正视香港未完成的民主普选议题，寻求在适当时机合法而合理地回应香港“民主派”的普选诉求和重启政改愿望，发挥中国古典的“治水智慧”，有效疏浚而非湮堵香港社运及社会怨气与戾气的“民主淤积陷阱”。此外，特区政府具体的公共政策改进也是消解“本土分离主义”风险点与社会基础的重要层面，以此切割“本土分离主义”对普通社会矛盾与一般性管治政策失误的过度政治化连接、发挥与利用。

三、“一带一路”走出新路

香港复苏，政治和解是前奏，但还是不充分的。“占中”运动并非基于纯粹的政治原因，还有香港经济下滑、贫富分化及信心不足的背景性因素。这些香港社会自身的矛盾不解决，政治和解就只能是浮于表面。只有发展才能根本解决香港内在矛盾。这里涉及两个问题：第一，单纯经济优惠式的“政策输血”和依赖工商阶层显然不会带来香港社会的全面繁荣，反而可能加深社会矛盾冲突，这是既往治港的教训；第二，民主指向生活方式与价值观，与发展相关，但不可能被发展完全吸收和取代，应予正视。不过，无论是民主化还是经济发展，都需要基本的信心托底，否则都会“精神错乱”，误入歧途。

“一带一路”是香港的重大发展机遇，是香港发挥自身优势贡献于国家及受惠于自身的重大历史过程。香港与台湾不同，在经济参与上并无特别的政治困扰与体制障碍。我们看到，自国家推出“一带一路”倡议以来，香港从官方、智库、商界乃至一般民众都表现出积极姿态，但也面临着多重困扰，尤其是需要香港重新认识自身经济地位、国家经济实力与区域经济秩序变动趋势，承认香港经济体的中国身份及中国平台归宿。香港有着经济全球化的多重优势和受益机制，但任何小规模经济体，无论如何发达，在这个以区域化为基础的全球化格局中，都必须不断识别、巩固甚至重置自身的经济体系立足点。港台经济既往高度依赖于英美经济体系，但随着亚洲区域经济的演化特别是中国经济的崛起，其体系归宿上的重置与整合已不容懈怠，否则可能贻误转型发展良机。

香港如转型调整得当，其竞争力提升与社会信心复苏大有可期。更关键的是，香港在经济上参与“一带一路”有着显著的比较优势：第一，高度国际化的金融服务体系，不仅可以成功承接与“一带一路”

有关的投融资任务，巩固自身金融中心地位，还可指导推动中国内地自贸区金融的优化升级，服务国家现代化；第二，成熟的普通法体系与法治基础，可以作为区域性贸易仲裁中心与司法文明枢纽，既服务于“一带一路”的法治与纠纷解决需求，亦同步拉动国家法治的深度转型；第三，作为中国内地联系海上丝绸之路沿线国家的枢纽，重新获得经济发展机遇；第四，利用“一国两制”宪制优势及深港澳合作地缘与技术便利，形成港澳珠三角集群经济优势，作为“一带一路”与新香港发展的新发动机。

新香港必须以新经济为基础，其转机就在于如何参与、贡献及分享国家之“一带一路”的发展机遇和红利。“笨蛋，是经济”，这一现代政治的经验法则并未过时。

（本文部分内容载于《经济日报》2016年5月16日）

-居住证改革彰显“一国两制”国家理性-

身份问题身份证解决。这是一种行之有效的公民管理措施，是建构公民之牢固国家认同的常规手段。国家近日公布的关于港澳台居民之居住证的新规，显示了“一国两制”之下以“一国”吸纳整合“两制”的新思维。居住证按照国内普通省份之公民身份证编码与制发，享有身份证上的基本公民权利与福利，大体可以解决港澳台同胞长期以来在内地差异待遇的问题。这不仅仅是利益层面的便利化措施，更是宪制层面的认同和进步。随着居住证的申领与权利化体验，港澳台居民将实际感受到“一国”主权秩序下“公民平权”的平等地位与公民间相互承认的法权现实。联系之前对“就业证”的取消，居住证改革快速提升了港澳台居民之“中国公民身份”的实质性权利内涵。

居住证是对“一国两制”实践的重大推进。这一推进基于如下基本背景与考量因素：

第一，原来的“一国两制”因内地（大陆）公民身份之权利保障有限，采取“井水不犯河水”式的隔离性分治安排，港澳台居民与境外人士“捆绑”管理，但这种安排既不利于保护港澳台居民的平等权利，也不利于国家认同之制度建构。

第二，改革开放40年，中国内地（大陆）取得巨大经济发展并引领新一轮全球化和全球治理，既往隔离性的保护政策演变为阻挡港澳台居民分享改革成果的制度壁垒，内地身份之权利内涵提升也吸引港澳台居民之权利向往。

第三，“港独”与“台独”的出现为国家的隔离性治理敲响警钟，对港澳必须打破身份壁垒，对台则必须主动融合，以应对国家认同之危机。

第四，居住证改革并未完全实现港澳台居民与内地（大陆）居民的全体系平权，而是在既往之“回乡证”与“台胞证”基础上进行权利的“单向增量式配置”，不要求港澳台对等开放和保障，也不取消港澳台居民享有的任何既定权利，这种特殊安排是“一国两制”的宪制结构决定的。

“一国两制”建立在特殊的国家理性基础之上，即国家对港澳台的特别制度性授权与港澳台对国家之持续贡献力的理性结合。这种安排是以1978年以来中国整体之现代化与国际化战略为顶层原则和前提的。有些内地（大陆）居民对港澳台的“特权”地位不能完全理解，甚至认为现在已不必要。这是一种经验主义的功利判断和对宪法上权利平等的偏狭理解。

内地（大陆）与港澳台在国家改革开放中的地位与作用不同，“一国两制”是从国家利益最大化的立场出发进行的理性制度设计，不是专门有利于港澳台，而是一直巧用制度多元性活力的方式追求更大的整体利益，从而也最终有利于内地每一个省份的改革利益。也因此，从宪制整体利益及各组成部分之公平性角度而言，“一国两制”的存续及作用方式取决于港澳台对国家发展的贡献方式。

港澳台在既往的改革开放时段以基础投资和技术转移有效推动了国家的初期现代化，如今则需要开阔视野，转型发展，跟上国家的“一带一路”建设、粤港澳大湾区的主导性战略。跟上国家战略节奏及做出新的独特贡献，是港澳维系既有“一国两制”宪制地位与权利安排的对价义务，也是台湾未来获取“一国两制”具体地位及权利的对价义务。“一国两制”不是一种纯粹的道德化偏爱与特权性安排，而是严格的国家理性设计，是存在中央与地方之权利义务对价格式的。十九大报告重申“一国两制”是长期的宪制安排，不只是在稳定港澳台人心，也不是中央的单方面承诺和背书，而是对作为中华民族组成部分的港澳台继续有利于国家发展保持战略定力和信心。这种重申，毋宁是国家对港澳台之持续贡献力与任务承受的一种提醒和动员。以此观之，则国家为港澳台居民融入国家发展大局提供一系列身份与权利的政策性配置，就是为港澳台参与国家发展战略及做出新的历史性贡献提供了必要的制度性保障。因此，对此次居住证改革的解读与评析，仅仅从“权利”及“便利”视角切入是不充分的，必须回溯及重述“一国两制”的国家理性及义务对价逻辑，才能全面准确理解。也只有这样的全面理解才能充分说服内地（大陆）居民接受“一国两制”对港澳台的长期适用性及合法性。

这项改革显然是十九大报告关于港澳融合发展及对台推进“同等待遇”之政策要求的具体化。作为前期措施，惠台“31条”于今年2月底推出，各地跟进配套，已经对台湾居民尤其是寻求发展机遇的青年人带来了较为显著的“磁吸效应”，打破了“天然独”的政治谎言，但各地配套措施五花八门，有些措施可能涉嫌超出“同等待遇”合理范畴，造成不平等及社会反弹。此次以国家统一的居住证完成对前期措施的整合与规范化，有助于在全国范围内实现符合法律平等原则的“同等待遇”。对港澳居民的便利化措施之实际配套，也存在单项政策地区不平等以及不同政策间相互冲突的问题，居住证以法定标准加以整合改进，符合港澳台对法治的基本理解与规范预期。由此观之，居住证改革是以法治模式优化政策模式，推进全面依法治国，体现了国家治理现代化的具体进步。

当然，此项改革可能会带来一定的连锁效应甚至负面影响：其一，居住证整体提升了港澳台居民权利与福利，可能使内地（大陆）居民产生更强的不平等感，从而对“一国两制”之正当性与公平性产生疑问；其二，居住证改革连带提升港澳台居民固有身份的优越性和吸引力，可能诱导内地（大陆）居民向港澳台的移民，造成对港澳台社会的资源挤占与压力；其三，居住证带来的内地（大陆）对港澳台的单向开放与港澳台对内地（大陆）的相对封闭之间形成更大落差与对比，台湾民进党政府囿于“台独”立场难以积极回应及有序放开，但港澳特区政府有责任以本地社会可承受的方式增加对内地的开放安排，以缓和权利落差的反向冲击，增强有机联系和制度协调；其四，居住证对台湾居民的强化磁吸可能使民进党政府采取反弹管制措施，如何应对这些反弹也是该项安排全面实施之后面临的重要挑战；其五，居住证之权利配置仍然局限于民事及经济民生层面，缺乏对公民积极权利及参政权利的配置，缺乏在公务行政层面的结构性开放，未来可能需要研判及应对港澳台居民平等参与国家政权及治理全体系的进一步平权化要求，包括选举权利和担任各级公职的权利。

总之，居住证改革显示了国家的制度自信及包容伦理，也是“一国两制”国家理性在新时代条件下的继续发挥。居住证构成港澳台居民的“国家身份证”，与他们各自所在的港澳台户籍身份构成一定的互补关系，但也存在竞争关系。身份证不只是一种身份文件，更是灌注其中的政府公共服务能力与具体的国家认同。随着国家更高层次的全方位改革开放，内地（大陆）居住证的“含金量”一定会不断升值，从而逐步成为港澳台居民多重身份认同中的“第一认同”，而这才是此次改革最深层次的国家法内涵。

（本文原载于“思考 HK”2018 年 8 月 18 日）

- 取缔“民族党”是自治反“港独”重要进步 -

在后“占中”的治理议程中，经济民生是重点，但“港独”势力并未销声匿迹，而是借助“占中”遗产及青年人的运动余热继续发展。2016年是“港独”发展的重要年份，首先是2月初的旺角暴动，其次是香港“民族党”的成立，再其次是9月份立法会选举中“本土自决派”的政治井喷及随后的“辱华”宣誓。这些广泛涉及香港基本法秩序内主权完整性、国家安全、结社自由、言论自由的重要事件，成为特区新一届政府不得不面对的治理挑战。

面对“港独”的挑战，简单的思维是重启第23条立法。但这样一种貌似简单、周全的做法却可能引发香港新一轮“过度政治化陷阱”，并阻断后“占中”时期经济民生与法治秩序的有序重建。作为替代性思路，充分挖掘香港本地法律资源及推动特区政府依法反“港独”成为多数人可共识的选择。特区政府在这方面是有所作为的，香港法院亦表现出对法治权威性的维护决心，典型体现就是涉及旺角暴动的梁天琦案以及本次被最终取缔的香港“民族党”。通过自治范围内的法治作为反对“港独”，确立言论自由与结社自由的清晰的合法界限，是香港法治巩固及“一国两制”全面准确实施的重要组成部分。

取缔香港“民族党”的法律行动是有充分依据及符合程序正义的：其一，保安局充分收集和分析了2016年该党成立以来所从事“港独”行为的系列证据，列明了相关行为如何违反基本法及《社团条例》具体条款及法益的清单；其二，保安局依法给出了合理的答辩期限，并两次依申请延长答辩期限，最终香港“民族党”获得了长达九周的答辩说明时间；其三，香港“民族党”在答辩期限内未能合格履行答辩义务，提出有说服力和辩护力的证据，导致其最终在法律上被取缔；其四，香港“民族党”在答辩期限内继续违法从事“港独”行为，包括获邀请参加香港外国记者协会的公开演讲等，进一步表明该组织无意遵守特区法律，无意改正违法行为；其五，保安局的处罚仅仅限于依据

《社团条例》禁止香港“民族党”运作，以及对未来可能违反这一禁令的有关个人和机构行为予以检控，但并未在此次处罚中直接涉及陈浩天及其他积极分子或机构的法律责任，这一处罚安排符合比例原则，甚至是带有清晰的行为指引属性，引导有关当事人和机构自我检讨，遵守特区法律。

香港“民族党”为何会成为自治反“港独”的祭品呢？从陈浩天的影响力、香港“民族党”的人数与活动范围来看，在香港后“占中”的“泛本土”组织中并不是最活跃和最有力量的，黄之锋的“香港众志”实际上更有政治能量。也因此，香港有不少人担心，“香港众志”会不会是下一个打击对象。在香港政治光谱中，经历“占中”之后，传统的“民主回归派”已经失势，新生的“泛本土主义”政党及思潮逐步取得话语权及政治代表权，且更多以青年人为主。尽管香港民主运动的路线演变与代际领导权更替并未全部完成，但青年本土派对政治舞台的占用和亮相确实日益凸显。

在“泛本土”思潮和组织中，直接且最为赤裸裸地以“港独”为目标的则并不多见，许多政治组织及其纲领是在颇为模糊的“本土”“自决”等政治概念下存在并不断试探朝向实质“港独”的可能性。在法理与法律上，这些“泛本土主义”的思潮与组织行为也是在言论自由、学术自由、结社自由之类的“普适”或“宪制”价值下得到相对模糊的庇护。但这些思潮与组织显然又有着最终“颠覆”保护其政治自由权利的基本法秩序的目的性和破坏性。在这些组织中，香港“民族党”是最天真、最直率也是最具煽动性的，其超出其他组织的最激进的政治纲领与行动，尽管从者寥寥，却成为“港独”的一面“精神旗帜”，而且为外国势力所充分利用。所谓“枪打出头鸟”，这只鸟不在于其多么厉害，而在于其象征性和行为模仿意义。通过对香港“民族党”的公开取缔，特区政府对既往较为模糊的言论自由与结社自由的法律界限进行了明确，划下了反“港独”的底线标准，确立了同类行为处罚的法治先例。因此，香港“民族党”及陈浩天成为法律打击对象，显然是特区政府充分衡量既遏制其行为危害性又教育社会遵守法律之双重目标的结果。

香港社会普遍关心的是，特区政府的依法打击是否会“扩大化”？是否会“延烧”至其他的反对派政治组织，比如“香港众志”等。笔者觉得这种担心是合理的，又是无必要的。言其合理，是因为后“占中”时期，从中央到特区政府，对待“泛本土主义”特别是“港独”行为的法律立场日益严厉，许多从事对抗活动的社运组织及其骨干都已经遭到或面临着刑事检控。但依法追究社运过程中违法组织与个人的法律责任，不是对政治自由权利的否定，恰恰是一种积极的制度性保护，即通过法律追责厘清政治自由活动的规则与界限，惩罚犯规者，从而保护基本法下政治自由权利的合法及公平的行使。这就像市场经济活动中惩罚不诚信或坑蒙拐骗之非法之徒一样，其最终目的在于维护一种公平竞争的自由秩序。而且，香港法治高度成熟，特区政府自身亦必须在法律权限内行使权力，若其滥用权力，必然遭到社会普遍批评以及法院在司法复核中的审查与纠正。

在涉及公民政治权利的案件中，特区政府必须在国家安全与政治自由权利之间充分而公正地权衡，必须确保相关处罚符合香港基本法秩序、比例原则及法院的一般裁判法理。本案中，笔者认为保安局在事实证据与法律依据上做了较为充分的准备，能够使其处罚决定经受住上诉或复核程序的考验。这样看来，这种担忧是没有必要的。而且即便从中央角度而言，其本质立场仍然是维持“一国两制”下香港的高度自治与繁荣稳定，以及促进香港在推动国家继续现代化和国际化过程中的独特贡献之发挥，这是“一国两制”的国家理性，因而“扩大化”的打击及导致香港陷入一定程度的政治与秩序恐慌，并不符合中央的战略利益与治理理性。

但仅仅依赖特区自治机构的自治反“港独”是否已经足够呢？是否意味着特区政府充分作为，第 23 条立法就可以不予考虑了呢？笔者觉得这是一种过于乐观并略显幼稚的想法。首先，第 23 条立法是基本法规定的特区宪制责任，不因为特区已有法律的部分重叠或功能类似而取消本地综合性立法的必要性。其次，特区的自治反“港独”之法律依据和行动意愿总体上存在局限，目前主要制针对“暴力港独”（梁天琦）和“有组织港独”（香港“民族党”及陈浩天）两种行为类型，其他的第 23 条范围内的危害国家安全行为，香港法上或检控政策上难以充分应对和打击。再次，特区的自治反“港独”是在第 23 条立法未完成前的“尽责管理”行为，具有补救性、应急性特征，难以形成常态化及完备化的国家安全法制建构。最后，特区自治反“港独”将逐步呈现出制度局限性以及打击力度的有限性，从而为第 23 条立法集聚法制化经验以及社会民意之共识。因此，自治反“港独”不是也不应当成为对第 23 条立法的替代，而是一种“前期管理”“经验积累”与“共识凝聚”的制度先导行为。当然，重启第 23 条立法需要综合考虑国家安全与香港政治自由的辩证复杂关系，充分体现维护国家安全、确立政治活动公平规则对于香港政治自由的保障与促进作用。

至于外国势力对特区政府此次取缔行为的干预性言论或行动，不过是其遏制中国及法治上“双重标准”的再一次体现，既表明其不能理解“一国两制”的宪制奥妙，也表明其“过度消费”自由民主价值观的精神话语权滥用取向，从而越来越脱离香港具体的宪制语境及中国国家治理的理性化进程。这种“例行性”且影响力日衰的政治声援反而进一步证明了依法反“港独”的合法性与正当性。

总之，本案成为 1997 年回归之后特区政府首次动用《社团条例》禁止本地政治组织运作的开创性案例，可谓香港“党禁”第一案。但这不是威权统治的回归，而是类似德国基本法上“防卫型民主”（Defensive Democracy）的理性护宪行为，对宪制敌人予以清醒的识别和压制，从而最大限度地保护大多数人的自由民主权利及和平生活秩序。

（本文原载于“思考 HK”2018 年 9 月 26 日）

结　语

—“一国两制”的国家理性与未来发展*—

2017 年是香港回归二十周年，中央与特区都有各种纪念活动。对依据基本法履行治港责任的中央政府而言，美国国会“香港听证会”及相关所谓“香港法案”只是美国干预中国内政及冷战思维的遗留和残余，代表了一种已然过时的国际秩序观与全球治理思维。更关键的是，中央认为香港反对派是在“舍近求远”，精神困顿，一方面极力反对中央的依法治理与整合，另一方面千方百计访英求美，完全不懂得香港经济发展与民主进步的时刻表已基本掌握于中央。无论是政改的“五步曲”程序，还是“一带一路”与粤港澳大湾区规划，如果没有中央的信任、理解与支持，香港只能原地踏步甚至倒退。

这种政治经济现实是 2017 年所特有的，与 1997 年的地缘及世界格局大有不同。香港人无法适应这样的秩序变局，企图继续以“殖民国际性”和“保育本土性”加以精神拒绝和政治对抗，不能及时更新其历史观、国家观与世界观，也不能正确理解随着世界体系的演变与中国作为世界大国的崛起，香港正在内卷入国家体系。

“港独”分离是一种过分敏感化的精神抗争与政治逃逸，但主权国家的现实意志与力量足以完全反制这种背离行为。香港所处的“一国两制”有着一贯的国家理性背景，其所享有的高度自治和自由有着来自国家的严格限度。回归二十年之际，我们只有明晰“一国两制”的国家理性与自由尺度，才能懂得如何精细调理香港的政治对抗与文化激进，推动“一国两制”实践进入“互动融合”的新阶段。

---

* 删节发表于《多维 CN》（香港）2017 年 7 月号。

一、“一国两制”并非天赋

香港人概念中的“一国两制”理解与内地官方一直存在较大出入，只是这种观念分歧在“回归民族激情”和“民主回归论”掩护下没有爆发为即刻的政治冲突，而是潜伏进回归后的政治博弈过程之中。2014年“占中”与2016年旺角暴乱不是空穴来风，而是香港人对“一国两制”特定理解的政治化实践。这种香港本地化的理解，在某种意义上受到有关治港言论的误导，比如“井水不犯河水”，这种说法给人一种“两制”天然而绝对隔离的感觉，是对“一国两制”与基本法框架的过于简单化甚至有扭曲效果的解释，过分偏重对香港本地理解的迁就。当时的政策理解有其语境限制，一方面需要与英国“竞争”香港民意，另一方面内地现代化与国际化依赖于香港。2003年“七一游行”之后，中央才意识到“一国两制”在香港已经严重扭曲，需要重新厘清基本法的“一国”内涵及宪制底线。

“一国两制”在香港有着某种奇特的“天赋论”色彩，所谓“借来的时光”被错置为“天赋的时光”，从而使港人对港英时代及香港本土性有着某种想象和美化，这是香港“本土主义”的深刻历史根源。

这种天赋论的基本支点包括：第一，“殖民国际性”是香港现代性的核心构成，香港的资本主义来自英国殖民统治过程，香港与英国全球化体系的联系是天然而正当的；第二，“保育本土性”是香港独立自主形成自身文化与生活方式的根据，这种本土性在回归前部分针对港英殖民统治但大体融洽合一，但与政治中国的观念沟通及认同一直未能有效建立；第三，在法治认知上抬高《中英联合声明》与《香港人权法案条例》的宪制地位，高度依赖普通法传统及外籍法官，相对弱化基本法的国家法属性及至上性，或者有意与中国宪法模糊隔离；第四，对内地政治体制和国家发展持负面评价，以西方民主“优等生”的自觉意识推动香港自身乃至于内地的民主化，这种精神状态严重妨碍了香港与国家的互动融合，进一步造成了香港人的精神虚妄和世界观的落后；第五，将香港“民主运动”理解及建构为西方之“民主全球化”的一部分，将本土政治对抗与国际干预依赖相互糅合，长期遵循“向外借力”而不是“面向国家”的政改路线。

无论是“占中”运动中的“公民抗命论”“普选国际标准论”，还是具有“港独”色彩的“香港城邦论”“香港民族论”，以及较为精英化的“公民党十年宣言”“香港革新论”等，都根植和分享着这种天赋论逻辑，而没有根据恢复行使主权后的国家体系与法治现实来重新理解和行动。

这种“天赋论”是不真实和非历史的，需要在回归二十年之际予以矫正，否则将导致香港“民主运动”进入毫无出路的“港独陷阱”，使得国家有可能基于主权、安全和发展利益的理性决断而调整既往的“一国两制”框架。不过，“一国两制”并非专惠于香港的特别宪制安排，而是治理现代化与制度转型的一场国家实验，因此不可轻言失败。

“一国两制”并非天赋，其要点在于：第一，香港在二战后的全面发展，除了港英对“怀柔统治”及本地人勤勉奋斗之外，与内地整体所处国际环境、对港带来的资本与劳动力以及香港独特的转口贸易港地位有关，不完全是香港自身的奇迹，也不宜夸大“殖民国际性”的影响；第二，香港没有自身独特的历史、语言及文化，其文化是多元混成的，但底色是中华文化和国语体系内的粤语基础；第三，《中英联合声明》的主要国际法使命是保障平稳过渡，其效力终止于1997年回归，之后的香港管治由基本法作为主要宪制基础，英国在回归后对香港的任何干预缺乏国际法和宪法依据，是不当甚至非法的，同时《香港人权法案条例》只是港英制定的本地立法，不可能高于基本法，而且经过了回归时临时立法会的审查与处理，已丧失宪制上的“凌驾性地位”，白皮书主张的中国宪法和基本法作为香港共同宪制基础的法理立场才是正确的；第四，香港对内地政治体制的理解受制于西方长期的政治意识形态局限，从而无法理解国家政治发展与法治转型的结构性进步以及当下对区域一体化和全球治理的战略规划，造成对国家政治认知和战略追随上的长期被动性；第五，香港民主定位于“民主全球化”一部分的立场与方向已经遭遇美国之“逆全球化”运动的对冲和消解，其准确定位应是基本法秩序内与主权、安全、发展利益相协调的国家治理现代化实验，需要遵循的不是所谓的“国际标准”，而是“基本法标准”，“8·31”决定就是普选的“基本法标准”，是经过国家理性平衡后的决断，是香港重启政改的严格法律基础，未来可能优化，但必须以香港反对派转化为“忠诚反对派”为前提。

二、国家理性从未缺席

“一国两制”在既往作为政策套话和文宣语言说得太多，但作为严谨的政治哲学及国家理性表达则研究和关注的不够。2014年6月白皮书发布是个转折点，标志着“一国两制”之国家理性的全面激活与展开。在笔者看来，“一国两制”中的国家理性从未缺席，一直在以不同方式作用于香港和内地，并深刻影响着中央治港方略的转型调整。

“一国两制”的国家理性有着深刻的历史渊源与演变过程。香港中联办研究部原部长曹二宝先生曾对二战以来中央对港政策演变有过精彩的历史梳理，可以作为“一国两制”之国家理性的合理证据。二战后期，在盟军全面反攻的背景下，活跃于香港地区的中共武装东江纵队港九大队实际解放了大部分香港领土，国民党政府亦有意借助反法西斯贡献而收回香港，但英国政府极力反对并通过各种渠道争取重返香港殖民统治。

1949年后，中共对港立场逐步清晰化为“长期打算、充分利用”八字方针，可以说是中国预伏下的“改革开放”的早期通道。“长期打算”是说暂不收回香港，“充分利用”是说中国的国家利益及国际斗争形势需要保留香港国际地位。

当时的内地与香港实行的已经是“两制”，是典型的社会主义与资本主义，只是没有回归，没有“一国”的前提。20世纪70年代发生了国际体系的巨大变化：其一，中国决定性地调整与美国及日本的关系，铺垫下全面对外开放的政治基础，既往的冷战体制约束大体解体；其二，香港在20世纪70年代作为“亚洲四小龙”的经济崛起使得中国对香港未来地位有了新的考虑；其三，出于内地加快改革开放的步伐及建立与香港更紧密制度关联的战略需求，但在港英殖民统治下空间始终有限；其四，20世纪70年代末英国政府主动接触讨论1997年“续约”问题，而中共抓住了这一机遇一体推动了香港的回归谈判，形成了《中英联合声明》及回归过渡期的相关安排。中央对港的宏观政策被归结为“一国两制、港人治港、高度自治”，但具体理解上通常突出偏于香港的“港人治港，高度自治”，而相对遮蔽了“一国两制”的内在关联及制度辩证法。恰恰是，“一国两制”的国家理性就潜藏在这一辩证结构之中。

也因此，“一国两制”内部一直存在一种关于国家理性的“宪制对价”逻辑，即香港享有高度自治权需以对国家发展的持续贡献为正当性前提。因此，香港的繁荣稳定、港人治港、高度自治绝非天赋，而是符合包括香港同胞在内的全体中国人利益的理性决断。所以，“一国两制”的国家理性就可简约表达为：国家对香港的非常规授权与香港对国家的持续有利性的理性结合。这种“有利性”最终演变定型为“国家的主权、安全与发展利益”，其中“发展利益”继承延续了“一国两制”构造之初国家侧重经济现代化的政治考量，而“主权、安全”则属于“一国”在宪制上的根本利益及其制度化要求。从回归谈判构造“一国两制”框架至今，这种宪制性的国家理性从未缺席。因此，当“占中”与“港独”以突破基本法秩序和“一国两制”底线的方式出现于香港“民主化运动”脉络之中时，国家的威权干预及对基本法秩序的自我保护就必然被激活而展开。

回归之初的香港“民主运动”尚且在合法框架内进行，体制表现了高度容忍与克制，可一旦这一运动突破法治边界并危及国家的主权、安全和发展利益，也就直接与“一国两制”的国家理性形成政治碰撞，其刺激反弹便不可避免了。中央基于“一国两制”的国家理性主动而坚决地维护基本法秩序和香港民主的宪制基础，不仅不是李柱铭、黄之锋之流所谓的“干预”或“破坏”，而恰恰是主权者的理性护宪行为，体现了“一国两制”之“防卫型民主”的内核与力量。关于“港独”宣誓的人大主动释法以及特首选战后的集中检控，就体现了“法治反‘港独’”的国家理性。

三、“带路”机遇与香港未来

“一国两制”是一种辩证结构，其中“一国”是宪制本体，“两制”是制度方法论和特别宪制安排。

反“港独”只是“一国两制”国家理性的底线和消极的部分，绝非其主要内涵。“一国两制”的生机与活力在于香港对国家“发展利益”的动态理解与实质贡献上。“国家所需，香港所长”是对“发展利益”的正确理解方式。香港如何持续对国家做出实质性贡献是“一国两制”继续维持的政治正当性基础，是国家理性的最后判断依据。因为内地也有政治公共性和民意政治压力，中央政策需要时时经受国家理性与绩效可能性的检验，以继续论证和支持长期执政的合法性基础。“一国两制”显然也无法豁免于这一检验逻辑。

随着中国经济日益国际化及沿海自贸区的制度成熟，中国看待世界的方式及使命意识已有很大变化，从既往尾随西方的现代化学习者逐步转变为具有区域规划能力和全球治理能力的秩序供给者。中国要展现给世界的不再是自身行为与西方规范的逻辑一致性，而是根据自身文明文化传统、近现代适应性现代化经验以及对全球化之中国方案的规划而出现的与西方在精神、制度及全球治理共同命题上的平等性和竞争性。

中国历来是内含天下的文明国家，其宏阔抱负绝非简单的经济现代化或民族国家的西方标准可以完全框范，相反，中国试图在历经百年牺牲奋斗而大体解决救亡图存和经济现代化的基础之上，对周边及世界承担起更加开阔的责任。2017 年的中国已不再积贫积弱或对西方世界完全无知，也不会简单羡慕或膜拜任何西方模式，其制度与文化自信经由经济自信而奠基，正在逐步完成一种体系化建构。

香港未来应放置于这样的国家进程中思考与规划。当然，国家发展还存在太多需要反思和打磨的细节，也需要战略理论与秩序哲学的重大突破，甚至需要对“一带一路”沿线国家开展长期深入的“区域研究”。这一历史过程必然涉及中国与西方更加紧密也更加激烈的关联和竞争，而香港作为中英两国历史变迁的最佳见证人和受益者，其经济管理、治理体系、国际地位和“带路”优势不可低估，也恰好成为香港对国家持续做出实质性贡献的全新着力点。更关键的是，在西方经济持续疲弱和逆全球化以及西方国际干预进入“长期短缺”时代的条件下，香港的经济升级与政制发展更多需要思维转型，从“背向国家的民主观”转向“面向国家的民主观”。这是 2017 年之后香港未来三十年内需要聚焦改变的关键点。

张德江委员长在 5 月 27 日的香港回归二十周年座谈会讲话中进一步明晰了“一国两制”的国家理性与未来治港方向。实际上，从白皮书发布开始，中央治港的思路已经逐步清晰，一方面是依法治港以巩固“一国两制”宪制基础，另一方面是经济融合以带动香港融入国家战略体系及继续发挥优势。“一国两制”的国家理性并非国家单向利用香港，而是国家在充分理解香港角色与利益的条件下灵活安排宪制框架及提供战略机遇。香港人不习惯于思考“一国两制”下高度自治权的“宪制对价”，不愿意主动理解和适应“一国两制”之国家理性对香港角色的动态期许，但这一支撑“一国两制”“五十年不变”的国家理性一直客观存在，是理解基本法秩序及中央治港策略结构转型的关键。

1997 年回归确定性改变了香港的宪制顶层与历史演进方向。如今“一国”对“两制”的塑造作用日益增强，回归二十年港人所安享的优越性及政治虚拟感正在被国家的新发展与全球化力量格局的快速重组所打破。“本土主义”在某种意义上代表了香港对国家之发展主义与新全球化之整合主义的精神抗拒，带有留住历史、怯于竞争、恐惧融合和不愿意理解全新命运与处境的心理局促感。未来香港社会有意义的精神挣扎可能不是关于“恋殖”与“去殖”的传统辩题，而是以香港为本位的“本土主义”与以国家为本位的融入主义之间的新式议题。香港的和解与新生之前景取决于这一精神转型是否顺利和成功。对此，国家负有引导和保障责任，但关键性转变还在于香港自身。

稳健的国家理性决定了中央不可能放弃香港的繁荣稳定和“一国两制”的制度安排，但“五十年不变”不是僵化不变，而是切合“一国两制”国家理性的动态变迁，是原则与方法不变，而绝非任何观念与制度细节不变。香港因误解而疏离于国家，这是“一国两制”设计者最初未充分估计到的，但邓小平寄望的“后代人的智慧”应可最终从容解决这一难题。与此相关，香港国安法典型体现了“一国两制”的国家理性和保护责任，新冠肺炎疫情与美国制裁下中国的国际国内双循环战略及大湾区的升级预期，则成为香港转型发展与再全球化的基础性依托。全面准确理解“一国两制”，与国家同行，是香港在 21 世纪继续保持繁荣稳定的“历史密码”。